충청도 예산
동학농민혁명

충청도 예산 동학농민혁명

이이화 신영우 임형진 박성묵
채길순 조극훈 김정호 안외순

동학혁명 당시 충청도 서부 지역의 중심을 이루었던 내포 지역은 해안과 내륙을 겸비한 지역으로 전통적으로 물산이 풍부한 지역이었다. 그러나 풍부한 물산만큼이나 상대적으로 양반층의 권위주의 의식이 매우 강하게 퍼져 있고 그들의 탐학 역시 타 지역에 비할 바가 아니었다. 비교적 평야 지대인 내포 지역에 본격적으로 동학이 전파된 것은 1880년경이었다. 동학사상의 만민 평등 의식은 곧 바로 억압받고 천대받던 당시의 민중들의 구원의 소리였다.

돌아 모시는사람들

* 이 책은 2013년도 예산군의 지원으로 출판되었음.

머리말

동학학회가 창립된 지도 어언 16년이 되었습니다. 그동안 동학학회는 서울과 지방을 순회하며 33차에 걸친 학술회의를 개최하였으며, 2010년 『동학학보』가 등재학술지로 선정되고 2013년 '계속 유지' 판정을 받음으로써 학회지의 질 제고와 양적 성장의 기틀을 마련하였습니다. 지역 순회 학술대회는 2011년 경주 추계학술대회를 시작으로 2012년 정읍 춘계학술대회와 고창 추계학술대회, 2013년 보은 춘계학술대회와 예산 추계학술대회를 개최하였으며, 그리고 2014년 영해 춘계학술대회를 앞두고 있습니다. 또한 연 2회 발간하던 『동학학보』를 2011년 이후에는 연 3회 발간하였으며, 2014년부터는 연 4회 발간하기로 함으로써 명실공히 동학의 글로컬리제이션(Glocalization)에 기여하고 있습니다.

2013년 11월 22일 동학농민혁명 제119주년을 맞이하여 내포 동학의 접주 춘암 박인호의 고향인 예산에서 '동학의 글로컬리제이션: 예산 동학농민혁명의 종합 연구와 과제 그리고 전망'을 대주제로 개최한 추계학술대회에서 발표한 7편의 논문과 기조강연, 그리고 유관 자료들을 정리하여 단행본으로 발간하게 된 것을 기쁘게 생각합니다. 동학학회/예산동학농민혁명기념사업회가 주최하고, 예산군/예산군의회/예산문화원/동학학회후원회가 후원한 예산 추계학술대회는 119년 전 대외적 위기 속에서 국가를 수호하고

자 궐기하였던 예산 지역 동학농민혁명의 성격과 전개 과정 그리고 역사적 의미를 글로컬리제이션의 관점에서 재조명함으로써 예산 동학의 세계화·지역화를 심화하는 동시에 예산이 한국 근대사의 발전 과정에서 차지하는 역사적 위상을 재정립하는 뜻 깊은 학술대회였습니다.

역사학, 정치학, 종교학, 철학, 국문학 등 다양한 분야의 동학 전문가들이 모여 개최한 예산 추계학술대회는 내포의 중심인 예산 지역 동학농민혁명의 성격을 규명해 온 지금까지의 연구를 총정리하고 관련 사료를 검토하는 동시에 향후 과제와 전망에 대한 심도 있는 고찰을 통해 역사적 사실과 미래적 가치에 대한 인식을 고취시킴으로써 예산과 내포 지역의 위상을 재정립하는 계기가 되었습니다. 또한 예산 동학의 위상을 내포 동학, 충청 동학, 전국 동학농민혁명의 위상 속에서 재조명함으로써 동학의 정체성과 의의를 밝히고 역사성을 제고함으로써 동학 발전의 새로운 전기를 마련하였습니다. 특히 예산 추계학술대회는 내포 동학의 발상지 예산에서 지역민들과 전문 연구자, 대학생들의 참여를 통해 학문적 교류와 소통의 장을 마련하고, 아울러 국내외 전문가를 포함한 인적 인프라 구축을 통해 동학의 글로컬리제이션에 기여할 수 있었다는 점에서 그 의의가 실로 크다 하겠습니다. 이러한 성과를 받아 안고 학술대회 발표 및 토론회 과정에서 제안된 사항들을 반영한 보완을 거쳐 단행본 『충청도 예산과 동학농민혁명』을 간행하게 되었습니다.

동학의 궁극적인 지향점은 생명의 전일성과 자기근원성에 대한 깊은 인식을 바탕으로 부단한 영성 계발을 통하여 마음을 밝히고 세상을 밝혀서 '내가 나 되는' 영적 주체로서의 행복한 삶을 사는 것입니다. 그리하여 근대의 과학적 합리주의가 함축하고 있는 과도한 인간 중심주의와 이원론적 사고 및 과학적 방법론의 한계를 극복하고 전일적인 생명 패러다임으로의 전환을 촉구함으로써 생명과 평화의 새로운 문명을 개창하는 것입니다. 특수성과 보편성, 지역화와 세계화, 국민국가와 세계 시민사회의 유기적 통일성을 핵심 과제로 안고 있는 오늘 우리에게 『충청도 예산 동학농민혁명』이 해결의 단서를 제공해 주기를 기대해 봅니다.

끝으로, 예산 추계학술대회 개최와 이번 단행본 발간을 위해 지원과 배려를 아끼지 않으신 예산군 최승우 군수님과 예산군의회 조병희 의장님을 비롯한 관계자 여러분께 충심으로 감사드립니다. 그리고 이 책을 발간해 주신 '도서출판 모시는사람들'에도 감사의 마음을 전합니다.

2014년 2월

동학학회 회장 최민자

차례 　　　　　　　　　　　충청도 예산 동학농민혁명

동학농민혁명과 현재적 의의

이이화 _ 전 동학농민혁명기념재단 이사장

동학농민전쟁(또는 혁명)은 우리나라 농민운동의 결정판이었다. 후기 신라 시대 이후 수많은 농민항쟁이 있었으나 국지성을 띠었지 전국 단위로 연합해 봉기한 것은 아니었다. 1860년대 진주에서 시발한 삼남 농민봉기도 연합 전선을 이룩하지 못했던 것이다.

1876년 개항 이후 농민 모순은 극에 달했다. 삼정의 문란을 비롯해 쌀의 유출, 수령의 가혹한 부정행위로 인해 농민들은 쉼 없이 항쟁을 펼쳤다. 동학이 창도된 뒤 민중이 여기에 몰려들어 새 세상을 꿈꾼 끝에 1894년 변혁을 위한 전면 봉기가 이루어졌던 것이다. 그 배경과 과정과 이념적 지향의 내용을 알아보면서 현재적 의의는 무엇인지 찾아보기로 한다.

1. 최시형의 포덕 활동과 신미사변

최시형(崔時亨)은 1864년 교주 최제우(崔濟愚)가 좌도난정(左道亂正)이란 죄명으로 처형을 당한 뒤 북접대도주라는 이름으로 포덕 활동을 줄기차게 벌였다. 그는 잠행(潛行)을 통해 강원도, 충청도, 경상도 등지 산악지대를 누볐다. 그런 끝에 1870년대에 들어서는 동학교도의 숫자가 상당한 수준으로 늘어나서 동학 재건에 성공한 모습을 보였다.

최시형이 영월에서 지하 포덕을 하고 있을 때였다. 충청도 홍성 출신으로 충청도 내륙과 경상 하도 일대에서 끊임없이 변혁운동을 벌이던 이필제(李弼濟)가 최시형에게 접근했다. 이필제는 최시형을 찾아와, 선사(최제우)의 신원(伸寃)을 위해 선사가 순교한 날인 3월 10일을 기해 봉기하자고 건의했다. 그러자 최시형은 처음에는 시기를 기다리자고 말하면서 거절했다가 마침내 허락을 했다. 그리해 군사 500여 명을 모아 무장을 하고 동해변에 있는 군사 요지인 영해부를 습격했다. 이 관련 기록을 보자.

> 야밤에 성중에 돌입해서 관아에 불을 지르고 군기를 탈취하자 본부의 별포군들이 창황해서 급히 달아나면서 의병을 향해 방포하다가 흩어졌다. 필제와 낙균이 곧바로 동헌에 들어가서 부사를 끌어내려 죄를 따져 묻기를 "너는 국록을 먹는 신하로서 정사를 어지럽히고 그르쳤으며 백성 학대하기를 이같이 하고 재물 탐하기를 저같이 하였다. 거리에는 방문이 붙고 저자에는 원망하는 소리가 자자하다. 이 고을 민정이 이러하니 죄를 어찌 벗어나리오. 비록 용서하고 싶으나 의리로는 탐학한 관리를 죽이는 것이다"라고 말했다.(道源記書)

이필제와 김낙균이 동학교도 중심의 군사들에게 죽창과 조총 그리고 횃불을 들려 영해부의 관아를 습격하자 군교와 구실아치들은 모두 달아났다. 이들은 먼저 군기고를 습격해 무기를 거두고 동헌으로 뛰어들어 부사 이정의 죄를 물어 살해했다. 이들은 성중을 손아귀에 넣고 소를 잡아 나누어 먹였다. 이어 이방에게 보관되어 있던 돈 궤짝을 부수어서 동민들에게 골고루 나누어 주었다. 이들은 민간에서 밥이나 솥을 가져갈 적에도 꼬박꼬박 돈을 지불했다.

이들은 하룻밤 마음껏 호기를 부린 뒤 다음 날 이틀 만에 부중에서 물러났다. 이들은 영양 쪽으로 달아나다가 일월산으로 들어가 유격전으로 맞섰다. 하지만 관군에게 밀려 수십 명이 잡혀가거나 죽었고 최시형과 이필제 등은 사방으로 뿔뿔이 달아났다. 관군들은 이들을 색출하려고 일대 수색령을 내렸다. 이렇게 해서 동학 조직은 무너졌고 교도들은 달아나 숨었다. 최시형은 몇몇 제자와 영월 산중으로 숨어들었다. 이 사건을 두고 동학에서는 '신미사변'이라 부른다.

이필제는 문경새재 등지에서 동지를 모아 다시 봉기를 준비하다가 잡히고 말았다. 그는 모반대역죄인으로 포도청에서 신문을 받다가 의금부로 넘겨졌다. 이필제의 문초는 이렇게 시작되었다.

성명을 이리저리 바꾸고 종적을 날려 숨거서 도당을 긁어모아 난을 일으키려 한 것은 무슨 복심인가? 한번 굴러서 호중(湖中, 충청북도 지방)을 선동했고 두 번 굴러서 영남에서 옥을 일으켰고, 영해에까지 손을 뻗어 작변했으니 지극히 끔찍하다. 또 독한 말은 간담을 흔들어 놓는다. 이미 오래전에 도마 위에 오른 고기였는데 그물을 빠져 나간 고기가 아직도 목숨을 붙이고 있으니 오래 신인이 다 같이 분을 참지 못하는 바이다. 또 조령에서 도둑 무리를 매복시켜 흉측한 계획을 품었다가 죄악이 차서 저절로 잡혀온 것이다.(推案及鞠案의 역적필제기현국안)

이필제의 행적을 요약해 나열하고 있다. 이필제가 1871년에 잡혀 동지인

정기현과 함께 처형을 당한 뒤 최시형은 다시 수색을 벗어나려 잠행을 거듭
했다. 다음 기록을 보자.

> 8월에 이르러 갑작스레 문경의 변고를 듣고 놀라마지 않아 여러 경로를 통
> 해 수소문해 보니, 필제와 기현의 거사였다. 좌석이 따뜻해지기도 전에 이 같
> 은 변위(變危)가 있는가? 필제의 목숨이여, 하늘이 어찌 이 사람을 태어나게
> 해서 망령되이 스스로 화를 만들어 내니 어찌 이보다 심한 역리(逆理)가 있겠
> 는가?(위 道源記書)

전국에는 다시 동학교도에 대해 일대 수색령이 내려졌다. 최시형은 최제
우 처형 이후 모진 홍역을 치르고 다시 동학 재건에 나섰다. 하지만 이 일로
동학은 모진 수난을 겪었다고 해서 모든 기록에서 이필제 사건을 두고 경계
로 삼았다. 이필제는 직업적 변란 주모자로 활동하면서 동학 조직을 이용하
거나 동원하려는 계획을 세웠고, 최시형은 교조 신원을 위해 한때 동조했던
것이다. 두 사건으로 10년 적공이 날아갔던 것이다.

2. 최시형의 동학 재건운동의 결실

최시형은 잠행하는 동안, 최보따리라는 별명을 얻었다. 언제나 보따리를
싸놓고 마을 앞을 바라보면서 수상한 사람이 들어오는지를 살폈다 한다. 최
시형은 쉴 새 없이 옮겨 다니면서 포덕을 했다. 그러면서 동학교도들끼리
의 호칭을, 평등을 뜻하는 접장(接長)이라 부르게 했으며 조직의 중간 책임자
를 접주라 부르게 했다. 또 제자들의 이름을 시(時) 자를 넣어 지어주면서 도
원결의(桃園結義)를 뜻하는 형제의 의를 다졌다. 훗날 동학농민혁명 이후에는

시(時) 자 이름 대신 암(菴) 자의 호를 지어주었다. 곧 김연국에게는 구암, 손천민에게는 송암, 손병희에게는 의암 등의 호를 주어 사제 간의 연원을 분명하게 했다.

1880년 경진년 5월에는 오랜 준비 끝에 강원도 인제 갑둔리에 각판소(刻板所)를 설치하고 수운문집의 간행을 서둘렀다. 최시형의 기억에 따라 유실된 수운의 여러 글을 복원하고 인쇄해 배포했다. 도청(都廳) 최시형 아래, 총지휘를 맡은 감역은 강시원(姜時元)이었으며 기금을 낸 명단을 보면 상주, 정선 인제, 청송 등 네 곳이었다.(위 道源記書에 나옴)

이렇게 차례로 복원해 배포한 책자가 『동경대전』이며 1881년에는 수운의 가사를 모은 『용담유사』를 단양 천동에서 개간했다. 이어 1883년 동경대전 간행소를 충청도 목천에 두고 『동경대전』 1천 부를 발간해 배포했다. 두 책자의 간행 배포로 동학교도들은 교리와 교훈을 책을 통해 익힐 수 있었다.

1883년에는 손병희, 손천민, 박인호, 황하일, 서인주, 안경선 등 인사들이 몰려와 교도가 되었다. 이어 유교 이론가인 김연국도 합류했다. 이들은 충청도 중심으로 활동하던 인사들로 지식인 그룹에 속했으며 뒷날 지도자로 부상했다. 그 이후에 동학 포덕은 더욱 활기를 띠었다.(『天道敎敎會史草稿』의 「地統」 참고)

이어 조직을 육임(六任)으로 지정했는데 곧 교장(敎長), 교수(敎授), 도집(都執), 집강(執綱), 대정(大正), 중정(中正)으로 구성했다. 육임은 지역 단위 또는 인적 단위로 지정했다.

끝으로 최시형은 거처를 보은 장내리(帳內里)로 옮겨 살았다. 최시형은 일정한 거주지를 장내리에 두어서 장내리가 도소의 역할을 했고 많은 교도들이 이곳을 찾아들었다. 최시형이 때때로 상주 등 다른 곳에서 거처하기도

했으나 이 무렵부터 장내리가 본거지가 되었다.

1888년에 최시형은 전주에서 기도식을 거행하고 도제와 함께 삼례로 나와 포덕 활동을 벌였다. 이때부터 최시형은 호남지방으로 진출했고 사람들이 몰려오자 마당에서 포덕식을 거행할 정도로 인파가 몰려들었다. 하지만 관가에서는 문경사변으로 지목을 받은 최시형을 체포하려고 수색령이 연달아 내려져서 인제로 피신하기도 했다. 그런 속에 서인주(서장옥의 별명)가 체포되자 뇌물을 써서 풀어주게 하기도 했다.

그 뒤 최시형은 충청도 서쪽에 위치한 공주 등지에서 포덕하기도 하고 다시 호남으로 진출해서 손화중, 김기범(김개남의 본명), 김덕명 등을 입도시켰다. 이때부터 호남에서는 많은 교도들이 몰려들어 새로운 분위기가 조성되었다. 이제 최시형은 최보따리가 아니라 엄격한 동학 교조로 위치를 굳혔다. 이 무렵 교도들은 왕조에서 소외된 지식인 그룹을 비롯해 새 세상을 열망하는 민중, 일대 변혁을 도모하려는 세력들이 복잡하게 얽혀 있었다.

3. 공주-삼례집회와 광화문 복합상소운동

동학의 교세가 충청도 전라도를 중심으로 확대되자 관가에서는 이를 포착했다. 그리하여 1892년 1월 충청감사 조병식은, 동학은 좌도난정(左道亂正)의 도이니 금압한다는 금령을 내리고 도인 수색에 나섰다. 포졸들은 연달아 도인을 수색하면서 잡아들이는 사태가 벌어졌다. 또 전라감사 이경직도 금령을 발하고 금압에 나섰다. 그리하여 최시형이 다시 진천, 상주 등지로 잠행하는 일이 벌어졌다.

그러자 서인주 서병학 등 강경파는 최시형을 찾아가서 수운의 신원(伸寃)을 위해 상소문을 만들어서 광화문에 모여 호소하자고 건의했다. 이에 최시형은 이 신원의 요구가 뜻대로 되지 않을 것이라고 판단하고 신중하게 대처해야 한다고 이르고 허락하지 않았다.

그러자 서인주, 서병학은 최시형의 허락을 받지 않고 공주에 교도를 모아서 조병식에게 항의의 글을 보냈다. 조병식도 동학교도들의 움직임이 심상치 않다고 판단했다. 그래서 다음과 같은 관문을 각 고을에 보냈다.

> 수재(수령)가 된 자들이 동학 보기를 함정과 같이하여 요민(饒民, 부호)을 거짓으로 얽어서 재물을 토색하고 각 고을의 구실아치들이 이를 빙자해 침어함이 열에 여덟아홉에 이르고 있다. 양민이 이미 보존하기 어려우니 죄를 어찌다시 따지며 회개하고 자신(自新)의 방법이 있으나 어찌 얻을 수 있으리오. 이무리 또한 우리 성상의 화육(化育)의 하나이니 비록 이교에 빠졌으나 그 정상을 알아보니 가히 용서할 만하다.(『天道教教會史草稿』, 포덕 33년 10월조)

그러고 나서 동학교도의 금압을 중지케 하고 거세게 항의하는 교도들은 무마하려는 조처를 취했다. 조병식은 동학교도들이 구실아치들의 횡포에 굴하지 않고 민활하게 움직이는 모습을 보고 변란을 막으려는 조치를 취했던 것이다.

최시형도 강경파들의 끈질긴 요구를 묵살할 수만은 없었다. 이미 신원을 요구하는 목소리는 쉽게 잦아들지 않았다. 최시형은 마침내 신원의 일을 이루어야 한다고 말하고 통유문을 전국의 문도들에게 보내 삼례로 모이게 지시했다.

> 하늘을 이고 뜻을 세워서 선사의 은덕을 받아 이로써 도유된 자 누가 신원할 마음이 없으리오. 그러나 우금 30여 년에 지목이 엄혹함으로 인해 감히 움

직이지 못한 것 또한 하늘이오 지금 충청감영에 소원하며 전라감영에 호소코 자 하는 것 또한 하늘이라. 각 두령은 포접 안의 도우를 관리해서 일제히 삼 례역에 내회하라. 이 글을 보고 내회치 아니하면 이는 그 죄 사은을 저버리고 사문에 벗어남이요 그 의리 신천(神天)에 어그러짐이니⋯(『天道教教會史草稿』 포덕 33년 10월 27일조)

강경한 어조로 엮어져 있는 이 통유문이 최시형이 전국의 동학교도들에 게 동원을 지시한 최초의 문서가 되었다. 그리해 수천 명의 교도들이 삼례 에 모여들었다. 이들은 전라감사 이경직(『천도교교회사초고』의 원문에는 이헌식으로 잘못 기재)에게 두 차례에 걸쳐 원정을 냈는데 앞에 최수운이 동학을 창도한 의의를 전재하고 이렇게 말했다.

여러 고을의 수령들이 오도를 서학 여파로 지목하여 조사해 잡아들여 가목 에 가두고 전재를 토색질해서 죽은 자와 상한 자가 연속해서 끊어지지 않고 향곡의 호민이 동학도라는 소문을 듣는 대로 침학을 해서 집을 허물고 재산 을 빼앗음이 곳곳에 널려 있으니 도유로 이름한 자는 모조리 유리해 살 곳이 없다.(위와 같음)

여기에 또 선사의 신원을 조정에 알려 자신들의 뜻을 전하라고도 전제하 고서 이런 압제를 막으라고 강경하게 요구했다. 이경직은 처음에는 동학은 조정에 금지하는 것이니 물러가라고 했지만 1주일이 되도록 흩어지지 않고 불온한 기색을 보이자, 겁을 집어 먹고 교조 신원의 건에 대해서는 조정에 알릴 것이며 수령이나 서리들이 교도를 침학하는 일은 막겠다고 약속했다. 교도들은 이 약속을 받아내고 삼례역에 모인 교도들을 해산시켰다. 삼례 거사는 공주 거사와는 달리 표면으로는 성공을 거둔 셈이다.

삼례집회를 끝낸 뒤 지도부의 강경파들은 연달아 복합상소를 주장했다. 이제 상소운동은 거스를 수 없는 흐름이었다. 그리해 최시형도 이를 허락할 수밖에 없었다. 최시형은 다시 통유문을 내서 광화문 앞에서 복합상소에 참여하라고 독려했다.

1893년에 들어 복합상소운동이 구체적으로 추진되었고 2월 8일에 김연국, 손천민, 박인호, 손병희 등이 서울에 봉소도소(奉疏都所)를 차리고 소수는 박광호, 소문 작성은 손천민이 맡아 2월 11일에 광화문 앞에서 복합상소를 단행했다. 이들 대표자 수십 명이 광화문에 엎드려 소문을 올렸는데 그 요지는 다음과 같다.

첫째, 동학을 서학으로 지목해서 최제우를 좌도난정으로 얽어 극형에 처한 것은 부당하다고 했다. 동학은 동방에서 나와 동인이 배우는 바가 되니 이단이 될 수 없다고 변설했다. 그러므로 "동학을 가리켜 서학으로 공격치 말고, 동포를 몰아서 이단으로 꾸짖지 않는 게 옳다"고 했다.

둘째, 도신과 수재들은 민족을 보기를 초개와 같이 하고 향간(鄕奸)과 토호는 도인 보기를 화천(貨泉)같이 해 주구(誅求)와 토색하기를 끊임이 없지만 동학교도는 안심정기(安心正氣)로 근본을 삼고 있으니 이를 막아달라고 호소했다.

이 두 가지를 기본으로 깔아 놓았으니 궁극적으로 교조의 원통함을 풀어주고 동학을 공인하라는 요구에 지나지 않았다. 시정에 대해서는 한마디도 적시하지 않았다. 이런 내용을 두고 변혁을 지향한 상소운동이 아니라는 풀이가 나올 수밖에 없을 것이다.

아무튼 이에 대한 임금의 전교는 "정학을 높이고 이단을 배척하는 것은 열성조에서 전해오는 법"이라 전제하고 "이단을 내세워 야료를 부리는 자들은 선비로 대우할 수 없으며 나라 법에 따라 죽임이 내려질 것이다"(高宗實錄 高宗 30년 2월 15일조)고 했다. 그리해 교도들은 아무런 성과를 얻지 못하고 물러났다.

그러면 이 상소운동은 변혁 지향인가, 단순한 교조신원인가의 문제가 남는다. 교조신원을 빙자해서 변혁운동으로 연결될 수 있을 것이지만 드러내 놓고 변혁 지향의 모습은 보이지 않았다. 일본 측 기록에는 이때부터 진동학당(眞東學黨)과 위동학당(僞東學黨)이 구분된다는 해석이 나왔다.

4. 기독교의 공인과 이권 침탈

외국의 이권 침탈의 문제는 개항 이전부터 꾸준하게 제기되었다. 척사파들은 서학의 금지와 함께 이를 과감하게 배격하라고 조정에 요구하였다. 그 당시의 사정으로 보면 제국주의적 침탈에 맞서 일리가 있는 주장이었다. 동학교단도 척사파의 이런 의지에 동의하였다. 그들은 서구의 자본주의 발달에 따른 무역 관계를 전혀 모르는 사람들이었다. 하지만 그들의 주장에 동의할 내용이 상당히 많을 것이다. 그 시기 아시아에서도 후발주자인 조선은 강요에 따라 가장 불평등 통상조약을 맺었던 것이다.

미국 선교사 앨런은 갑신정변 때 부상을 당한 민영익을 치료해 준 뒤 민비의 신임을 받았다. 그는 궁중의 어의가 되어 전등 · 전화 · 수도 가설권 등 이권을 따냈다. 후발주자인 미국은 많은 이권을 거머쥘 수 있었다. 미국은 경인철도 부설권을 양도받았다가 일본에 팔아먹었으며 1895년에는 노다지 금광인 운산금광 채굴권을 따내 40년 동안 1,400만 달러의 순이익을 챙겼다.

독일인 묄렌도르프는 1882년부터 1885년까지 재정고문이 되어 무지한 후진국 조선의 재정과 외교를 주물렀다. 그는 처음에는 중국의 이익, 다음에는 독일의 이익을 챙기다가, 마지막에는 조선의 평화를 위한다는 명분으로 러시아와의 관계 설정에 힘을 기울이다가 쫓겨났다. 이들은 기묘한 술수와 회유, 협박, 사기의 방법으로 고종과 민비와 민씨들을 주물렀다.

몇 가지 구체적 사례를 더 들어보자. 1889년 아시아에서는 가장 늦게 조선 조정에서 프랑스와 통상조약을 맺었다. 그 조약 항목 속에 일반적인 통상 외교 조항 말고 새로운 항목이 삽입되었다. 곧 통상조약에서 가장 금기가 되는 아편의 수입권과 함께 기독교 선교권을 인정하는 항목이 들어간 것이다.

프랑스는 천주교의 자유 선교권을 위해 이 조항을 넣었다. 오랫동안 탄압을 가하였던 천주교를 공인한 것이다. 앨렌이 이 조항을 넣게 공작한 뜻은 바로 미국이 개신교 선교권을 자동적으로 인정받으려는 것이었다. 그리하여 끝내 천주교와 개신교는 척사파들의 강력한 반발에도 아랑곳하지 않고 마음대로 기독교 선교 활동을 벌일 수 있었다.

기묘하게도 영국이 중국을 아편 시장으로 만든 것처럼 조선의 아편 수입과 함께 기독교의 선교가 공인된 것이다. 하지만 아무런 힘이 없었던 불교는 아직도 도성에 절을 지을 수 없었으며 승려들의 도성 출입도 허용되지 않았다. 더욱이 동학은 여전히 좌도난정(左道亂正)의 율에 따라 공인을 받지 못했다.

5. 외국 상품 불매운동과 외국 세력 추방운동

이 땅에 사치품을 중심으로 한 외국 상품이 범람하자 불매운동이 세차게 벌어졌다. 더욱이 동학교도들은 그 불매운동의 중심 역할을 했다. 1893년 2

월 광화문 앞에 모여 교조신원을 요구했으나 고종은 "이단을 내세워 야료를 부리는 자들은 선비로 대우할 수 없으며 나라 법에 따라 죽음이 내려질 것이다."라는 지시를 내려 동학의 승인을 거부했다.

그 뒤 서울에서는 서양과 일본 배척운동이 크게 일어났다. 기독교를 배척하고 선교사를 추방하고 침략 세력을 몰아내자는 방문이 프랑스공사관, 미국공사관, 일본공사관을 비롯해 미국인 교회당, 학당 등 전국 곳곳에 붙여졌다. 척왜양창의(斥倭洋倡義)를 분명하게 내걸었다.

프랑스공사관에서는 본국에 프랑스 군함 3척을 인천에 파견해 달라고 요청했고 미국과 일본공사관에서도 그 대책에 부심했다. 그 주동자를 일본공사관에서는 전라도 동학당 6만여 명이 서울로 향해 올라갔다고 보고했으며 『동경일일신문』은 전주에서 그 당류 4천여 명이 모여 외국 선교사와 상인은 모두 물러가라고 요구했다고 보도했다. 이는 삼례집회를 두고 정세를 분석한 내용들일 것이다.

연이어 3월에 보은과 원평에서 대대적 집회를 열었다. 보은집회에서 보낸 통고문에는 "지금 왜양의 도둑이 서울에 들어 있어 큰 난리가 극도에 달해 있다. 진실로 지금의 국도를 보건대 끝내 오랑캐의 소굴이 되었다. 왜양을 쓸어 큰 은혜를 갚는 의리를 본받고자 한다."고 선언했다.

보은집회에서는 수만 명의 교도들이 모여들어 서양 세력과 일본 세력을 배척한다는 척양(斥洋斥倭)의 기치를 내걸었다. 또 조정을 향해 크게 네 가지 요구 조건을 내걸었다. 첫째, 교조 최제우의 원통함을 풀어 달라는 것, 둘째, 교도의 탄압을 중지하라는 것, 셋째, 외국의 세력은 물러가라는 것, 넷째, 외국 상품을 배격하고 목면(무명)을 입으며 국산품을 애용하자는 것 등이다.

음성 감곡면 사곡리에 살던 김영상의 『율산일기』에 따르면, 일본과 서양 세력을 배척할 것을 앞에 내걸고 민씨 세도를 쫓아낼 것, 호별 단위로 거두는 군포세를 없앨 것, 악화인 당오전을 없앨 것, 각 고을의 세미를 바르게 매길 것, 무명옷을 입고 외국의 물품을 팔지 못하게 할 것 등 민생 문제를 중심으로 그 개선을 요구하였다 한다.

원평집회를 주도한 농민군 지도자들의 의식은 초기 단계부터 외세 배격과 외국 상품 거부 의지가 더욱 강렬했다. 보은집회에서 이들 남접의 강경한 요구를 뒤늦게 동조한 것이다. 따라서 남북접의 이런 표방은 바로 농민전쟁의 중심 지향점이 되었던 것이다.

집강소 활동을 통해서 이를 구체화하고 실천 운동으로 이어졌던 것이다.

6. 반봉건 반침략의 행동 과정

1894년 3월에 전봉준 등 지도부는 고부봉기에 이어 무장에서 정식으로 선전포고하였다. 전라도 각지에서 모여든 농민군들은 백산에서 총집결하여 부서를 결정하고 항전을 다짐하였다. 동학농민군들은 규율을 엄히 하고 민심을 끌어들이려 하였는데 실제로 민폐를 끼치지 않았다.

농민봉기 첫 단계에는 고부 관아를 다시 점령하고 황토현에서 전라감영군을 쳐부쉈다. 그러자 중앙에서는 장위영군 800명을 파견하였는데 이들 군사들은 서울에서 남쪽으로 내려오면서 고을을 휩쓸며 횡포를 부렸다. 농민군들은 중앙군을 유인하여 장성에서 관군 선발대를 격파하였다. 이어 4월 27일 전라감영을 점령하였다.

전라감영을 차지한 농민군들은 중앙군 사령관인 홍계훈과 협약을 맺었다. 홍계훈은 폐정을 중앙에 보고하여 시정하겠다고 약속하였다. 이를 오지영의 『동학사』에서는 12개조 폐정 개혁을 약속하였다고 하나 신분제도 토지제도 개혁과 여러 정황으로 보아 12개조를 구체적으로 실행하겠다고 약속하였다기보다 당시 농민들의 여러 요구 조건을 뭉뚱그려 적어 놓은 것으로 보인다. 아무튼 농민군은 일단 후퇴하여 각지에 집강소를 차리고 스스로의 힘으로 폐정의 개혁에 나섰다.

1차 봉기는 전라도 농민군들이 주도하였고 충청도와 경상도의 농민군들이 측면에서 호응하였다. 집강소 기간에도 이런 구도와 비슷하게 전개되었다. 전쟁의 중심권이 아니었던 충청도의 서쪽 해안 지대와 경상도의 남쪽 지대에서도 별도로 봉기하여 소규모의 집강소 활동을 전개하였다. 집강소는 위에서 살펴본 대로 농민 통치 기구였고 집강소 활동은 반봉건 운동이었다.

2차 봉기는 반침략 전쟁이었다. 민씨 정권은 농민봉기가 일어나자 청나라에 파병을 요청하였으며 이에 일본군도 텐진조약의 약조에 따라 군대를 파견하였다. 일본군은 6월 21일 불법으로 경복궁을 점령하여 고종을 유폐하는 등 주권을 유린한 뒤에 군사 지휘권을 거머쥐었다. 그래서 나라는 반식민지 상태로 접어들었다. 일본군은 청일전쟁을 일으켰다. 청일전쟁이 경기도, 평안도에서 전개될 때인 7월 무렵에 농민봉기는 산발적이기는 하나 경상도 경기도 강원도로 확산되었다.

이해 9월 전봉준 등은 전라도 농민군에게 동원령를 내려 접경지대인 삼례로 모이게 하였다. 전봉준은 무기 등 준비를 갖추고 또 추수기를 기다렸다가 이때에 일본과 정면 승부를 겨루려고 모든 농민군을 집결케 하였던 것이다. 전봉준은 삼례에 전라도 창의대중소(倡義大衆所)를 두었다.

삼례에 많은 농민군들이 모여들었다. 전봉준은 여기에서 머물면서 김개남 등 농민군 지도자들에게 호응을 요청하였다. 그리고 늦가을의 추위에 대비하여 짚신을 만들고 옷을 짓게 하였으며, 양곡을 비축하고 대나무로 죽창을 만들었고, 전라감사 김학진의 협조로 위봉산의 무기를 거두어들였다. 한

편 충청도에 전령을 띄워 양곡과 짚신, 연초 등을 준비해 두라고 요청도 하였다. 흥선대원군과 연계를 모색하였고 북접의 호응을 요구하는 밀사를 보내기도 하였다. 전봉준은 마침내 북접의 호응을 얻었다.

동학교단 지도자들은 관군들이 계속 동학교도들을 탄압하고 일본군의 침략 행위가 더욱 정도를 더해 가고 전국의 교도들이 봉기 명령을 내려달라는 빗발치는 재촉을 받았다. 그동안 최시형은 신중하게 정세를 관망하며 때를 기다렸다. 이때 교단 지도부에서도 전면적 봉기를 주장하였다. 최시형은 마침내 "앉아서 죽겠는가?"라고 분연히 외치고 전국에 총동원령을 내렸다.

최시형의 총동원령은 강원도, 경상도, 황해도 등지의 농민군들에게 큰 호응을 얻어냈다. 그리고 농민전쟁을 전국적 규모로 확산시키는 효과를 가져왔다. 그동안 이들 지역 동학교도들은 대도소의 지시를 기다리고 있었던 것이다.

이때 모인 농민군이 10만 명이라고도 한다. 북접 농민군들은 손병희 지휘 아래 논산으로 집결하였다. 하지만 일본군은 다른 지역의 농민군이 논산 공주로 합류하는 길을 완전 통제하였다. 그런 탓으로 경상도, 강원도, 황해도, 경기도 그리고 충청도 해안 지대의 농민군은 오던 길로 되돌아갔다.

전봉준은 북접의 연합전선 동의에 고무되어 직속부대 4천 명을 이끌고 여산, 강경을 거쳐 은진, 논산으로 북상하였다. 충청북도와 전라도의 농민군이 주축이 된 두 세력은 논산에서 만나 굳게 손을 잡고 이유상 등 현지 농민군들과 함께 노성, 공주로 진격하였다. 이 무렵에는 청산-논산-삼례-논산의 주력전선 이외의 지역에서 지역성을 띠고 곳곳에서 봉기하였다.

공주에서 농민군 연합부대와 관군 일본군 연합부대는 처절한 전투를 전개하였다. 20일쯤 대치하거나 전투를 벌였는데 농민군들은 폭설이 내리고 추운 날씨인데도 솜옷을 입지 못하고 맨발로 이리 뛰고 저리 뛰었다. 관군 일선 지휘자는, '저 몇 만 명의 비류들이 40~50리에 뻗쳐 포위해 왔다'고 전제하고 그 정경을 이렇게 적었다.

> 길이 있으면 빼앗고 높은 봉우리를 다투어 차지하였다. 동쪽에서 소리치면 서쪽에서 달려가고 왼쪽에서 번쩍이다가 오른쪽에서 튀어나와 깃발을 휘두르고 북을 울리면서 죽음을 무릅쓰고 먼저 올라왔다. 저네들은 무슨 의리이며 저네들은 무슨 담력인가? 그들의 행동을 말하고 생각하니 뼈가 떨리고 마음이 서늘해진다.(『공산초비기』)

동학농민군은 11월 9일 우금재 전투에서 일본군의 대포와 기관총 따위 신무기 앞에 패배하고 말았다. 전봉준은 노성으로 후퇴하여 우리의 군사와 구실아치와 시민(장사꾼)에게 "나라를 위해 힘을 합하자"는 고시의 글을 피를 토하듯 띄웠다. 그 뒤 잔여 농민군들은 곳곳에서 전투를 벌이면서 뿔뿔이 흩어져 갔다.

우리 연구자들은 보통 1차 봉기는 반봉건, 2차 봉기는 반침략으로 그 성격을 구분하나 그 기본 흐름은 위에서 살펴본 대로 두 슬로건이 동시에 추구되었던 것이다. 그 당시 척사운동을 가장 열렬히 벌였던 양반 유생들은 농민군을 역적으로 몰면서 의병을 일으키지 않고 골방에 숨어 지냈다. 이들은 역사의 아이러니를 연출한 것이다.

7. 폐정개혁과 갑오개혁

동학농민군이 전주를 점령한 뒤 전봉준과 초토사인 홍계훈 사이에 맺었다는 폐정 12개 조항이 있다. 여기에는 첫째, 탐관오리, 횡포한 부호, 불량한 유림과 양반을 징벌한다는 것, 둘째, 노비와 칠반천인과 백정의 신분차별을 없애거나 개선하는 것, 셋째, 고른 인재 등용, 넷째, 청춘과부의 개가, 다섯째, 무명 잡세와 공사 채무의 해소, 여섯째, 토지의 분작(平均分作)(오지영 『동학사』에 수록)으로 나누어진다.

그런데 이 개혁안은 전주화약의 조건이 될 수 없다. 일개 현지 사령관이 봉건제도의 골간인 신분과 토지 문제를 결정할 사항이 아니기 때문이다. 이와 달리 홍계훈에 보낸 농민군의 요구사항은 국가정책의 비리와 농민의 과중한 부담을 개혁해달라는 항목으로 채워져 있다. 그 화약의 조건을 이 요구조항에 맞추어야 할 것이다.

한편 오지영 『동학사』의 초고본에는 화약 조건이라 하지 않고 집강소의 강령(綱領)이라 하였다. 다시 말해 집강소에서 농민군들이 개혁하려는 기본 항목이라는 뜻이다. 여기에는 토지 개혁까지 포함되어 있었던 것이다. 하지만 6~7개월 진행된 집강소 활동으로 보아 토지 문제는 손을 댈 기간이 아닐 것이다. 그런 탓으로 신분 타파에 집중되어 있었던 것이다.

이와 달리 이보다 2개월 정도로 늦게 7월에 공포된 갑오개혁에는, 문벌과 반상을 타파하고 인재를 뽑아 쓴다는 것, 부녀의 재가는 귀천을 가리지 않고 자유에 맡긴다는 것, 공사 노비를 혁파하고 인신매매를 금지한다는 것, 역인 재인 백정을 모두 천인 지위에서 벗긴다는 등의 조항이 있다. 그런데 농민군의 요구 사항인 조세 부채 토지 무역 등은 일단 항목에 빠져 있었다. 그러니까 갑오개혁에는 농민군의 실천사항을 부분적으로 수용한 것이다.

8. 신분 해방 운동-양반 상놈, 노비 백정을 없애자

앞에서 본 대로 봉건체제를 떠받치던 신분 문제가 풀어야 할 가장 중심된 당면 과제였다. 조선 후기에 들어 신분에 따른 계급 사이의 갈등과 저항이 사회의 통합을 저해하였다. 어떤 방식으로든 풀어야 할 문제였다.

갑오개혁이 공포되자 농민군들은 처음에는 확실하게 파악하지 못했으나 7월 15일 남원대회에서 정식으로 논의되었고 전라감사 김학진과 관민상화책(官民相和策)을 약속한 뒤 실천 항목이 되었다. 그러나 다른 지역에서도 알려지자 노비들은 크게 요동을 쳐서 상전에게 항의하면서 풀려나기도 하였고 일부는 먹고 살 재산을 나누어 달라고 요구하기도 하였다. 일반 천인과 백정들은 노비와 함께 민활하게 움직였다.

아무튼 천민들은 전봉준이 농민군을 이끌 초기 단계부터 활동이 두드러졌다. 이들은 항쟁의 과정에서 전위 역할을 하였다. 전주 화해를 이룩한 뒤 집강소 활동을 벌였다. 집강소는 농민 자치 조직이 아니라 통치 조직이라고 해야 정당한 풀이일 것이다. 바로 전라감사 김학진이 뒤로 물러나고 일선 행정은 전봉준, 김개남 등 농민군 지도자들이 맡았고, 군현 단위에서는 집강소 도소의 소임들이 수령을 골방에 들어앉히고 구실아치를 부렸다.

집강소에서는 국가에 납입할 전세, 군포, 공물을 대신 받아 경비로 사용하였고, 별도로 군수전 등을 거두어 2차 봉기의 군수물자를 마련하였다. 호남 집강소는 지역 단위로 설치했으나, 다른 지역에서는 인적 단위 또는 지역 단위로 설치해 제한적이나마 독자적 행정을 맡아 보았다.

집강소의 전위 행동대는 규율과 감독 그리고 경찰 역할을 맡은 성찰(省察)과 동몽(童蒙)이었다. 이들은 부정한 벼슬아치와 구실아치를 잡아 징치하기도 하였고, 집강소의 규율을 어긴 자들을 감시하거나 적발하기도 하였다. 심지어 결혼 적령기인 양반집 딸을 점찍어 강제로 혼인시키는 역할을 맡기도 하였다. 그래서 동몽군은 바로 중국 공산당의 전위조직인 '홍위병'에 비유될 만하였다.

한편 고창에서 농민군 지도자로 활동한 홍낙관은 천민으로만 구성된 농민군 부대를 거느렸다. 그 천인은 재인패를 중심으로 한 노비, 백정을 말한다. 또 김개남포에도 노비와 백정을 중심으로 한 천민부대가 크게 활동하였는데 동몽군이 그 주역이었다. 그리하여 천민부대의 활동은 아주 강력했고 신분 차별의 타파에 앞장섰던 것이다.

오지영은 집강소에서 수행한 일을 두고 다음과 같이 적고 있다.

> 소위 부자 빈자라는 것과 양반 상놈, 상전 종놈, 적자 서자 따위 모든 차별적 명색은 그림자도 보지 못하게 되었으므로 하여 세상 사람들은 동학군의 별명을 지어 부르기를 나라에 역적이요 유도에 난적이요 부자에 강도요 양반에게 원수라고 하는 것이며 심한즉 양반의 뒤를 끊으려고 양반의 불알까지 까는 흉악한 놈들이란 말까지 떠돌았었다.

당시 떠도는 말을 아주 사실적으로 적었다고 할 수 있겠다. 또 황현은 『오하기문』에서, '적당이 모두 천인, 노예여서 양반과 사족을 가장 미워하였다'고 전제하고 다음과 같이 쓰고 있다.

> 노비로 도둑을 따르는 자는 말할 것도 없거니와 비록 도둑을 따르지 않는 자도 모두 도둑들에 묶여 상전을 겁주었다. 그래서 노비문서를 불태워 강제로 해방하여 양인으로 만들게 하였다. 혹은 그 주인을 결박해서 주리를 틀고 매질을 하였다. 노비를 둔 자들은 지레 겁을 먹고 노비문서를 태워 그 화(禍)를 풀었다. 순박한 노비들이 더러 태우지 말기를 원하였지만 기세가 원체 거세어 노비의 상전들이 더욱 두려워하였다. 혹 사족이나 노비 상전들이 노비와 함께 도둑을 따르는 자들은 서로 집강이라 불러 그 법을 따랐다. 백정 재

인들이 평민, 사족과 맞절을 하자 사람들은 더욱 이를 갈았다.

여기에서는 노비들의 처지를 중심으로 기술하고 있으나 서로 접장이라 불러 평등을 구현하려 하였다. 이는 당시의 사회를 평등으로 만들려는 노력의 일환이었다.

이런 일은 집강소가 있는 곳에서만 벌어진 것이 아니었다. 충청도 홍성에서 일어난 하나의 사례를 보면 홍주군(지금의 홍성) 갈산리 안동 김씨 집의 종으로 있던 문천검이란 사람과 이승범이란 사람이 자기 상전인 김씨를 대추나무에 발가벗겨 매달고 불알을 깠다고 한다.

이것은 평소에 그 양반의 횡포한 유세 아래 울던 민중이 양반 개인을 징벌하는 동시에 그 양반의 종자가 없어지게 하기 위하여 벌인 행위인 것이다. 민중의 양반에 대한 원한이 얼마나 심각했는지를 이런 사실을 보아 알 수 있을 것이다.

다음 신분 문제와 함께 청춘과부 등 여성의 처지 개선은 농민군들의 상호 호칭에서도 나타난다. 그들은 누구나 상호 호칭을 접장(接長)으로 통일하였다. 접장은 상전과 종, 수령과 아전, 양반과 평민, 남자와 여자, 어른과 어린이 등 반상과 귀천과 상하와 남녀와 장유를 아울러 존경의 접속사로 붙인 것이다.

접장은 본디 동학교단에서 시작한 상호의 존칭이었으나 이것이 광범하게 적용된 시기는 집강소 기간이었던 것이다. 보기를 들면 어른은 어린이에 동몽접장, 남자는 여자에게 부인접장으로 불렀다. 이 접장은 러시아에서 사회주의를 추구한 1914년에 '동무'라 호칭한 연대보다 훨씬 앞선 것이다. 이런 점으로 보아 동학농민혁명은 신분 해방 운동, 양성 평등 운동, 연령에 따른 권위 타파 운동의 단초였던 셈이다.

9. 빈민 구제와 토지 문제

집강소 활동 기간, 농민군들이 열성적으로 전개한 항목은 빈민 구제일 것이다. 곧 빈민을 구휼하는 일이었다. 전봉준은 지주와 부호들에게 강제로 돈과 쌀을 빼앗지 않았다. 그 대신 부호들로부터 시세보다 싼 값으로 쌀을 사서 시세보다 싼 값으로 빈민들에게 되팔았다. 부호들에게는 먹고 남는 식량이지만 빈민들에게는 거저 얻는 것이나 다름없었으나 대가를 지불했다는 생각을 갖게 한다. 쌀을 받을 적에는 어김없이 표지(標紙, 어음과 같이 뒷날 지불을 약속하는 증표)를 발행했다. 전봉준 관할의 집강소에서는 이를 어김없이 실행한 것으로 보이나 김개남 관할의 집강소에서는 강제로 빼앗은 것으로 보인다. 아무튼 이것을 '손상익하'(損上益下, 위를 덜어 아래를 보태 줌)라 부른다.

위에서 보이는 대로 고리채 정리를 내걸었으나 구체적 사례는 많이 보이지 않는다. 고리채는 장리(長利)라 표현되는 고율의 이자를 말한다. 적어도 빚을 내서 1년 뒤에 갚는다면 원금의 배쯤 물어야 하는 민간 금융의 관례이다. 이는 자연스레 해소된 것으로 보인다.

다음 봉건체제의 가장 주요한 버팀목이 되었던 토지 문제이다. 이 문제는 그야말로 단순하지 않았다. 12개조 폐정 개혁에서 말하는 "토지의 평균 분작"은 그 개념 규정이 분명하지 않다. 토지의 경작권을 고루 분배한다는 뜻인지 토지 소유권을 고루 갖게 한다는 뜻인지 알 수 없다.

이 조항은 신분 제도보다 더 정부가 쉽게 동의할 사항이 아니었을 뿐만 아니라, 일개 현지 사령관이 함부로 합의할 사항이 아니었다. 왕조 체제의 근간을 흔드는 일이기 때문이다. 개화파가 일제와 야합해 추진한 갑오개혁에도 이 조항은 전혀 언급이 없었던 것이다. 하지만 농민군이 지향한 가장 핵심적 개혁 조항임에는 틀림이 없을 것이다. 느슨한 사적 소유, 불분명한 재산권 인정 관계에서 이를 제외하고서는 밑으로부터의 변혁은 알맹이가 빠지는 꼴이 될 것이다. 그런데 구체적 사례가 거의 없다. 짧은 집강소 기간에 실현할 수 없는 시간적 조건에도 그 원인이 있겠다.

10. 현재적 의의

위에서 알아본 대로 동학농민혁명은 반봉건 반침략의 기치를 선명하게 내걸었는데도 근래 일부 보수적 역사학자들은, 동학 농민은 왕조 체제를 유지하려는 운동을 벌였으며 봉건 체제 안에서 개혁을 추진하려 했다는 논리를 펴고 있다. 특히 일본과 개화정부가 주도한 갑오개혁을 높이 평가하면서 동학농민군의 변혁 지향을 낮게 보고 있다.(유영익 등)

특히 식민지근대화론을 주장하는 자들이 주도한 교학사판 한국사 교과서에는, 동학농민군의 신분 해방 운동, 제국주의 침략에 대한 저항 활동을 과거 민란의 수준으로 평가하고 있다. 쉽게 말해서 동학농민군은 근대화에 아무런 기여를 하지 않았다는 뜻이다. 이는 과거 민란이라 평가한 수준을 벗어나지 못하고 있는 것이다.

아무튼 오늘날 양반과 상놈을 가르고 차별하는 전통적 신분 제도와 토지의 독점 현상은 청산되고 타파되었으나, 자본의 편중과 빈익빈의 현상은 사회를 유리시키는 수준에 놓여 있다. 이런 모순의 현상을 어떻게 바로잡아야 할 것인지를 두고 동학농민군이 지향한 바를 잘 살펴보면 교훈을 얻을 수 있을 것이다.

또 현 한국은 부정부패가 만연해 있어서 부패지수가 높은 나라로 꼽히고 있다. 재벌들도 탈세, 비자금 등으로 불법을 저지르고 있다. 동학농민군은 중앙의 관리는 물론 지방 수령의 부정에 대해 저항했고 이를 바로잡으려고 항쟁했다. 여기에도 역사적 의의가 있을 것이다.

또 현 한국은 남북 분단의 현실 조건에서 통일을 모색하는 여러 방안이 제기되고 있다. 대결을 벗어나 남북 화해는 어떤 방향으로 나아가야 하는지, 강대국의 부당한 간섭을 배제하고 자주적 역량을 어떻게 발휘해야 하는지를 두고 고민이 거듭되고 있다. 동학농민군은 자주적 근대국가를 지향했다는 의미를 새겨보아야 할 것이다.

끝으로 부언해 둘 말은 충청도 서쪽 지대는 전선의 중심이 아니었으면서도 그 활약이 매우 컸다. 예산·홍성·해미·태안·서천 등지의 동학도들은 북접과 긴밀한 관계를 유지하면서 보은집회에 참여하기도 했다. 동학농민전쟁 당시에는 이두황이 이끄는 중앙 관군과 전투를 벌여 큰 희생을 치렀으며 그 결과 공주대회전에는 참여하지 못하고 현지에서 항쟁을 했다. 그 과정에서 관군과 수성군이나 민보군에게 엄청난 피해를 입혔다.

예산 출신인 박광호는 광화문 복합상소 시기 소수(疏首)로 중심적 역할을 했으며, 윤봉길은 동학농민군 정신을 이어받아 애국 애족의 선봉에 나섰던 것이다. 이와 관련한 자세한 내용은 다른 연구자들의 발표에 잘 드러나 있다.

내포 일대의 갑오년 상황과
동학농민군의 봉기

신영우 _ 충북대학교 사학과

1. 머리말

내포(內浦)는 바닷물이 내륙 속으로 깊이 들어와 있는 만(灣)의 포구를 의미하는 말이다. 충남 서북부 일대에는 이런 포구가 많이 발달해 있다. 그래서 이 일대를 내포라고 부르는데 조선왕조에서 충청도 서해안에 관해 논의할 때 내포를 18개읍[1]으로 말하고 있다. 『여지도서』에 기록한 내포는 서천·면천·서산·태안·온양·평택·홍산·덕산·청양·남포·비인·결성·보령·아산·신창·예산·해미·당진이었다.

내포 일대는 청일전쟁과 동학농민혁명에서 특별한 위치를 가진다. 우선 1894년 7월[2] 청일전쟁의 해전과 육전이 이 일대에서 시작되었다. 아산 앞바다 풍도 인근에서 일본 연합함대의 제1유격대 소속 요시노함(吉野艦)과 나니와함(浪速艦) 그리고 아키츠시마함(秋津洲艦)이 청국의 군함 찌위엔함(濟遠艦)과 쾅이함(廣乙艦)을 공격해서 퇴각시키고, 영국적 병력수송선 코우싱호(高陞號)를 격침하였다. 육전에서도 일본군 혼성 제9여단이 안성천을 넘어 성환역

인근 야산에 주둔한 청군을 공격해서 격퇴시키는 사건이 벌어졌다.

이런 커다란 사건을 목격했으면서도 내포 일대의 동학 조직은 일본 세력 축출을 위한 가을 봉기에 대규모로 참여하였다. 그 세력은 매우 커서 동학농민군은 수천 규모로 활동하였고, 지역 거점인 홍주성 점거를 위해 총공세를 벌였다. 전라도에서 재봉기한 남접 농민군이 공주를 거쳐 서울로 향한다면 내포는 북상길의 요지에 위치하였다. 일본군과 경군도 내포를 주요 목표로 정해 내려왔다.[3]

진압군의 주력은 일본군 후비보병 제19대대였다. 3개 중대가 서로 중로 동로로 나누어 남하했는데 충청도 서해안 지역으로 직행한 서로군이 내포를 순회하였다. 이와 함께 내포 일대에 증원된 일본군이 인천병참부에 주둔했던 후비보병 제6연대 제6중대였다. 그 뒤에는 경군 장위영이 목천 세성산 전투 직후 내포로 들어온다.

이 글은 1894년 청과 일본 간의 전쟁 발발시의 내포 상황과 북접 교단의 기포령에 따라 봉기한 동학농민군에 관해 살펴보려는 것이다. 내포의 동학농민혁명에 관해서는 선행 논문에서 이미 대체적인 상황이 정리된 바가 있다.[4] 여기서는 봉기 이후 일본군과 장위영, 그리고 민보군이 동학농민군을 진압한 과정에 대한 서술은 후속 논문으로 미루려고 한다. 내포 일대의 당시 사정을 종합해서 서술하는 작업은 매우 복잡하기 때문이다.

이 글에서 참고한 청일전쟁과 동학농민군의 활동, 그리고 일본군의 진압에 관한 사료는 사건의 규모와 참여자의 수에 비해 미미할 정도였다. 그래도 이들 기록은 당시의 모습을 생생하게 전하고 있기 때문에 주로 사료 소개 방식으로 1894년의 상황을 전하려고 한다.[5]

2. 내포 일대에서 벌어진 청일전쟁과 창의

내포 일대에 동학 조직이 크게 확대되는 시기는 1894년 봄이었다. 서산 출신 홍종식은 그런 사실을 다음과 같이 전하고 있다.

나는 갑오년 2월 초여드렛날 — 입도를 하였습니다. — 내가 입도한 지 불과 며칠에 전지문지하여 동학의 바람이 사방으로 퍼지는데, 하루에 몇십 명씩 입도를 하곤 했습니다. 마치 봄잔디에 불붙듯이 포덕(布德)이 어찌도 잘 되는지 불과 1, 2삭 안에 서산 일군이 거의 동학화가 되어 버렸습니다. 그 까닭은 말할 것도 없이 시운이 번복하는 까닭이요, 만민 평등을 표방한 까닭입니다. 그래서 — 가난뱅이, 상놈, 백정, 종놈 등 온갖 하층 계급은 물밀듯이 다 들어와 버렸습니다. 더구나 때마침 전라도 등지에서 동학군이 승승장구한다는 기쁜 소식이 때로 올라 뻗치니 누가 기운이 아니 나겠습니까?[6]

서산에서 동학이 마치 '봄잔디에 불붙듯이' 퍼져나갔다고 한다. 이런 모습은 서산뿐 아니라 내포 전역은 물론 충청도와 경상도 그리고 경기도와 강원도의 많은 지역에서 나타난 현상이었다. 심지어 서울 근교인 한강 인근까지 동학 포교가 활발하였다. 양근의 남종면 분원이나 광주의 대왕면 심곡리까지 동학이 세력을 펼친 것이다.[7]

제일 인심을 끈 것은 커다란 주의나 목적보다도 도는 조화나 장래의 영광보다도 당장의 실익 그것이었습니다. 첫째, 입도만 하면 사인여천(事人如天)이라는 주의하에서 상하 비천 남녀 존비 할 것 없이 꼭꼭 맞절을 하고 경어를 쓰며 서로 존경하는 데서 모두 심열성복이 되었고, 둘째, 죽이고 밥이고 아침이고 저녁이고 도인이면 서로 도와주고 서로 먹으라는 데서 모두 집안 식구 같이 일심단결이 되었습니다.

홍종식은 신분제를 부정하는 동학은 '있는 사람과 없는 사람'이 서로 도와주는 '당장의 실익'을 주었기 때문에 세력을 확대할 수 있었다고 증언하고 있다.[8] 이것은 사실이었다. 1894년에 농민들은 호된 기근에 시달리고 있었다. 1892년부터 3년 간 연이은 흉년으로 쌀값은 7배 이상 폭등했고, 시장에 곡식이 나오지 않을 정도였다.[9] 농민들이 굶주림으로 혹심한 시기를 보내고 있을 때 동학에 들어가면 유무상자(有無相資) 지침으로 도움을 받을 수 있었다.[10] 동학은 살길을 열어주는 곳처럼 인식된 것이었다. 그러한 시기에 공공연히 포교를 전개한 동학에 수많은 사람들이 들어와 동학 조직은 향촌 사회에서 관아나 양반층이 범접할 수 없는 세력으로 커져갔다.

내포 일대의 동학은 대접주 박인호(朴寅浩)가 이끌던 예포(禮包)가 중심이었다.[11] 동학도들이 세력을 확대한 여러 활동은 모두 예포와 연결해서 이루어졌다. 1894년 봄 전라도 일대에서 전해지는 무장봉기와 황토현 전승, 그리고 전주 점령 등의 소식은 내포의 동학 조직을 고무시켰다.

전라도에서 봉기한 동학농민군과 같이 이 시기에 내포의 동학도들은 지방관의 탐학과 정부의 지나친 조세 수취에 불만을 가졌을 뿐이었다. 일본군이 경복궁을 기습하고 청일전쟁을 벌이기 전에는 반일 감정을 심하게 드러내지 않았던 것 같다. 덕산과 예산에 곡식을 매입해서 인천으로 가져온 일본인 상인의 정보 보고에 "동학파는 속으로 청국인을 매우 싫어하지만 일본인에 대하여서는 아무런 악감정을 갖고 있지 않았다. 오히려 친절한 편"이라고 했다. 이 자료에는 덕산과 예산에서 보고 들은 것을 다음과 같이 소개하고 있다.

"덕산과 예산 백성의 반수는 동학파이지만 아직 소동 같은 것은 없고 평상시처럼 각자 영업중이라고 하였다." "동학파가 집회 또는 협의 등을 할 때는 신호로서 징이나 종 같은 것을 쳤다." "덕산과 예산에 동학파의 두목이 2, 3명은 있는 것 같았다. 이 지방에서는 동학파의 평판이 아주 좋았다." "동학파의 내막은 매우 비밀스러워서 외부에서는 알 수가 없었다." "동학파는 속으로 청국인을 매우 싫어하지만 일본인에 대하여서는 아무런 악감정을 갖고 있지 않았다. 오히려 친절한 편이었다." [12]

내포는 전라도에서 해로를 통해 서울로 올라갈 때 거쳐 가는 중간 지점이었다. 서울에서 전해지는 소식도 빠르게 전파되는 곳이기도 했다. 그러나 1894년 봄 전라도에서 벌어지는 동학도들의 활동과 함께 진압군이 남하하는 소식도 일찍 전해졌다. 서울에서 내려가는 진압군은 청국의 군함을 타고 왔다.

청국군이 개입한 것은 1894년 4월부터이다. 양호초토사 홍계훈이 4월 4일 장위영 병대를 이끌고 인천에서 군산으로 갔을 때 타고 간 배가 청국의 군함 핑위엔호(平遠號)였다.[13] 북양함대 소속인 이 순양함은 양무운동의 성과로 푸저우(福州)의 선정국(船政局)에서 건조된 2,100톤급 군함이었다.[14] 북양함대가 설치된 후 처음으로 군함을 파견한 외국이 조선이었고, 1894년 초에는 인천에 기항해서 위안스카이(袁世凱)의 조선 내 활동을 지원하고 있었다.

조선 정부는 위안스카이를 통해 동학농민군 진압을 위해 청국군의 파병을 요청하였다. 1894년 7월 북양함대의 군함을 타고 온 청국군은 아산만을 상륙지로 선택하였다. 아산만은 수심이 깊어 커다란 함정이 정박할 수 있는 여건을 갖췄고, 내륙 깊숙이 포구가 산재해서 병력이 상륙하거나 행군하기도 편리했다.

1차로 6월 6일과 8일 타이위엔진(太原鎭) 총병(摠兵) 니에스청(聶士成)과 직예 제독 이에쯔차오(葉志超)이 거느린 병력이 백석포에 상륙해서 성환으로 행군해 갔다. 22일에는 캉이함을 타고온 후속 지원군 2,000여 병사가 다시 백석포에 상륙해서 7월 26일 성환으로 이동하였다.[15] 청국군을 맞아들인 영접사 이중하(李重夏)는 그런 상황을 보고하였다.

> 6월 22일 중국 병선 4척이 홍주의 내도에 와서 정박하여, 통령 쨩쯔캉(江自康)이 병사 2,000명을 아산의 작은 배에 나누어 태우고 백석포(白石浦)에 내려 주둔하였고, 23일에는 새벽에 통령 섭사성이 거느리고 있는 부병(部兵)이 성환에 주둔하고 있다는 연유를 빨리 보고한 후 베껴 옮깁니다.[16]

청국군은 아산읍을 비롯한 여러 곳에 분산해서 주둔하고 있었다. 조선 정부에서는 전주에서 동학농민군이 물러난 이후 "비도들을 이미 평정하였으므로 청국 원병의 진격을 원치 않는다."[17]고 해서 남하하지 못하고 있었다. 더구나 인천에 상륙한 일본군이 서울에 들어갔다는 소식을 들은 후 성환에 집결해서 주둔하고 있었다. 영접사 이중하는 그 내용을 조정에 급히 보고하였다.

> 아산읍에 머물고 있는 각 진영들은 일본군이 점차 핍박하자 차례로 성환 등지로 군대를 이동하였으며, 6월 26일 축시(丑時, 오전 1~3시) 쯤에 대수(大帥) 섭지초 진영도 또한 천안으로 옮겨 주둔하였고, 신(臣) 또한 차비관 박종선(朴宗銑)·이필균(李弼均) 등을 거느리고 군대를 따라 함께 갔습니다.[18]

상륙 장소인 백석포는 청군이 군수물자를 쌓아 놓아 군수 기지와 같았다.

일본 해군은 오오시마함(大島艦)과 무사시함(武藏艦)을 아산만 일대로 보내서 청국 전함에 관한 정보를 파악하도록 했다. 아산만에 정박 중인 군함(揚威號·操江號·湄雲號) 등이 조사되어 보고되었다. 이와 함께 백석포에 있던 청의 육군에 관한 상세한 정보도 보고되었다. 일본 군함 무사시함에서 보고한 내용은 다음과 같다.

> 백석포 인가에서 상류로 5, 6정(町)에 있는 해안 암석에 배를 대고 상륙하여 바로 산정에 올라 청군 야영의 정황을 보니, 충청도 연도로도 헤아릴 수 있는 좌우 경사된 골짜기 5개소에 천막을 쳐 놓았다. 그 중에서 많은 것은 한 곳에 24, 5장을, 적은 것은 10 혹은 5에 불과하고 또 조선인 집과 혼합한 것이 있음을 보았다.[19]

『홍양기사(洪陽紀事)』에는 일본군 정탐병이 작은 배를 타고 백석포로 가는 것을 목격한 기록이 있다.[20] 이런 보고처럼 청국군의 상륙지인 백석포에서 성환역에 이르는 주변 일대까지 군사정찰을 통해 일본군이 상세하게 파악한 것은 기습전투를 예상하고 있었기 때문이었다. 그것도 사전에 선전포고도 하지 않고 공격을 감행하려고 계획한 것이었다.

성환역은 조선의 교통망에서 중요한 곳이었다. 전라도에서 동학농민군이 북상한다면 이를 차단하고 막을 수 있는 요지이기도 하였다. 하지만 청국군이 백석포 부근과 아산읍 등 여러 지역에 분산해 있다가 성환으로 집결한 것은 일본군의 동정이 심상치 않다는 정보 때문이었다.[21]

이미 상황은 전쟁으로 들어가고 있었고, 서울에서 벌어진 사건은 사실상 청일전쟁의 서막이었다. 일본군 혼성 제9여단이 7월 23일 새벽 경복궁을 기습 점거하였다는 놀라운 소식은 즉각 내포 지역에도 전해졌다.[22] 이제 청일

간의 전쟁은 피할 수 없는 상황이 되었다.

7월 23일 아산 앞바다의 풍도 인근에서 해전이 벌어졌다. 영국 국적 수송선인 코우싱호(高陞號)가 호위선인 북양함대 소속 찌위엔함(濟遠艦)과 쾅이함(廣乙艦) 그리고 챠오쨩함(操江號)과 함께 병력 상륙을 기다리고 있었다. 이때 일본 연합함대의 제1유격대 요시노함, 아키츠시마함, 나니와함이 아산만으로 접근하면서 청국 군함을 발견하였다. 즉각 일본 함대는 일자 대열을 갖추고 고속으로 항진하며 공격을 가하였다. 갑자기 기습을 받은 찌위엔함과 쾅이함은 청국 뤼순항으로 도피하였고, 챠오쨩함은 태안 연안까지 피하였다가 선원들이 배를 버리고 탈출하였다.

이 풍도 전투에서 벌어진 가장 큰 사건은 수송선 코우싱호가 격침된 것이었다. 이 배에 동승해서 조선의 상황을 살펴보려고 했던 독일인 군사교관 한네켄 콘스탄틴 폰[22]은 침몰 과정을 다음과 같이 밝히고 있다.

기선 고승호는 7월 23일 1,220명의 승선자와 대포 12문 기타 소총과 군수품 등을 탑재하고 다구(太沽)를 출발하여, 같은 달 25일 아침 프린스 제롬만(灣) 밖인 조선 군도 근방에 도달했다. ― 오후 1시경에 이르러 낭속함은 고승호를 향해 수뢰 한 발을 발사했지만 적중하지 않았으므로 측포 5문을 발사, 이어서 갑판과 포탑에 있는 기계포와 대포를 연발하여, 대략 1시간이 경과하여 고승호가 침몰하기에 이르기까지 발포를 계속하였다. 그리고 포격이 시작되자 승무원과 청병 약간 명이 물속으로 뛰어 들었다. ― 나는 그 함의 수뢰구로부터 수뢰가 튀어 나오는 것을 목격했다. 그 다음 곧 6개의 포문을 열었는데 수뢰가 우리 배에 도달하기 전에 굉장히 큰 소리의 포성이 두 번 일어났다. 그리고 수뢰는 우리 배의 중앙인 석탄창에 적중했고 백주대낮이 순식간에 어두운 밤으로 되어 탄분(炭粉)·목편(木片)이 번랑(飜浪)하는 파도와 섞여

하늘 높이 치솟았다. 여기서 우리들은 모두 바다에 뛰어들어 헤엄쳤다. 헤엄을 치고 있는 사이에 나는 우리 배가 침몰하는 것을 보았다. 선미가 먼저 침몰했다. 이 사이 발포가 계속됐고 바다에 뛰어들어 헤엄을 쳐도 살아날 기회가 없다는 것을 안 배 위의 병사들은 분연히 포격에 대항해서 총을 쏘았다. 나는 일본 군함에서 보트를 내리고 다수의 병사를 태우고 오는 것을 보고 그들이 우리 배의 남은 병사들을 구조하기 위해 오는 것으로 믿었는데 유감스럽게도 그것이 잘못된 생각임을 알았다. 보트에 타고 있던 병사는 침몰하고 있는 배위의 잔병들에게 사격하였다. — 내가 아는 바에 의하면 그 병사 중 수영하여 그 생명을 보전한 사람은 겨우 170명 정도에 불과하다.[24]

나니와호의 함장은 러일전쟁 시 동해에서 발틱함대를 궤멸시켜서 영웅으로 추앙되는 도고 헤이하찌로(東鄕平八郞)였다. 도고는 청국 병사들이 침몰하는 코우싱호에서 빠져나와 바다에 뛰어든 것을 보고 이들을 학살하도록 무장병사를 태운 보트를 내려 보냈다. 한네켄의 기록은 일본 해군의 잔학상을 사실 그대로 전해 주고 있다.

이와 같은 전쟁 발발과 청국군의 피해 상황은 태안과 아산 등지에 살던 사람들이 가장 먼저 알게 되었다. 챠오장호에서 탈출한 청국 해군병사들을 태안부사가 만나 보고 충청감사 이헌영이 조정에 보고한 내용은 다음과 같다.

태안부사 윤수영(尹守榮)의 보고 내용에, "6월 23일(양력 7월 25일) 유시(酉時, 오후 5~7시) 쯤에 중국 병정 100명이 갑자기 관청 마당에 들어왔는데, 혹 목덜미와 등을 다치거나 혹은 손과 발을 다쳐 있었습니다. 그들을 보고 놀라서 어디로 향해 가다가 다치게 되었는지 그 경위를 글을 써서 물어보니, 중국 군사들도 글을 써서 답하기를, '우리들은 광이 병선(廣乙 兵船)에 우리 병사를 태우고 아산에 내려준 후에 우리나라로 되돌아가는 길에 서해의 죽도(竹島)에 도착하여 일본 군함 3척을 만나 서로 교전했다. 우리들의 사상자와 저들의 사상자가 몇 십 명인지 알지 못한다. 우리들은 간신히 이곳에 도착하였으나, 배는 죽도 등지에 표류하고 있다.'라고 하였습니다. 병사들에게 읍에서 착실하게 먹을 것을 주었으며, 그들이 바라는 대로 아산으로 호송했습니다. 광이선의 파손 여부와 일본인들이 머물고 떠난 행적을 자세히 살펴서 잘못된 것의 여부를 조사하기 위해서 부사가 즉시 죽도로 서둘러 갔으므로, 그 연유를 우선 급히 보고합니다"라고 하였습니다.[25]

이 시기에 면천에서 유배 생활을 하던 김윤식(金允植)은 『속음청사(續陰晴史)』에서 생생하게 당시 사정을 기록하고 있다. 일본군이 경복궁을 기습 점령하고 도성을 장악했으나 경군 각 병영의 병대마저 도피했다는 소식이 전해졌고, 일본 병선이 청국 병선을 공격해서 수백 명이 전사했는데 이것이 청일 간 전쟁의 시작이라고 명시한 것이다.[26]

그러나 풍도 해전보다 더 급박하게 전해진 소식이 성환 전투였다. 풍도 해전 나흘 뒤인 7월 29일에 경복궁을 기습했던 일본군 혼성 제9여단이 남하해서 성환역 인근의 야산에 집결해 있던 청국군을 공격했다. 여단장 오오시마 요시마사(大島義昌)[27] 소장이 직접 지휘하여 서울에서 수원 오산 평택 길로 내려온 일본군은 안성천을 건너 양면에서 협공한 것이다.

청국군 진지는 성환역 동쪽의 월봉산에서 대흥리 뒷산을 거쳐 산정리까지 펼쳐져 있었다. 혼성 제9여단 참모인 나가오카 가이시(長岡外史) 소좌가 소사에서 6, 7km 멀리 떨어진 곳에서 그 진용을 살펴보고 다음과 같은 기록을 남겼다.[28]

안성천에서 성환까지 푸른 벼가 넓게 펼쳐진 평야의 건너편에 소나무 숲이 울창한 작은 산지의 북쪽으로 신축된 긴네모꼴 청국군의 진지들이 있었다. 긴네모꼴은 세계의 축성술에서 아직 볼 수 없는 새로운 모양이었다. 이 보루에는 수없는 군기(軍旗)가 꽂혀 있어 볼만 했다. 큰 것은 2칸에 달했고 작은 것도 1칸 반 이하는 없었다. 깃발에는 붉은 바탕에 큰 글자로 '엽(葉)' '섭(□)' '풍(馮)' 등을 하얗게 써놓았다.

성환 전투는 치열했지만 일방적인 일본군의 승리로 끝이 났다. 21연대장 다케다 히데노부(武田秀山) 중좌가 지휘하는 우익대와 니시지마 스케요시(西島助義) 중좌가 지휘하는 좌익대가 공격하고, 중앙에서 포병이 원거리 사격을 가하자 이런 협격을 막지 못한 청국군 3,500명은 무너져서 백석포와 아산읍 방면으로 후퇴하였다. 지휘관이 먼저 달아난 청국군은 사방으로 흩어져 남하하다가 공주까지 가서 재집결하였다.[29]

내포 일대는 갑자기 전쟁터로 변하였다. 패산한 청국군은 소규모로 흩어져서 서산·해미·홍주·덕산·예산 등지를 지나 공주로 향하였다. 이들에게는 전혀 병참 보급이 되지 않았다. 따라서 청국군이 지나가는 지역마다 약탈하는 사태가 벌어진 것이다. 충청감사 이헌영은 그런 상황을 조정에 긴급 보고하였다.

> 서산·해미·홍주·덕산·예산 등의 읍은 태안에서 온 중국 병사와 성환 싸움에 져서 흩어진 병사들이 흘러 들어와서 의지할 곳이 없어 마을을 수색하고 약탈하여, 백성들이 모두 놀라서 흩어졌습니다.[30]

내포에서 공주에 이르는 여러 마을의 주민들은 흩어져서 피신하는 청국 병사들을 목격하였다. 약탈 행위도 있었지만 마을마다 큰 집을 찾아 밥을 구해 먹으려고 한 정상도 전해졌다.

청나라 사람들은 겨우 20명이었다. 그들은 마침 저녁을 먹고 있다가 나를 보고 기쁘게 맞이하였다. 나는 필담으로 그 곡절을 물었더니 대답하기를, '왜병과 성환역에서 싸워서 왜병에게 패하였는데 장수 섭통령(聶統領, 섭사성)이 어디로 갔는지 몰라 의지할 곳이 없어 각자 흩어져 달아났습니다. 그런데 왜병이 또 추격하여 오자 계책이 떠오르지 않아 지금 안흥(安興)으로 가서 바다를 항해하여 귀국하려 합니다. 그래서 밥을 얻어먹기 위해 마을마다 들러서 큰 집을 골라 투숙을 하고 얻어먹고 있습니다. 우리들은 이 집으로 들어왔으며, 70명은 오동(梧洞) 임진사 집으로 갔고, 30명은 한성지(漢城之)로 갔고, 30명은 덕지천(德之川)으로 갔고, 50명은 대교(大橋)로 갔습니다.'라고 하였다.[31]

일본군은 더욱 행패가 심하였다. 청국군을 추격하면서 민가는 물론 관아까지 침범해서 분탕질을 쳤다. 경복궁까지 기습 점령한 이들에게 지방관아는 전혀 거리끼거나 가릴 대상이 되지 않았다. 아산현감 정인진의 보고는 심각하였다.

지난 6월 27일(양력 7월 29일) 오시 무렵에 몇 천 명인지 알 수 없는 일본군이 각각 총과 칼을 가지고 기마대와 함께 혹은 성환으로 가는 길을 따라가고 혹은 백석포에서 출발하여, 일시에 갑자기 빠르게 진격하기도 하고, 혹은 객사에 주둔하거나, 혹은 사면으로 산판에 주둔하면서 사직을 불태웠습니다. 이어서 인가와 각각의 관청 건물 등에 들어가 남아 있는 돈과 곡식 및 여러 물건들을 모두 빼앗아갔으며, 각종 장부들도 모두 불에 타고 찢겨졌습니다. 도로의 민가와 의복, 그릇, 여러 물건들이 부서지고 찢겨졌고, 뒤져서 가져간 것이 그 수를 알 수 없으며, 위협하고 능멸한 것은 이루 말할 수 없을 정도입니다. 관리와 백성 사이에서 남녀노소가 이러한 광경을 보고 앞서거니 뒤서거니 하면서 서로 따라서 울부짖으며, 모두가 목숨을 보존하려고 도망하여 숨었습니다.[32]

조선이 벌인 전쟁이 아닌 청과 일본과의 전쟁에서 내포 일대가 심한 약탈장이 된 것이었다. 관청까지 들어와 주둔한 일본군은 각종 장부와 물건들을 빼앗아갔다. 정부에서 청국군에게 군량 등을 제공하는 책임을 이 일대의 관아에 부과했기 때문에 호된 어려움을 겪었는데 일본군에게 읍내와 관아까지 약탈당하게 된 것이다.

백석포에서 봉세미를 윤선으로 싣고 간다는 소리를 들었습니다. 탐지할 겨를도 없어 실제 수를 알지 못하였습니다. 수개월 동안 중국 군대에 편안함을 제공하는 데 힘을 다 쏟았는데, 또다시 일본군들이 갑자기 들어와 공포와 겁을 주는 일을 당하니, 읍이 회복될 기약이 없습니다. 일본군들은 오늘 아침 일찍 둔포로 향하여 갔고, 방금 40여 명이 읍에 남아 있으면서, 청국 병사들이 남기고 간 탄환과 기계를 관문 안팎에서 꺼내어 태웠습니다.[33]

면천에 유배 중인 김윤식은 청국군이 패산한 후에 일본군이 아산으로 들어와서 민심이 흉흉해졌다는 소식과 함께 아산 부녀자들이 창황히 피난을 가던 사실을 기록하고 있다. 청국 병사들은 조선 사람들의 의관으로 갈아입고 면천읍을 지나갔고 일본군이 뒤따라오기 때문에 농민들이 놀라서 산으로 피하던 사실도 전하고 있다.[34]

풍도 해전과 성환 전투 때문에 놀란 지역민의 동요는 심각하였다. 『홍양기사』에 그런 사정을 알려주는 기록이 있다.

> 7월 초 4일(양력 8월 4일). 일찍 내도에 정박했는데, 섬의 백성들이 모두 도망가 흩어져서 그 형편이 참담하였다. 며칠 사이에 사람의 일이 상전벽해처럼 변하였기에 찾아가서 일의 연유를 물어 보았더니, 지난 달 27일(양력 7월 29일)에 청나라 군대가 일본군의 습격을 받아 소사와 성환에서 패하였으며, 패잔군이 여러 고을에 흩어졌고 또한 약탈을 자행하여 백성들이 모두 풍학(風鶴)처럼 움직였으며 여러 날이 지나도 진정되지 않았다고 하였다.[35]

내포 지역의 이런 변란은 지방관아에서 대처해야 했으나 외국 군대의 강력한 무력 앞에서는 지방관들도 속수무책이었다. 다만 전례 없는 변고를 조사해서 충청감사와 조정에 보고할 뿐이었다. 충청감사도 마찬가지였다. 경복궁이 일본군에게 장악된 상황에서 할 수 있는 일이 없었다.

여러 고을에서 양반 유생들이 나서서 대책을 논의하였다. 변란을 직접 겪은 내포 일대의 군현이 아니라 공주와 홍산 그리고 은진에서 유생들이 유회소(儒會所)에서 모여서 창의, 즉 의병 봉기를 시도한 것이다. 이러한 논의는 당연히 지방관과 도백도 동참해야 하는 심각한 문제로 보고 충청감영에도 거사를 알렸다. 유생들은 '충성과 분함' 때문에 창의를 하겠다고 알린 것이다.

충청도를 순회하던 선무사 정경원(鄭敬源)은 급히 유시를 보내 양반 유생들에게 동요하지 말라고 말렸다. 충청감사 이헌영도 유회소의 창의를 막는 조치를 취하였다. 그 이유는 다음과 같은 것이었다.

경솔하게 거사한다면, 오히려 임금의 급한 사정을 해결하지도 못하고, 마침내는 국가의 해가 될 것이 명확하다. 지금의 시기와 기미를 시험 삼아 본다면, 과연 어떻다고 말하겠는가? 진실로 군사를 일으키지 않을 수 없다면, 적에 대한 분노와 증오에 대하여 어찌 많은 선비들이 뛰쳐나오기를 기다리고 있겠는가? 조정에서는 반드시 소모(召募)하게 될 것이니, 시기와 기미로 볼 때 실로 그렇지 못한 것이 있다. 비유컨대 만일 호랑이가 집에 들어왔을 때, 집 밖에 있는 사람들은 어려움을 구하는 것에 급급하여 무기를 들고 둘러싸서 그것을 잡으려 한다면, 호랑이는 나올 수 없어서 포효하면서 집안에서 마음대로 하게 될 것이니, 어찌 근심이 없게 된다고 하겠는가?[36]

요약한다면, 지금 경복궁이 일본군에게 점거되어 국왕이 인질 상태이니 섣불리 창의 거사를 시도할 시기가 아니라는 것이다. 무기를 들고 거병한다면 국왕이 일본군에게 해를 입을 수 있다는 의미였다. 그것을 집안에 들어온 호랑이를 자극시키면 안 된다고 표현한 것이다. '상황을 보면서 조정의 처분'을 기다리자고 했으나 그것은 헛된 말에 불과했다. 정부의 실권은 일본공사의 조종을 받는 친일 개화파의 손에 넘어가 있었다. 더구나 일본공사가 군사력을 배경으로 협조를 요청하면 무엇이든 들어주지 않을 수 없었다.

다시 부여의 유생 천기일(千基一)이 창의 모병을 시도하였다. 그러자 여기에 '훈신(勳臣)들이 구름같이 모였다'고 했다. 그러나 충청감사 이헌영은 이런 창의도 제어하였다. "경솔하게 거사를 하였으니, 오히려 임금의 급한 사정을 해결하지도 못하고, 마침내는 국가의 해가 될 것이 명확하다. 이번 달의 시기와 기미를 시험 삼아 보건대, 종사가 그대로 보존되어 있고, 임금에게도 탈이 없으니, 창의 모병하여서 장차 무엇을 하려고 하는가? 생각건대 없는 것에서 문제를 일으켜서 소란의 단서를 야기하여, 위로는 국가에 근심을 끼치고 아래로는 백성들에게 화를 일으킬까 두렵다. 진실로 군대를 일으키지 않을 수 없고, 적에 대한 분노와 증오가 있다면, 반드시 조정에서 소모하게 될 것이니, 어찌 많은 선비들의 논의가 빼어나오기를 기다리겠는가?'라며 말린 것이다.[37]

은진유회소에도 충청감사가 또다시 독촉하였다. '선무사의 유시를 보지 못했느냐'면서 질책을 하면서 그 내용을 전재하였다.

> 종묘와 사직이 이미 안정되었다. 임금께도 탈이 없다. 창의 모병하여 장차 무엇을 하려고 하는가? 생각건대 없는 것에서 문제를 일으켜서 소란의 단서를 야기하여, 위로는 임금께 근심을 끼치고 아래로는 백성들에게 화를 일으킬까 두렵다.[38]

여기서 시국을 보는 현격한 차이가 드러난다. 일본군 혼성 제9여단의 경복궁 기습 점령과 국왕이 인질로 된 사태 그리고 청일 군대가 조선에서 전쟁을 벌이고 있는 유례없는 국란을 함께 지켜보았으면서도 국정을 직접 담당한 선무사나 감사는 '종묘와 사직이 안정'된 상태라고 보고 있는 것이다. 그리고 의병 봉기를 '없는 것에서 문제를 일으켜서 소란'을 야기하면 국왕에게 근심을 끼친다고 말하였다. 양반 유생들은 '충성과 분함'으로 창의를 시도하였지만 결국 이런 고위 관리들의 설득으로 중지할 수밖에 없었다.

그러나 당시 양반 유생들의 힘은 약화되고 있었다. 동학 때문이었다. 전라도에서 전주감영까지 동학농민군에게 점거된 소식이 충청도와 경상도 일대에도 전해지면서 동학 조직에는 수많은 사람들이 합세해왔다. 여름에 접어들면서 각 군현의 동학도들은 표면에 드러나서 활동하며 접 조직을 확대해 나갔다. 이들 중에는 양반 토호들이 지난날 잘못한 처사에 집단으로 항

의하는 사람들도 있었다. 향촌 사회에서 양반의 권위는 인정받지 못했다.[39]

3. 내포의 동학농민군 봉기와 태안·서산의 지방관 피살

충청도 일대에서 나라의 위기에 실제로 대응하고 나선 세력은 동학 조직이었다. 가장 먼저 의병을 칭하고 나온 지역은 보은이었다. 보은군수 정인량(鄭寅亮)이 충청감사에게 올린 보고문에 8월 2일 사각면 고승리 천변에 동학도 수백 명이 모여서 군수가 도약정이 되어 이방까지 포함해서 창의를 하자고 요청한 사실이 나온다. 7월 23일 경복궁 침범이 일어난 지 10일 만의 일이었다.[40]

충청도 서남부 일대에는 이미 7월 말부터 전라도에서 경계를 넘어온 동학도들이 무기와 말 등을 탈취하는 일들이 나타나고 있었다. 7월 31일에 임천군수가 충청감사에게 보고하는 내용에는 전라도 성당 지역에서 온 동학도들의 활동상이 나온다.

> 6월 29일(양력 7월 31일) 신시 무렵에 도인이라 칭하는 20여 인이 혹은 총과 창을 지니고 혹은 말을 타거나 혹은 걸어서, 전라도 성당에서부터 방향을 바꾸어 임천에 도착하여 작청에 난입하였습니다. ─ 그들은 말로는 문득 위국안민(爲國安民)한다는 것을 평계했지만, 기세는 감히 누구냐고 물어 밝힐 수 없을 정도로 당당합니다. 마을을 순찰하여 정탐하여, 사사로이 총과 마필을 마음대로 가져갔으며, 또한 요호(饒戶)를 쫓아내고는 궁민을 구호한다고 말하면서 곡물 꾸러미를 압류하고 돈과 재산을 빼앗아갔습니다.[41]

충청도 서남부 여러 군현에서는 전라도에서 전파한 동학 조직이 읍내와 외촌을 가리지 않고 널리 퍼져 있었다. 부여의 사정을 전해주는 기록은 충청도 다른 군현과 경상도 여러 군현에서도 동일한 내용이었다.

7월 초 1일(양력 8월 1일) 맑음. 읍마다 당(黨)이 있고, 촌마다 도(徒)가 있었으며 하루에 오는 것이 3~4번 아래로 내려가지 않았다. 금구접(金溝接), 김제접(金堤接), 옥구접(沃溝接)이라고 하고 서로 접장(接長)으로 불렀다. 거기에 속한 사람들은 도인(道人)이라고 불렀고, 그 무리에 들어가지 않은 자는 속인(俗人)이라고 불렀다.[42]

초 5일(양력 8월 5일) 맑음. 며칠 전부터 동학도가 자주 동네에 들어 부유한 집에서 말·총·창·칼·돈·왜산(倭傘) 등을 빼앗았다. 원한을 가지면 눈을 흘겨보고 반드시 보복하였다. 비록 노예라고 하더라도 동도(東徒)에 들어오면 반드시 존대하여 감히 이름을 함부로 부르지 않았다. 상하의 구분과 귀천의 분별이 없어 옛날에는 없던 것이었다.[43]

이런 세력을 가진 동학 조직에서 주로 노리는 것이 무기와 같은 것이었다. 서천을 비롯 청양, 이인, 정산 등지에서도 동학도들의 움직임이 심상치 않았다. 서천군수 김인수(金麟洙)도 긴급 보고를 올렸다.

7월 초 9일(양력 8월 9일) 오시 무렵에 정체를 알 수 없는 무리 57명이 각각 총과 창을 지니고 한산에서 이곳에 도착하였는데, 총을 쏘면서 읍에 들어와 각 관아 건물에 머무르며 술과 음식을 토색하면서 이르기를, '우리들은 부안의 동학인이다. 전라도 연해에 일본 배가 와서 정박한 것이 수백 척이어서, 도 전체가 위급하고 황망하여 경계하지 않을 수 없는데, 마필과 무기가 모자란다. 너희 읍에 남아 있는 총과 말의 상황을 나는 이미 자세히 들었으니, 총 1,000자루와 말 100필, 화약과 철환을 충분히 가져와서 기다리고 있으라.'고 말하고, 이방과 수성포수 대장을 잡아가서 죽인다고 협박하여 재물을 빼앗는 것이 끝이 없었으며, 수성포수가 지닌 총 6자루, 화약 3근, 철환 100개, 창 2자루, 시골 당나귀 2필, 말 1필 등을 빼앗아서, 신시 무렵 나갔습니다.

동학도들의 봉기 준비는 7월 말부터 8월 초에 시작된 것이다.[44] 경복궁을 기습해서 점거하고 경군 병영을 무장 해제시킨 일본군은 강력한 군대였다. 성환에서 청국군을 일격에 패배시킨 일본군을 물리치려는 대비는 철저해야 했다. 그 방법은 화승총과 창칼 등 무기와 연환 및 화약을 확보하는 것이 우선이었다. 그렇지만 민간에 무기는 많지 않았다. 최선의 방법은 각 관아에 보관된 무기를 탈취하는 것이었다.

무기뿐 아니었다. 군수미로 사용할 곡식도 구해야 했는데 부농과 지주들에게 강제로 헌납받았다. 민간에 세곡으로 거둔 곡식이 관청 창고에 쌓여져 있었다. 이 곡식을 탈취하면 일거에 대량을 확보할 수 있었다. 그런 시도는 여러 군현에서 나타났다.

이에 따라 각 군현의 관아와 동학도 사이에 긴장 형세가 나타났다. 관아에 보관된 무기를 빼앗기거나 세곡을 탈취당하면 지방관이 처벌을 당하였다. 그렇기 때문에 적극 막으려고 하였고, 동학도들은 무장봉기에 식량과 돈은 더 필요하게 될 것이기 때문에 여러 관아에 들어가서 강제로 빼앗으려고 시도하였다. 관아와 부농 지주들에게는 화적과 같은 행위와 다름없었다.

연산 현감 이병제(李秉濟)는 "7월 초 6일(양력 8월 6일)에 동학배 20여 명이 각각 총과 창을 지니고 쏘면서 돌입하여 총 4자루, 돈 30냥, 백성의 말 3필을 빼앗아 갔으며, 초 7일 미시 무렵에 100여 명이 또 갑자기 들이닥쳐 돈 100

냥을 토색해 갔고, 초 8일에는 10여 명이 총을 쏘면서 들어와서 읍의 말 1필을 빼앗아 가서 읍과 마을에서 폐단을 저지르고 민정을 시끄럽게 하였습니다."라고 충청감사에게 보고하였다.

이제 지방관과 양반 지주들에게 동학도는 화적으로 인식되었다. 충청감사 이헌영은 8월 25일 동학도들에 관한 보고를 종합해서 이렇게 장계를 올렸다.

> 옛날 채무를 강제로 받으려고 인명을 죽였으며, 관청 건물에 들어와서 협박하여 재물을 빼앗아 가는 것이 끝이 없었고, 또 수성포군이 지닌 무기를 빼앗았으며, 마을을 샅샅이 뒤지고 거리에서 멋대로 다니면서 돈·곡물·마필·총·칼 등의 물건들을 빼앗아 가는 등의 일을 저지르니, 이는 변괴이며 들어도 매우 놀라운 일입니다.[45]

이런 파악은 결코 가볍게 볼 수 없는 것이었다. 당시 일본군이 경복궁을 점거하고 있고, 일본공사가 조종하는 친일 개화파가 조정을 좌우하고 있으며, 그리고 일본군과 청국군이 평양 일대에서 대규모로 대치하고 있는 일촉즉발인 상황은 부차적인 문제로 보였다. 그런데 여러 관아와 양반 지주들에게는 당장 눈앞에서 재물을 탈취하는 동학도들이 갈수록 더 큰 위협으로 인식하게 된 것이다.

9월에 들어와서 동학도들의 활동이 더 활발해졌다. 9월 1일에는 '1만여 명'이 공주 정안면 궁원에 모여서 창의를 하겠다고 감영에 그 뜻을 밝혀 왔으며, 다음 날에는 깃발을 잡거나 창과 칼을 지니고 공주 부내로 들어와서 길에 가득 찼다.[46] 충청감영조차 부내에 들어온 동학도들을 제어할 수 없었다. 공주성에서 나간 뒤에도 10여 리나 2~30리 떨어진 곳에 각기 모여서 해산하지 않았다.

이러한 것을 지적한 충청감사 이헌영의 생각과 공주에서 창의를 주장하는 동학도들의 생각은 완전히 달랐다. "이들이 이른바 창의라고 하는 것이나 머물러 있기를 원한다고 하는 것 모두가 핑계를 두어서 소란을 피우려는 계책"이라고 생각한 것이다.

충청감사는 사교로 간주한 동학을 금지하는 임무를 맡고 있던 관리였다. 수많은 동학도들이 떼를 지어 다녀서 탄압을 할 수 없었지만 화적과 같은 활동은 용납할 수 없었다. 일본군이 경복궁을 점거하고 있던 시기에도 창의를 한다는 말은 '소란을 피우려는 계책'으로만 평가하였다.

1894년에는 농민항쟁도 여러 군현에서 발생하고 있었다. 일찍이 경상도 김해에서 4월 29일 농민항쟁이 일어나서 부사 조준구(趙駿九)를 쫓아낸 바[47]가 있었다. 5월에는 충청도 노성에서 민란이 일어나서 부여현감을 조사관으로 파견하였다. 여러 지역에서 이런 민란이 빈발하자 행호군 엄세영(嚴世永)을 삼남 염찰사(廉察使)로 보내 편의 재단(便宜裁斷)하는 권한을 부여하였다. 지방관들의 정사와 백성들의 고통을 찾아내는 대로 처결할 수 있도록 한 것이다.

전라도 전주에서 물러난 동학농민군이 전라도 전역에서 활동을 계속하고, 충청도와 경상도의 사정도 갈수록 어려워지자 엄세영을 선무사를 겸해서 국왕의 윤음을 가지고 다니며 효유하도록 하였다. 7월에는 경기도 남양에서 민란이 일어나 이조참의 이태용(李泰容)을 안핵사로 파견하였다.[48]

전라도에는 염찰사(廉察使)로 엄세영(嚴世永)을 파견하였으나 지역 상황이 더 심각하게 되자 선무사(宣撫使)를 겸해서 '윤음(綸音)'을 가지고 돌아다니면서 선포하고 유시'하도록 하였다.

8월 9일에는 협판내무부사 정경원(鄭敬源)을 충청도 선무사로 다시 파견하였다. 8월 15일 김홍집 내각에서 엄세영이 농상아문대신으로 발탁되자[49] 호서선무사 정경원이 전라도와 경상도까지 포함하는 삼도선무사가 되었다.[50] 그러나 당시 형편으로 겸무가 어렵기 때문에 이중하(李重夏)를 영남선무사로 다시 보내고 정경원은 양호선무사로 임명했다.[51]

정경원은 충청도 일대를 순회하면서 주요 동학 지도자들을 파악하였다. 동학도들과 연락을 취하는 인편은 마련되어 있었다. '대원군이 전 정부 때부터 수감되어 있던 동학도 2명을 석방하고 이들에게 관직을 주어서 동학당 설유(說諭)를 위해 정 선무사에게 부속'[52]시켰던 것이다. 그래서 확인한 정보는 일본군에게 전해져서 각 지역을 순회할 때 체포 목표가 되었다.[53]

홍주에 와서는 불러 모은 동학 지도자들은 홍주의 김영필(金永弼), 정대철 (丁大哲), 이한규(李漢奎), 정원갑(鄭元甲), 나성뢰(羅成蕾), 덕산의 이춘실(李春實), 예산의 박덕칠(朴德七), 박도일(朴道一), 대흥의 유치교(兪致敎), 보령의 이원백 (李源百), 남포의 추용성(秋鏞成), 정산의 김기창(金基昌), 면천의 이창구(李昌求)였다.[54]

당시 이 일대에서 동학의 거두로 알려진 인물은 박덕칠, 박도일, 이창구였다. 공주 대교에 살던 한 양반도 이들을 알고 있었다. "박덕칠은 예산(禮山)에 거주하였기 때문에 박덕칠을 따르는 자들은 그를 예포(禮包)라고 불렀다. 박도일은 덕산(德山)에 거주하였기 때문에 박도일을 따르는 자들은 그를 덕포(德包)라고 불렀다."[55]

내포 일대의 동학도들이 여름에 들어와서 커다란 세력을 갖게 되자 관아에서는 통제가 불가능하였다. 무장봉기를 준비하며 곡식과 돈을 모으고 무기를 확보하기 위한 활동이 양반들에게 우려의 대상이 되었다. 동학도들의 활동은 경상도와 강원도를 포함해 전국에서 거의 비슷한 기록으로 나온다. 예포와 덕포 등 내포 일대의 동학도들의 활동은 다음과 같이 표현되었다.

저들은 스스로 왜(倭)와 양(洋)을 물리친다고 하면서 생산에 종사하지 않고 매일 무기를 지니고 동쪽의 가옥에서 무리를 짓지 않으면 서쪽 동네에서 작당을 하여 국법과 왕장(王章)을 무시하고 방백과 수령을 도외시하였다. 저들 중에 만약 산송(山訟)이나 채무 혹은 자질구레하게 원한을 갚을 일 등이 있으면 저들이 제멋대로 판결을 하였다. 심지어는 사대부를 묶어놓고 형을 가하기도 하고, 남의 무덤을 강제로 파고, 채무를 강제로 받아내고, 근거 없이 강제로 돈을 징수하고, 유부녀를 강제로 겁탈하였다. 양반가의 노비들은 그들의 노비문서를 탈취하고 상전을 욕보인 뒤에 떠나갔다. 부자들의 돈과 곡식을 빼앗고, 남의 소와 말을 가져갔다. 저들이 갚아야 할 물건들은 모두 탕감하여 준다는 증서를 강제로 받아내었다. 반상·노소·귀천·친소·선악을 구별하지 않았고 다른 사람들의 재산을 마치 자신의 것으로 생각하였다. 아침에는 동쪽 집안의 무덤을 파헤치고 저녁에는 서쪽 이웃의 재산을 빼앗으며 마치 무인지경을 다니듯 하였으니 원성이 길에 자자하였고 재앙의 기색이 하늘을 뒤덮었다.[56]

양반들은 동학도들의 공세에 시달렸다. 대교 양반의 다음 기록은 왜 양반들이 동학에 비판 일색이었는지 알 수 있다.

특히 피해를 입고 곤욕을 당한 자들은 유독 양반가였다. 갈산(葛山) 김씨, 삼산(三山) 이씨, 두리(斗里) 정씨들은 우리나라의 거족인데 집집마다 봉변을 당하였다. 또 앞으로 어떤 화가 닥칠지를 몰라서 신주를 묻고, 남자는 지고 여자는 이고 온 식구가 도주하지 않는 사람들이 없었다. 이러한 때에 어떻게 사환을 데리고 가마를 타고 나다닐 수 있겠는가. 이른바 사환들은 곧 원수로 바뀌었고, 어제까지 친숙하던 사람들이 모두 원수가 되었다. 비록 친지나 친족 간이라도 그들이 곤욕을 당하는 것을 바라만 보며 아무도 감히 구해주지 못하였으며 남의 일처럼 생각하였다. 평소에 잘 알고 지내던 집안들이 모두 문을 걸어 잠그니 집안이 쓸쓸해졌고 동네가 삭막해졌다. 또 동학을 믿지 않는 사람들은 마음대로 길을 다닐 수가 없었다. 갑자기 비류를 만났을 때 반드시 동학도의 방식으로 인사를 주고받는다면 다행히 무사히 지나갈 수 있지만, 만약 그렇지 않으면 트집을 잡아서 끝내 말썽을 일으켰다. 이는 다른 이유가 아니라 그들과 같은 무리가 아니라는 혐의 때문이었다.[57]

동학도들은 일본군의 침범으로 나라가 위기에 처하자 무장봉기를 준비했지만 양반들은 이들을 화적과 다름없는 무리로 보고 있었다. 명분론에 의한 반상과 귀천의 질서를 부정하는 동학도들을 용납할 수 없었고, 돈과 곡식을 빼앗아가는 행위에 분노하였으며, 강제로 양반들을 징치하거나 과거의 원한을 푸는 행위에 적개심을 가졌다. 일본군의 위협은 멀리 있지만 동학도들은 눈앞의 적이라고 보게 된 것이다.

동학 조직이 일본과 싸울 것을 목표로 가을에 이르도록 세력을 확대하자 이 때문에 각 군현의 관아와 갈등은 계속되었다. 10월에 들어와서 전라도의 남접 농민군은 재봉기를 결정해서 삼례에 집결하였다. 10월 19일 동학교단도 교주 최시형의 기포령을 내렸다. 이에 따라 동학 조직이 퍼져 있던 모든 지역에서 무장봉기가 시작되었다. 내포에서는 예산 박인호의 예포(禮包)가 기포의 중심이 되었다.

禮山本包에서 先打鐵聲ᄒ야 一般管下을 ――히 召集할식 各處의셔 鐵聲을 轉聞ᄒ고 包包의셔 應聲ᄒ며 處處가 相應ᄒ야 一時의 起包가 되며 삽시간의 自公州溫陽郡으로 至泰安安興郡ᄭ지 二百餘里가 一時前의 電氣와 如

히 禮包는 ――히 皆爲起包가 되어 一心相應이러라.[58]

이때 내포 지역에서는 태안에서 먼저 동학도를 탄압하는 조치를 시작하였다. 10월 중순 태안에 별유사로 파견된 김경제(金慶濟)가 태안부사 신백희(申百熙)와 함께 해미, 서산, 태안의 동학 지도자들을 체포하였다. 동학도들의 봉기 조짐을 보고 먼저 제압하려고 한 것이다. 그러나 이런 결정은 상황을 오판한 것이었다.

김경제는 홍문관 수찬 등 내직만 주로 역임했던 관리였다. 지방관 경력도 없었고, 동학과 그 조직에 관한 이해가 없었다. 다음과 같은 기록을 보면 갑오년 내포 일대의 상황도 잘 모르고 있었다.

> 별유관(別諭官) 김경제가 홍주에 도착하였다. 주공이 별유관을 영접하여 정아(正衙)에 앉아 비괴를 불러 포유문을 읽고 그것을 듣게 하였다. 공이 명령을 내려 말하기를, '너희들이 지금 포유문을 듣는데, 신분을 어지럽히고 등급을 없애서는 안될 것이다. 양반은 대청에 올라 난간 밖에 엎드리고 상놈과 천인은 계단 중간에 엎드려서 듣도록 하라.'고 하였다. 이에 저들은 감히 거역하지 못했으나 불만스런 기색이 얼굴에 드러나는 자가 많았다. 포유문을 읽는 것이 끝나자 공이 또한 일일이 성명을 들어 패악한 행동을 적발하여 책망하기를, '이처럼 따뜻하게 타일렀는데도 오히려 뉘우치지 않으면 곧이어 법으로 다스려 절대 용서치 않을 것이다.'라고 하였다.[59]

태안의 동학도들은 분개하였다. 그래서 10월 30일 읍내로 들어와서 관아를 점거하여 체포된 동학도를 풀어주고 별유사 김경제와 부사 신백희를 처형하였다. 조정에서 파견된 별유사와 함께 지방관이 살해된 태안 사건은 매우 엄중한 사태였다. 충청감사 박제순은 장계에서 그 사정을 보고하고 있다.

> 10월 1일(양력 10월 29일)에 접주 5명을 염탐해서 잡아들여 온갖 방법으로 타이르고 바로 풀어주었더니 그다음 날 2일 진시(辰時, 오전 7시-9시)쯤에 저들 1만 여명이 각자 총과 창을 소지하고 관아에 돌입하여 사방을 포위할 때에 방어사와 종부파원이 이 광경을 보고 잠시 하리(下吏) 김원섭(金元燮)의 집으로 피신하였는데, 저들이 바로 동헌에 올라와서 찾아도 없자 관사(官舍)와 각 건물을 태운 뒤에 사방의 마을을 끝까지 뒤져 방어사와 종부파원이 끝내 잡혀서 창으로 마구 찌르고 끝내 칼로 흉악한 짓을 저질렀습니다.[60]

죽음 앞에서도 굴하지 않았다는 신백희는 동학도들의 불법행위에 저항한 상징처럼 되었다.[61] 서산에서도 관아를 점거한 동학도들이 군수 박정기(朴錠基)를 살해하였다. 실록에는 그 사실을 다음과 같이 기록하고 있다.

> 방금 서산군 예리(禮吏)가 전패를 지고 와서 해읍에서 비적이 변란을 일으켜 군수 박정기는 살해되고 관청 건물은 다 타버렸다는 것을 확실히 들었다고 하였습니다. 적의 기세가 등등하여 수령을 죽인 것만도 더없이 통분하고 놀라운 일인데 전패를 옮겨오기까지 하였으니, 매우 황송합니다.[62]

태안과 서산의 동학도들은 10월 말 무장봉기를 해서 전라도의 남접 농민군과 같은 활동을 하기 시작했다.[63] 이들이 남접 농민군과 인맥 등으로 연계된 사실은 확인되지 않고 있다. 내포의 동학 조직은 교단의 지침을 따르고 있다. 실제로 전면 봉기한 시기도 교주 최시형이 기포령을 내린 이후였다.

4. 기포령 이후 내포 동학농민군의 수영과 관아 점거

내포의 동학 조직이 동학교주 최시형의 기포령에 호응해서 본격적으로 봉기에 나선 것은 10월 말이었다. 태안에서 관아를 점거한 것도 기포령이 전해진 직후였다. 지방관아에서 제어하는 것은 불가능하였다. 태안 파도접주 조석헌(趙錫憲)은 태안과 서산 봉기 이후의 사정을 다음과 같이 기록하였다.

> 츠시에 禮包大都所ᄂᆞᆫ 木巢里에 事務室이 在ᄒᆞᆫ 處러라 此夜로 敎徒을 파送ᄒᆞ야 十餘邑 군긔을 몰수이 탈취ᄒᆞ야 各都所의 會集留置케 ᄒᆞ야써라 大都所의 會費用은 各處 管內富戶가 捐義로 自心出力ᄒᆞ야 或二三千金 一二萬金을 付呈ᄒᆞ며 白米와 白鹽 幾千石을 寄付ᄒᆞ와 數十幾萬金과 白米 白鹽을 多數이 積置ᄒᆞ야씀으로 군속이 無ᄒᆞ나 管의 巨包十二包內오 其他包ᄂᆞᆫ 不可成數너라 各包에서 都會所을 設定ᄒᆞ엿시나 木巢大都所의셔ᄂᆞᆫ 十餘日事務에 吾道運數가 已開之時故로 斯世之運이 與世同歸라 物外之人 模散之輩數千萬人이 吾道에 新入하와 修道之心은 萬無一이오 但思不法行爲로 늑봉私債와 늑굴人이며 至於執馬執穀으로만 爲主ᄒᆞ니 是可謂人種良民乎아 避一言ᄒᆞ고 五合之卒을 如斯多數히 募集이 되야ᄂᆞᆫ 法律이 特有라야 率衆之本이여늘 此比姑舍ᄒᆞ고 無一撻之權理ᄒᆞ엿시니 此將奈何奈何오 如是하옴으로 書記十여人을 셜置ᄒᆞ고 주야로 新入者에 不法行事을 禁止ᄒᆞ기로 十餘日達夜勞苦ᄒᆞ되 無一點 效力이러라.[64]

예포대도소는 10여 군현의 관아를 들이쳐서 무기를 모두 탈취해 왔다. 이 무기는 각 포의 도소에 각기 쌓아 두도록 하였다. 문제는 비용 마련이었다.

각 군현의 부자가 2, 3천 냥에서 1, 2만 냥의 의연금을 스스로 냈고, 백미와 소금도 몇 천 석을 기부했다고 하였으나 동학의 포 조직에서 강제로 거둔 것이었다. 이러한 행위와 더불어 신입자들이 동학 수도에는 관심이 없이 떼를 지어 '불법 행위'를 하는 모습도 나타났다. 그래서 동학 조직은 서기 10여 명을 선정해서 밤낮으로 신입자에게 불법 행위를 못하도록 했으나 한 점의 효력도 없었다고 하였다.

서산 일대의 사정을 전해주는 홍종식의 「동학란 실화」[65]는 내포에서 정식으로 기포를 한 날을 10월 29일이라고 하였다.

> 우리가 정식으로 기포하기는 10월 1일(양력 10월 29일)입니다. 9월 28일(양력 10월 26일)에 상부로부터 통문이 왔는데 보니까 10월 1일 오정으로써 일제히 서산(瑞山) 읍내로 모이라는 것입니다. 모이되 일제히 농기와 농악을 가지고 총이 있으면 총을 가지고 칼이 있으면 칼을 가지고 총칼이 없으면 죽창이라도 깎아 들고 바랑에다가 사흘 먹을 음식을 해서 지고 의복을 튼튼히 입고 오라고 하였습니다. 정말 동원령이었습니다.

내포에서 관내의 동학농민군을 견제할 힘을 가졌던 군현은 대읍인 홍주 뿐이었다. 홍주목사 이승우(李勝宇)의 발 빠른 대처 때문이었다. 그는 효령대군 15세손으로 홍문관과 의정부 그리고 병조의 주요 관직을 역임하고 승지로 국왕의 측근에서 국정의 흐름을 지켜보기도 한 인물이었다.[66] 또한 진위 용안 정선 고부에서도 지방관을 지낸 경험이 있어 군현을 다스리는 실무에도 밝았다. 1894년 5월 17일 홍주목사에 임명된 이승우는 동학농민군의 전주성 점거 소식이 들려오고 내포에서 벌어진 청일전쟁을 직접 경험하는 등 격동의 와중에 들어가게 된다.[67]

하지만 지방관으로서 이승우가 해야 할 당면 임무는 동학도들이 일으키는 혼란을 금지해서 관치질서를 유지하는 일이었다. "나라의 두터운 은혜를 받고 일개 주(州)의 목사로 와서 포악을 금지하고 난리를 그치게 하지 못하니 이것은 바로 일을 그르치고 직임을 감당하지 못하는 것"[68]이라고 생각하였다. 그래서 장리(將吏)를 통솔해서 성첩(城堞)을 견고하게 수축하고 화포와 창을 수리하면서 홍주성을 지킬 병정들을 훈련시키는 등 방책을 세웠다.[69]

홍주성 방비를 위해 관아의 세곡을 활용해서 읍근 동리의 백성들을 훈련시켜 편성한 민보군은 내포의 동학농민군을 견제하는 유일한 무력이 되었다. 이로 인해 홍주 일대의 관치질서는 곧 회복되었다. 8월에 들어오면 다른 군현은 동학 조직이 관아를 압도하면서 읍내를 휩쓸었지만 홍주에서는 그렇게 하지 못했다. 촌민들이 동학도를 다투어 결박해서 데려오고, 기찰포교는 동학 조직을 염탐하여 체포해 왔다. 홍주목사는 수감된 동학도들에게 북을 치며 장터를 돌게 해서 동학도를 금지하는 사실을 널리 알렸다.

홍주성의 훈련된 병정들은 동학농민군의 무장봉기 직후 커다란 전과를 올리게 된다. 내포 일대에서 벌어진 가장 큰 사건인 11월 4일의 충청수영(忠淸水營) 점거 건을 해결한 것이었다.

내포의 동학 조직 가운데 가장 격렬히 활동한 면천의 동학 두령인 이창구는 보령에 있는 충청수영을 점거해서 무기를 탈취해 갔다. 충청수영은 남쪽으로는 보령 남포 비인 서천 임천 한산 홍산 은진에 접하고, 북쪽으로는 홍주 결성 덕산 서산 태안 당진 면천 해미로 통하는 수로의 요지에 위치하였다.[70] 수군의 병영이기 때문에 많은 무기도 갖고 있었다. 무장을 강화하려는 동학농민군이 이를 노리고 수영을 기습 점거하였던 것이다.

충청수영의 우후(虞候) 김국서(金國序)는 충청감사 박제순에게 격렬했던 수영 점거 사건을 보고하였다.

이달 초 7일(양력 11월 4일) 인시(寅時) 경 동도 수천 명이 수륙으로 아울러 들어와 영내로 돌입해서 방포를 하고 서리 내리듯 소리를 지르며 창과 칼을 휘둘렀습니다. 수사(水使)는 이치를 들어 책망하고 타일렀으나 그들은 발로 차고 구타를 했습니다. 수교(首校)와 수리(首吏)를 함께 결박하여 난자해서 거의 죽게 되어 곧 숨이 끊어질 지경입니다. 그리고 군기고로 향해서 고직이와 감색(監色)을 함께 결박하고, 다른 영속(營屬)을 칼과 창으로 혹 찌르고 때렸습니다. 무기 집물과 화약을 모두 탈취하여 바로 결성 광천으로 갔고, 수사는 누차 결박을 당해 인사불성이 되었습니다.[71]

충청도 연안 방어를 책임진 수영이 일거에 점령당해서 무기를 탈취당한 것은 중대한 사건이었다. 동학농민군이 기포 직후 수영을 점거할 수 있었던 것은 수영의 내부 사정을 잘 알고 있었기 때문이었다. 연안 여러 군현의 주민들은 수군으로 복무해 왔고, 동학도들 중에도 수영에서 근무하던 사람들이 있었다. 따라서 실상을 잘 아는 사람들이 새벽 일찍이 육지와 바다에서 동시에 수영으로 침입해 온 것이었다. 그래서 저항도 변변히 못하고 점령당하고 말았다.

그러나 수영에서 빼앗아간 무기는 홍주성의 민보군이 바로 회수해 왔다. 홍주목사 이승우의 첩정을 토대로 충청감사가 도순무영에 올린 보고에 그 내용이 자세히 나와 있다.

이달 초 8일(양력 11월 5일) 오시 경 면천 동도괴수 이창구가 탈취한 수영 군기를 본주 광천에 가져다 두었다는 것을 얻어듣고 당일 민병 300명을 조발해서 달려가 취회지에 도착하니 그들 300명이 바야흐로 무기를 정원갑(鄭元甲)의 빈집에 쌓아두고 있었습니다. 그러므로 먼저 방포를 하고 이어 전진하니 부상을 입고 쓰러진 자가 3명이고 피하려다가 붙잡힌 자가 9명이었습니다. 그리고 그 무기는 즉시 빼앗았고, 모여 있던 그 무리들은 모두 흩어져서 민병은 이에 즉시 돌아왔습니다. 체포한 9명은 엄히 가두었습니다.[72]

홍주성은 내포에서 동학농민군을 제압하는 유일한 지역이 되었다. 그렇지만 기포한 동학농민군은 무장 강화를 위해 각 군현의 읍내를 연이어 침범하였다. 11월 8일 밤에는 부여와 접경한 석성에서 읍내로 들어가서 무기와 함께 민가의 곡식과 돈 그리고 우마와 의복 등을 빼앗아갔다. 이때 충청병사 이장회(李章會)는 충청도에서 15개 읍의 무기를 빼앗겼다고 도순무영에 보고하였다.[73]

조정에서도 동학농민군의 봉기 움직임을 방관만 할 수 없게 되었다. 삼남뿐 아니라 서울 도성에 가까운 경기도 군현에서도 동학도들의 동정이 심상치 않았기 때문이었다. 송파까지도 동학도들의 활동이 탐지되어 일본공사관의 순사들이 조사를 나갈 정도였다. 이미 안성과 죽산 등지에서 무장봉기를 준비하는 정황도 속속 보고되었다. 경기도까지 사태가 심상치 않자 경군 병영을 출동시켜서 제압하기로 결정하였다.

의정부 초기(草記)에, 어제 의안(議案)에서 비도(匪徒)가 경기도 죽산·안성까지 침범하기에 이르렀으니 죽산과 안성 수령을 모두 바꾸어 기량이 있는 사람을 가려 차출한 뒤 군대를 거느리고 가도록 하는 일로 재가를 받았는데, 죽산부사 장위영 영관 이두황(李斗璜)과 안성군수 경리청 영관 성하영(成夏泳)을 임명하여 각기 거느리고 있는 병정을 인솔해 곧 내려가 서로 기맥을 통해 토벌하도록 하였다.[74]

그래서 10월 8일 경군 지휘관 서울 남부의 요지에 병대와 함께 보내 동학 조직을 제압하도록 했으나 부임이 늦어진 사이 동학교단에서 기포령을 내렸고, 그 즉시 안성 관아가 동학농민군에게 점거되어 무기와 재화를 탈취 당했다. 경기감사 신헌구(申獻求)의 장계에 따라 그 사실을 알게 된 조정에서는 그 책임을 물어 성하영을 파직[75]시키고, 경리청 부영관 홍운섭(洪運燮)을 대신 임명하였다.

전국에 걸친 동학농민군의 대대적인 재봉기에 직면한 조정에서는 모든 방법을 동원해서 진압 대책을 강구했다. 삼남은 물론 강원도와 경기도까지 동학 세력이 지방관아를 압도해서 관치질서가 무너진 것을 보고 있을 수 없었다. 그래서 10월 20일에는 관군을 통괄할 임시 최고군사 지휘부인 양호도순무영을 설치한 것이다. 도순무사에 선임된 장신(將臣)은 호위부장 신정희 (申正熙)였다.

도순무영은 경군 주요 병영을 정비해서 남하시켰다. 가장 시급한 지역이 해안 지역에서는 태안과 서산이었고, 내륙 지역에서는 청주였다. 태안과 서산은 지방관이 살해당한 곳이라 경군을 파견해서 수습해야 했고, 청주는 10월 22일 수천 명의 동학농민군이 읍성을 공격해서 충청병사 이장회와 충청감사 박제순이 구원병을 급히 요청하고 있었다.[76] 다음 자료를 보면 일본공사도 그런 사실을 잘 파악하고 있었다.

이달 6일(양력 11월 3일) 홍주목사의 비첩(秘牒)을 받아보니 태안과 서산을 먼저 수비해야 한다고 하며, 홍주도 단숨에 놓여 있다고 합니다. 풍문에 의하면, 태안·서산군수와 종친부에서 파견한 관원 김(金)이 모두 살해된 것을 목격했다고 합니다. 그리고 사방이 포위되어 보고문이 불통(不通)되어 있는 중에 홍주의 보고문은 노끈으로 만든 것으로 하였다고 하니, 보고문을 보내기가 얼마나 어렵다는 것을 알 수 있습니다. 그리고 청주에는 죽은 자가 없지만, 그 후 적세가 더욱 치열하여 이미 운집한 수만 명이 며칠 지나지 않아 병영을 침범할 기세가 보여도 방어할 힘이 없다고 합니다.[77]

내포의 동학농민군은 민보군이 방비하는 홍주성만 침범하지 못하였다. 기포령 이후 수백 명에서 수천 명씩 집결해서 집단행동을 하는 동학농민군에게 많은 군현이 장악되어 있었다. 홍주성 주변도 포위된 상태라서 홍주목사도 공주감영이나 서울의 도순무영에 향리를 보내 공문을 전달할 수 없었다. 그래서 공문서를 꼬아 노끈으로 만들어 몰래 보고 내용을 전달해야 할 정도였다.

면천 유배에서 풀려나 외무대신으로 일본공사관과 교섭을 담당하던 김윤식은 내포 일대의 심각한 사태를 잘 알고 있었다. 그래서 10월 26일 신임공사 이노우에 가오루의 부임 직전 임시대리공사를 맡고 있던 스기무라 후카시(杉村濬)[78]에게 천안과 홍주 등지로 시급히 일본군을 보내도록 요청하였다.[79]

이때 경군은 독자적으로 많은 병력을 파견할 만한 능력이 없었다. 일본군이 경복궁을 기습했던 7월 23일 경군 각 병영을 무장해제시킨 이후 3개월이나 지났지만 무기와 탄약을 돌려받지 못하였다. 일본군이 훈련시킨 교도중대만 신식무기를 갖고 있었고 다른 병영은 일본군에게 요청해서 무기를 돌려받아야 출동이 가능했다.

결국 일본이 동학농민군 진압을 전담할 병력을 증파하고, 조선 정부가 도순무영을 설치해서 경군을 동원해야 내포 일대로 진압군을 파견할 수 있었다. 조선 정부로서는 동학농민군 진압이 시급한 현안이었지만 도순무영 신설과 경군 파견은 일본 측의 술책에 넘어간 측면도 있었다. 청에게 선전포고를 한 일본은 평양전투를 앞둔 시기에 부산과 서울을 잇는 병참망이 동학 농민군의 공세로 단절 위협을 받았다. 이때 진압군 증파를 결정하면서 경군 에게 보조 역할을 강요했던 것이다.

일본군 증파 부대는 후비보병 독립 제19대대였다.[80] 후비역은 만 20세에 상비병으로 3년간 복무하고 예비역으로 4년을 보낸 다음 다시 5년의 복무 하는 병역을 말한다. 즉 현역 복무와 예비역도 끝나서 민간인으로 생활하던 사람들을 재소집해서 편성한 부대였다. 일본군은 청일전쟁에 제1군 2개 사 단과 제2군 3개 사단을 중심으로 24만여 병력을 동원해서 일본 내 요지 수 비병도 부족하였다. 그래서 후비병을 소집해서 일부는 청일전쟁 후방지원 을 위해 조선에 파견하였고, 일부는 일본 내 요지에 배치하였다. 그중 시모 노세키 수비를 담당했던 후비보병 제19대대를 다시 조선에 파병한 것이다.

이 대대는 부산 주재 병참감인 이토 요시노리(伊藤祐義) 보병중좌가 통제하 였다.[81] 조선은 당시 일본군에게 병참망과 군용 전신소를 설치한 후방 기지 였다. 일본에서 수송선이 도착하는 부산에 병참감을 주재시켰는데 인천을 오가며 군수품 관리를 책임졌던 병참감이 후비보병 제19대대의 지휘통제 를 맡은 것이다.[82]

이와 함께 조선 특명전권공사 이노우에 가오루(井上馨)는 동학농민군 진압 과 관련해서 조선 정부와의 교섭은 물론 진압 과정의 각종 보고도 받는 위 치에 있었다.[83] 이토 중좌는 이노우에 공사에게 "조선 조정에서 각하께 수비 병 파견을 요청하는 형식"을 거치도록 해야 한다고 파병 방법에 관해 제안 하였다. 조선 정부가 일본군 파견을 요청하는 형식을 취하자는 건의는 명분 을 얻자는 것만이 아니었다. 진압 과정에서 발생할 대규모 학살극을 예상하 고 미리 책임을 모면할 방어막을 치는 의도도 있었다. 이 제안은 수용되었 고, 조선 정부는 이노우에 가오루의 강요에 따라 진압군을 요청하였다.

후비보병 제19대대는 3개 중대로 편성되었다.[84] 각 중대는 동로군, 중로군, 서로군을 맡아 3로로 나누어 남하하였다. 이노우에 공사는 조선 정부에 강요해서 후비보병 제19대대의 진압 작전에 협력하도록 했다. 각 중대에 진무사(鎭撫使)와 관군 등을 동행시키고 각 도의 감사와 지방관에게 협조해 주도록 한 것이다. 일본군이 경복궁을 점령하고 도성을 장악한 속에서 강요한 이런 요구는 거부할 수 없었다. 경군 파견군의 지휘권도 대대장 미나미 고시로(南小四郎) 소좌가 갖도록 하였다.[85]

조정은 양호도순무영 설치와 함께 전국 주요 지역에 동학농민군 진압을 위한 체제를 갖추었다.[86] 경상감영을 비롯 진영의 병정을 동원토록 하고 그 지휘관에게 토포사와 조방장 등 군직을 겸임시켰다. 그리고 여러 지역에서 지방관이나 양반들이 민보군을 결성하여 동학농민군 진압에 나선 지도자에게도 소모관 등 군직을 주어 그들의 활동을 공권력으로 뒷받침해 준 것이다.

대구판관 지석영(池錫永)은 토포사, 안의현감 조원식(趙元植)은 조방장에 임명되었으며, 새로 부임한 지방관 중 장성부사 이병훈(李秉勳)은 소모사를 겸직시켰다. 이와 함께 민보군 지도자인 전 감역 맹영재(孟英在)와 전 주사 정기봉(鄭基鳳)을 각각 기전소모관(畿甸召募官)에 임명하였다. 모두 10월 20일에서 24일 사이에 결정한 것이었다.

10월 27일에는 삼남의 남북 요지에 각각 2인씩 소모사를 다시 임명하고 있었다. 호남의 나주목사 민종렬(閔鍾烈), 여산부사 유제관(柳濟寬), 호서의 홍주목사 조재관(趙載觀),[87] 진잠현감 이세경(李世卿), 영남의 창원부사 이종서(李鍾緒), 전 승지 정의묵(鄭宜黙)이 소모사로 선임되었다.[88] 이런 진압 체제는 소모사에게 양민을 동원해서 무장을 시키는 권한을 부여하고 각 지역의 동학농민군을 스스로 진압하도록 만든 것이었다.

외형만 보면 전국에 토포사 · 소모사 · 소모관 · 조방장 · 별군관 등을 임명하고 도순무사의 절제하에 체계적으로 동학농민군 진압에 나선 것처럼 보이지만 전혀 사전 계획이나 지원책이 없이 시행한 것이었다. 당시 조정은 이러한 방대한 진압 작전을 펼칠 역량이 없었다. 다만 군권을 부여받은 인물이 능력을 발휘해서 양민들을 모집하고 무기와 군량을 모아서 제 역할을 할 수 있기를 기대할 뿐이었다. 지방관의 경우 관속들을 활용하고, 무기를 내어 주고 세곡을 군량으로 전용해서 민보군의 형세를 갖출 수 있었다. 그러나 지방관이 아닐 경우 관아의 지원과 지주 부농의 협력을 받지 못하면 제 역할을 할 수 없었다. 실제로 이런 역량을 보인 인물로는 대구판관 지석영, 안의현감 조원식, 기전소모관 맹영재, 나주목사 민종렬과 상주소모사 정의묵이 있었다.

홍주목사 이승우는 당시 가장 심각했던 지역인 전라도의 감사로 발탁되었기 때문에 신임 목사 조재관을 소모사에 임명하였다. 그러나 신임 목사는 부임하지 못했다. 홍주의 사민(士民)들이 5차례에 걸쳐 이임을 반대하는 상소를 올렸던 것이다. 구례의 유생 황현은 그 사실을 다음과 같이 기록하였고, 『고종실록(高宗實錄)』에도 상세히 그 과정을 기록하였다.

　　홍주목사 이승우를 전라감사로 임명하자 홍주의 관리와 백성들은 대궐로 나가 그의 유임을 간청하므로, 정부에서도 적진과 대치하고 있는 판국에 장수를 바꾸는 것은 불가하다고 판단하고 그의 유임을 간청하여 고종도 정부의 의견을 따랐다. 이때 그에게 초토사를 겸직하게 하여 포유서를 내리고, 또 특별히 한 자계(資階)를 승진해 주었다.[89]

　　홍주목사를 전라감사로 옮겨 제수한 지 이제 벌써 여러 날이 되었습니다.

듣건대, 이 고을은 충청도 바닷가의 요충지에 위치하고 있는데 해당 수령이 미리 방비 대책을 세워서 비적(匪賊)들이 감히 경내에 들어오지 못한 결과, 부근의 7, 8개 고을들이 의지하여 소중하게 여기고 벼슬아치와 선비와 백성들이 연이어 와서 유임시켜 주기를 바란다고 합니다. 진실로 싸움에 임하여 장수를 바꾸는 것과 같은 우려가 있으니, 전 홍주목사 이승우를 특별히 잉임(仍任)하고, 전라감사의 대임은 공무협판 이도재(李道宰)를 차하하여 하직 인사를 그만두고 시골집에서 밤을 도와 부임하게 하며, 밀부(密符)는 전 감사가 차던 것을 그대로 주고 교유서(敎諭書)는 승선원에서 지어서 어보를 찍어 내려 보내게 하는 것이 어떻겠습니까?[90]

경군 병대의 내포 파견도 추진되었다. 새 서산군수로 성하영을 임명한 것이었다.[91] 그러나 성하영은 청주성 구원을 위해 파견되었기 때문에 임지인 서산에 갈 수 없었다.

기포령 이후 내포의 상황은 복잡하였다. 청국군 패잔병이 동학농민군을 돕는다는 소식도 들려왔다. 내포 일대에서 탐지한 정보가 서울로 속속 올라왔다.

인천항에 주둔하고 있는 강화중군 황헌주(黃憲周)의 보고를 받아 보니, 그 내용에, "정탐인이 내포에서 돌아왔는데 그의 말에 의하면, "내포 제읍의 비세(匪勢)가 더욱 확대되어 호남의 적도와 서로 호응하여 일어나고 있고 정산과 예산 등지에서 패한 청군 백수십 명이 병기를 들고 동비(東匪)를 돕고 있으므로 주민들이 모두 적도로 변하여 도로가 두절되었으니, 적은 군대로는 깊이 들어갈 수가 없습니다.[92]

결국 도순무영에서 강화병을 내포로 출정시키는 결정을 하게 되었다. 11월 9일 중군 황헌주가 인솔하는 300명의 병사를 인천에서 증기선에 태워 가도록 한 것이다. 하지만 강화병은 가지 못했다. "인천항에서 며칠간 머물렀는데, 중군이 몸져누웠기 때문"에 떠날 수 없었다고 했지만 실상은 달랐다.[93] 병사들이 갖가지 서양 소총을 지급받아 효율이 떨어지는데 탄환도 부족하여 파견될 수 없었던 것이다.

외무대신 김윤식은 인천 주재 병참부의 일본군과 강화병을 함께 출동시킬 것을 이노우에 가오루 공사에게 요청했지만 이것도 결국 취소하고 만다. 내포 일대는 일본군 후비보병 제19대대의 서로군이 내려갈 예정이었기 때문에 전투력이 없는 강화병의 출병은 도움되지 않는다고 판단했던 까닭이었다.[94]

서로군이 경기도를 벗어나기 전인 11월 중순에 사정이 크게 달라졌다. 전라도 삼례의 남접 농민군 대군이 공주성을 목표로 정했다는 정보를 듣게 된 충청감사 박제순이 화급히 구원 요청을 해 왔다. 이제 내포는 시급한 지역이 아니었다. 도순무영의 명령에 따라 서산군수 성하영을 비롯해서 청주성으로 행군해 갔던 경군 병대는 모두 공주로 직행하였다.

외무대신 김윤식도 일본공사에게 일본군을 공주로 급히 보내 주도록 요청하였다. 동학농민군은 일본군의 경복궁 점거로 야기된 위기 때문에 봉기했으나 정부는 국왕을 인질로 잡고 있는 일본군에게 동학농민군을 진압해 달라고 사정하는 역설적인 일이 벌어진 것이다.

무장을 강화한 내포의 동학농민군은 홍주성 공격을 준비하였다. 홍주성을 제압하면 내포에서 동학농민군을 견제하는 무력을 제거할 수 있었고, 동시에 남쪽에서 북상하는 전봉준과 손병희의 남북접 농민군에게 커다란 후원 세력이 될 수 있었다.

5. 맺는말

1894년 예포와 덕포를 중심으로 봉기한 내포 일대의 동학농민군은 강력한 세력을 형성하였다. 전라도의 남접 농민군을 제외하고 한 권역에서 이런 규모로 봉기한 지역은 충청도 충주·괴산, 청주·문의·회덕과 함께 경상도 상주·선산·예천 일대, 진주와 하동 일대, 강원도 평창과 정선 일대, 황해도 해주 일대를 들 수 있다.

내포에서 동학농민군이 이처럼 커다란 세력을 이루고 대대적인 봉기를 한 사실은 주목되어야 한다. 무엇보다 청일전쟁을 직접 겪었던 지역이기 때문이다. 청일전쟁은 동아시아 국가가 근대식 군대로 전투를 벌인 첫 번째 전쟁이었다.

아편전쟁 이후 청국은 양무운동을 통해 군사력 양성에 힘을 기울였고, 일본도 메이지유신 이후 부국강병책을 추진하였다. 근대 무기로 무장한 청국군이 외국에 처음 파견된 곳이 조선이고, 임오군란과 갑신정변에 개입하여 구식 군인과 일본군을 제압해서 영·불군에 패배한 후 실추된 자존감을 일부 회복하였다. 반면 조선의 정변에 간여했다가 청국군에 비해 약세를 보인 무력 때문에 후퇴했던 일본은 10년에 걸쳐 국력을 기울여서 군사력을 양성하였다. 그렇게 길러낸 군대가 외국에 파병되어 대외전쟁을 처음 벌인 것이 청일전쟁이었다. 청국의 북양함대와 일본의 연합함대가 풍도 앞바다에서 근대식 포격전으로 해전을 벌였고, 성환에서 포병을 동원한 근접전을 전개했다. 이 전투들은 일본군의 압도적 승리로 끝났다.

청국군은 아산 백석포를 거쳐 공주로 후퇴하였고 일본군이 그 뒤를 따라갔다. 그 과정에서 여러 군현이 전장처럼 변했고, 내포 일대의 마을들은 동요하였다. 지방관의 보고에 의하면 피해를 입은 민가가 많았다고 한다. 청국군 패잔병을 본 내포 농민들은 일본군이 매우 강하다는 사실을 잘 알고 있었다. 서울에서 경복궁을 기습 점령한 일본군에 관한 이야기를 전해 듣기만 한 지역과 내포 지역 사람들은 다를 수밖에 없었다. 따라서 내포 일대의 동학 조직이 여름에서 가을까지 무장봉기를 준비하고 동학교단의 기포령에 따라 일제 봉기한 사실은 주목할 만한 것이었다. 내포 일대에서 이처럼 큰 규모의 동학농민군이 결집된 것에도 새로운 평가가 이루어져야 한다. 청일전쟁의 실체를 목격하고, 일본군이 청군을 해전과 육전에서 일거에 격파하는 실상을 알고서도 무장봉기에 나섰던 것이다.

내포의 동학 지도자들은 일부가 선무사 정경원의 조사와 『홍양기사』나 『피난록』 등의 자료를 통해 파악된다. 예포의 박인호와 덕포의 박희인, 그리고 면천의 이창구 등이다. 더 많은 인물들이 대접주로서 활약했지만 지금은 상세히 조사하는 것이 사실상 불가능한 상태이다. 진압군이 문서를 몰수해서 인멸시켰고 후손들도 후환이 두려워 자료를 많이 없앴기 때문이다.

다만 홍주성의 민보군을 비롯해서 일본군과 경군 등 진압군에 관해서는 도순무영에 올린 보고문과 전투보고서 등을 통해 알 수 있다. 11월 25일에 벌어진 홍주성 전투는 치열하였다. 그 후 일본군과 경군 장위영 병대가 내포 일대를 순회하면서 동학농민군을 살육하였다.

일본군은 체포한 동학농민군을 잔인하게 처형하였다. 일본군은 뤼순을 점령한 후 11월 21일부터 며칠 동안 대량으로 민간인과 포로를 대량 학살하였다. 그 사건은 서양 기자들이 목격해서 뤼순학살사건으로 널리 보도하였다. 동일한 시기에 벌어진 내포의 학살 사건도 함께 주목해야 한다.

내포 지역의
동학 유입 경로와 조직화 과정

임형진 _경희대학교

1. 들어가는 글

1876년 개항 이후 조선사회는 기존의 왕조 사회에 대한 새로운 도전으로 커다란 변화의 길목에 들어섰다. 안으로는 봉건적 사회 모순의 심화였으며, 밖으로는 서세동점에 대한 대응이 그것이었다. 19세기 중엽 이후 동북아의 국제정치적 위상은 전통적인 중국 중심의 화이 관념을 기조로 하는 세계관이 해체되면서, 구미제국 중심의 이른바 근대적인 국제 체계[1] 속에 강제로 편입해 가는 과정이라고 할 수 있다. 이러한 서세동점의 충격은 국제 관계의 변화에서만 그치지 않고, 전통적인 동양 문명에 전혀 새로운 서구 문명의 침투를 수반하였다.

이러한 서구 문명은 당시 전근대적 미몽에서 헤어 나오지 못하던 조선으로서는 도저히 수용하기 어려운 이질문명이었으나, 근대화의 과정에서 피할 수 없는 거대한 파도였다고 할 수 있다. 즉, 조선에 있어서의 '개항'과 '근대화'란 의미는 서구의 충격에 대응하여 성립한 역사적 개념이라 할 수 있다. 따라서 근대화는 종래에 지속되어 오던 폐쇄사회의 고수를 포기하고, 점차 정치, 경제, 문화, 사상 등의 제 측면에서 서구 세계를 향하여 국가를 개방한다는 이른바 개방사회에로의 전환을 의미하는 것이었다. 이러한 서구 제국주의의 침략에 맞선 조선으로서는 한편으로는 국내의 봉건 질서를 변혁해야 하는 과제와 함께, 다른 한편으로는 군사력과 경제력을 배경으로 하는 구미 열강에 대항하여 자국의 대외적인 독립과 부강을 추구해·야만 하는 이중적인 전략적 과제를 수립해야 했다. 즉, 개항기의 조선 사회는 대외적으로 제국주의 외세의 유입에 대응하여 자주권을 유지 강화하고, 대내적으로는 정치·경제·사회·문화 등 제 분야에서 봉건적 잔재를 해소하여 근대적 발전을 이룩해야 하는 역사적 과제를 안고 있는 시기였다.

그러나 조선의 상황은 어느 것 하나도 제대로 대응할 수 없을 정도로 심각했다. 특히 봉건적 사회모순으로의 토지 문제와 조세 문제가 가장 극심하였다. 양반 지주의 토지 소유의 확대와 관리들의 탐학은 국가재정의 파탄으로 이어졌고, 결국 조세 수탈의 가중으로 민중들은 고통에 시달리고 있었다. 이와 함께 서구열강들의 서세동점으로 주권이 유린되는 현실이 구체적으로 드러나고 있었다. 더욱이 청과 일본의 경제적 침탈은 더욱 두드러져 농민층의 분화도 더욱 가속화되었다. 이러한 왕조 말기의 모순을 극복하기 위해 창도된 동학은 민중들에게 희망의 메시지를 전해 주었다. 동학은 삼남을 중심으로 세력을 확장하였으며, 동학 조직은 1894년에 이르러 반봉건 반외세의 기치로 기포한 동학혁명의 주체세력으로 성장하였다.[2]

동학혁명 당시 충청도 서부 지역의 중심을 이루었던 내포 지역은 해안과 내륙을 겸비한 지역으로 전통적으로 물산이 풍부한 지역이었다. 그러나 풍부한 물산만큼이나 상대적으로 양반층의 권위주의 의식이 매우 강하게 퍼져 있고 그들의 탐학 역시 타 지역에 비할 바가 아니었다. 비교적 평야 지대인 내포 지역에 본격적으로 동학이 전파된 것은 1880년경이었다. 동학사상의 만민 평등 의식은 곧 바로 억압받고 천대받던 당시의 민중들의 구원의 소리였다. 그래서 소리 소문 없이 동학에 입도하는 자들이 늘어나고 급기야 이들이 꿈꾸는 후천개벽의 세상을 건설하는 일로 매진하는 1894년의 동학 농민혁명의 거대한 불길에 참여하는 계기가 되었다.

당시 다른 지역보다도 내포 지역이 충청도 서부 지역에서 대표적인 동학 농민혁명의 열기가 고조된 원인 중에는 그들이 가지고 있던 서양에 대한 적개심도 한몫했다. 즉, 내포 지역은 1868년(고종5) 독일 상인 오페르트가 덕산에 있는 대원군의 아버지인 남연군의 묘를 도굴하려다 실패한 '남연군 분묘 도굴사건' 발생한 지역이다.[3] 말로만 듣던 서양인의 야만적 만행을 직접 보고 경험한 내포 사람들에게 이 사건은 척양이의 기치를 들은 동학에 보다 쉽게 매료되는 계기가 되었다.

내포 지역의 동학 조직은 관의 지목과 탄압을 피하면서 1982년부터 공주, 삼례, 광화문, 보은 등지에 거대한 12개포를 구성해서 참석할 정도로 크게 번성했다. 이들은 수운대신사의 억울한 죽음을 신원하고 동학을 정부에서 공식적으로 인정하도록 촉구하는 대집회에 참여했다. 그리고 동학농민혁명의 보국안민, 척양척왜의 기치를 들고 재기포가 일어났을 때는 면천 승전곡에서 일본군의 정예부대를 퇴각시켰으며 북상을 기도하기 위해 신례원 관작리에 주둔, 이곳에서도 관군, 유회군을 크게 무찔러 내포최대 승전지를 일궈낼 정도였다. 그러나 10월 28일 내포 행정의 중심인 홍주성에서의 전투의 패퇴를 끝으로 막을 내렸다.

이와 같은 내포 지역의 거대한 동학 조직이 어떻게 형성되었는지를 살펴보는 것이 본 논문의 목적이다. 어떻게 하여 이들은 충청도 최대의 동학 조직으로 성장할 수 있었는가를 밝히는 것은, 비록 실패했지만 동학농민혁명의 전체적 성격인 반봉건 반외세를 더욱 선명하게 해 주는 작업이 될 것이다. 이를 위해서 먼저 19세기 조선 사회의 사회 경제적 구조의 변화를 살펴보고 내포 지역의 동학 연구로 접근해 보고자 한다.

2. 조선 후기의 사회·경제구조의 변화

19세기 조선사회는 농업, 수공업, 상업, 공업 등 모든 경제분야에서 서서히 자본주의적 생산관계가 발생·발전하면서, 그 사회를 지탱해 왔던 봉건적 질서가 해체되는 시기였다. 봉건사회의 해체 과정은 모든 사회부문에서 진행되었지만, 이를 가능케 한 기본적 동력은 17세기 이래 나타난 농업 생산력의 발전이었다.[4] 농업 생산력의 발전에 따라 사회적 분업이 진전되었으며, 그 결과 상품화폐경제가 크게 발달하였을 뿐 아니라, 그 성격도 변하였다. 즉 18세기 이후에는 농민들의 농업 생산에 필요한 농기구, 면화, 면포, 미곡 등이 주요한 상품으로 등장하여 농민적 상품화폐경제로 발전하였다. 이러한 상품들은 농촌 주위의 시장에서 교환되었고, 이를 토대로 상업적 농업을 영위하는 농민들은 농업 경영의 이윤 추구로 부를 축적할 수 있었다.

이와 같은 농민적 상품화폐경제의 성장은 봉건적 생산관계를 자본주의적인 것으로 변화시키는 계기가 되었으며, 나아가 상업, 수공업, 광업 등에서도 이러한 생산관계를 발전시켰다. 그러나 19세기 전반기까지는 여전히 봉건적 사회관계가 모든 사회 부문을 지배하였고, 이는 역사 발전의 장애물로서 기능하고 있었다. 따라서 19세기의 조선 봉건사회는 자본주의적 생산관계를 지향하는 토대의 발전으로 인하여 봉건적 지배질서의 위기를 맞을 수밖에 없었다.

19세기 이래 조선사회의 위기는 정치적인 면에서 두드러졌다. 토지와 생산자에 대한 봉건국가의 지배와 통제력이 약화되면서 광범위한 양반 세력의 참여가 보장되었던 기존의 정치질서는 붕괴되었다. 즉 정권을 잡은 세도가들은 자신들의 권력을 이용하여 매관매직으로 부를 축적하였다. 따라서 벼슬자리가 중요한 치부의 수단이 되었기 때문에, 정권을 잡은 자들은 관직의 임기를 단축시켜 자주 교체함으로써 축재하였다.[5] 이러한 관직의 불안정한 상태는 관리들에 의한 탐학행위의 증가로, 결국은 농민수탈로 이어졌다.

이와 더불어 상품화폐경제의 발전은 지배층의 사치욕구를 자극하여 국가재정의 지출을 증대시켰으며 이는 세도정권하에서 국가 재정의 위기가 만성화되는 하나의 계기가 되었다. 이러한 국가 재정의 위기를 극복하기 위하여 당시의 세도정권은 새로운 재원의 확보 방법으로 대동미의 중앙상납분을 늘리는 조치나 환곡의 총액을 늘리는 방법, 심지어 주화의 질을 떨어뜨려 화폐 발행에서 생기는 이익을 늘리는 것도 상습적으로 자행되었다. 이처럼 중앙정부에 의해 재정이 감액된 지방관청에서는 각종 잡세의 부과나 환곡, 고리대 등을 통하여 재정 부족을 보충할 수밖에 없었다. 따라서 자연히 봉건 권력에 의한 농민 수탈은 더욱 강화되었고, 이는 19세기의 만성적인 삼정 문란의 계기로 작용하였다.

삼정 문란은 봉건적 조선사회 조세 수취의 모든 것이자 총체적 부패였다. 전정의 경우는 토지대장이 정리되어 있지 않아 관리의 작위적 기재에 희비가 갈렸으며 전세의 삼수미세는 호조에서, 대동미는 선혜청에서, 결작은 균역청에서 각각 출납케 되어 혼란만을 야기했다.[6] 특히 군정의 경우는 호적이 정비되어 있지 않아 관리에 의도대로 군역의 부담이 편중되어 가장 큰 혼란을 야기했으며[7] 환곡의 경우도 본래의 빈민 구제의 의미를 상실하고 일종의 고리대 성격으로 변하여 국민을 착취했다.[8]

이러한 삼정 문란의 심화는 19세기 중엽 조세 수취 체제를 와해의 위기로 몰고 갔으며, 이는 또한 수취 체제 뿐만 아니라 봉건사회 전반을 해체시키는 농민항쟁의 원인이 되었다. 여기에 더하여 민중을 더욱 고통스럽게 한 것은 자연재해였다. 즉, 수 년마다 닥쳐오는 자연 재해에 따른 농업생산의 감소는 단기적으로는 가장 큰 재정 압박의 요인이 되었다. 특히 수재와 한발 등의 자연재해는 직접적인 농사의 피해로 기근과 아사자를 발생케 했을 뿐만 아니라 전야의 황폐를 가져왔다.[9] 더욱이 자연재해에 대해 지배층이 장기적인 방지책이나 사후 수습책을 제시하지 못한 채 무능을 그대로 드러냄으로써 국민들의 불신을 촉진시켰다. 19세기에 들어와서도 기근의 규모나 참혹상이 감소되지 않았음에도 불구하고 정부의 구제 활동은 오히려 점차 축소되어 갔다.[10]

더욱이 통치기구 자체의 문란은 조선조의 재정 위기에 가장 심각한 문제가 되었다. 조선 후기 국민(백성)들은 각종 자연재해에 무방비 상태로 방치된 채, 지방관과 그들을 보좌하는 향리층들은 가렴주구와 수탈행위로 이미 빈곤상태에 있는 농민들을 막다른 궁지로 몰고 갔다. 이들의 조세 수탈 행위는 19세기에 이르러 절정에 달하였으며 결국 가혹한 착취에 따른 소농민 경제의 극한적인 악화는 이들의 자각에 따른 의식의 성장과 함께 농민 저항의 원인이 된 것이다.[11]

다음으로 조선 사회의 변화는 외부, 즉 선진 자본주의 열강의 침입으로 인한 강제였다. 서구의 새로운 도전은 서학(천주교)의 포교, 이양선의 연안 출몰, 외국상선의 통상 요구, 구·미·일 자본주의 여러 나라들의 개항 요구, 선진 자본주의 제국에 의한 식민지화의 위협 등의 형태로 나타났다. 외부로부터의 도전은 조선왕조의 양반 신분 사회에 대한 도전이었음과 동시에 조선민족에 대한 도전이기도 하였다. 이러한 도전은 당시의 조선사회에 대하여 종래의 폐쇄체제(Closed System)로부터 개방체제(Open System)로의 전환을 요구하는 것이었다. 이러한 도전은 사회적 측면에서 보면 근대적 서구 시민사회의 전근대적 조선 양반 신분 사회에 대한 도전이었으며, 또한 정치 적으로는 근대 국민국가의 제국주의적 팽창에 의한 전근대 군주국가에 대 한 도전이었고, 경제적으로는 산업혁명을 거쳐 이룩한 공장제도라는 근대 산업체제의 전근대 농업체제에 대한 도전이었다. 또한, 문화적으로는 근대 합리적 과학기술문화에 전근대적 인문교양문화에 대한 도전이었고, 군사 적으로는 철제 군함의 함포 등 근대 군대의 전근대적 군사장비의 구식 군대 에 대한 도전이었다. 이러한 외부로부터의 도전에 대하여 적절한 대응책을 취하지 않으면 어느 쪽이 승리할 것인가는 분명한 것이었다. 당시 열강들이 강탈해 간 주요 경제적 이권들을 정리하면 다음과 같다.[12]

열강에 빼앗긴 이권의 내용(1876~1896)

연도	이권의 내용	침탈국
1876	무관세 무역권 외국화폐 통용권	일본 일본
1882	평안도 · 황해도 연안어채권 상해-인천 윤선운항권 해관 인사권 상해-시노모세키-부산-인천 윤선정기운항권 한성(서울) 상점개설권	청 청 청 영국 청
1883	부산-시노모세키 해저전선가설권 상해-인천 윤선정기운항권 전라 · 경상 · 강원 · 함경 연안어채권 조선연해 화물운송권 해관 수세권	일본 영국 일본 일본 일본
1884 - 1885	인천-한성-의주 전선가설권 서울-부산 전선가설권 조선-일본 윤선정기운항권	청 청 일본
1886	부산 절영도 저탄소설치권 전라도 새미운송권 창원(경남) 금광채굴권	일본 독일 일본
1887	제주도 연해어채권	일본
1888	도문강(두만강)운항권 한러은행 개설권 군함 밀무역권 경기도 연안제한어채권	러시아 러시아 청 일본
1890	조선-일본 윤선정기운항권	일본

1891	인천 월미도 저탄소 설치권	일본
	경상도 연해포경권	일본
	원산 저탄소설치권	러시아
1892	인천-한성 한강운항권	청
	화폐주조원료 독점제공권	일본
1895	운산 금광채굴권	미국
	인천-부산, 인천-대동강, 인천-함경도 윤선정기항로 개설권	일본
1896	경인철도 부설권	미국
	경원 · 종성 광산채굴권	러시아
	인천 월미도 저탄소채굴권	러시아
	압록강 · 울릉도 산림벌채권	러시아
	경의철도 부설권	프랑스
	동해 포경권	러시아

표에서 보듯이 조선 정부로부터 열강들은 전국에 걸친 모든 이권을 챙겼다. 이는 곧바로 민중들의 삶의 악화로 이어졌다. 결국 내외로부터의 도전에 직면하여 조선 사회는 최대의 위기를 맞게 되었는데 불행히도 도전은 시기적으로 거의 동시에 왔기 때문에 조선왕조는 두 개의 도전을 '동시에' '중첩하여' 해결해야만 되었다.[13] 그러나 왕조의 대응은 무능함의 극치를 보여주었고 결국 그 해결책은 가장 핍박받는 계층인 조선 민중의 몫으로 돌려지고 있었다.

이처럼 19세기는 봉건제의 위기가 심화되면서 사회모순이 격화되는 시기였다. 따라서 사회를 구성하는 각 계층들은 각자의 위치에서 봉건사회 모순에 대해 일정한 대응을 하지 않을 수 없었다. 즉, 19세기 동학농민혁명은 바로 이러한 조건하에서 봉건적 사회관계를 변혁하고자 하는 하층농민들의 반봉건 반외세 항쟁이라고 할 수 있다.

3. 내포 지역의 특징

내포 지역[14]은 아산만으로 통하는 삽교천의 뱃길에 연해 있는 군현 일대를 말한다. 즉 홍성, 예산, 온양, 아산, 신창, 면천, 합덕, 당진 등을 말한다. 즉, 충남 서부 지역으로 예산군을 제외하고는 모두 해안선을 끼고 넓게 자리하고 있다. 이 지역은 오서산(791m), 가야산(678m) 주변을 제외하고는 평야 내지는 낮은 구릉지 형태로 이루어져 어업과 농업이 모두 성한 곳이다. 갑오년 이전의 충청도 지역은 서울과 비교적 가까운 거리로 인구가 밀집되었으며 교통 역시 좋은 편이었다. 그러다 보니 상대적으로 타 지역에 비해 양반의식이 강했으며 이는 동학사상이 전파되는데 큰 장애 요소가 되기도 하였다. 상대적으로 이러한 상황은 곧 농민들의 저항의식의 성장에도 크게 영향을 미친 요인이 되었다. 『개벽』지에 실린 충청도의 평가에서도 "충청도의 인정, 풍속, 언어는 대개가 경기와 비슷하며 예로부터 소위 양반의 근거지인 고로 계급의 사상이 많고 또 유일(遊逸), 안이(安易)한 풍속이 있으며, 허문허례(虛文虛禮)를 숭상하였다"[15]고 할 정도로 충청도는 양반의 근거지라는 표현이 나온다.

이중환의 『택리지』에서도 살기 좋은 곳으로 기록했을 정도로 내포의 가장 풍부한 농산물과 지리적인 이점을 가지고 있던 하포리 주변 지역은 일찍이 양반사족이 정착하였다. 이들은 신분적·사회적 지위를 가지고 토지의 소유 집중화를 통해 주변의 성리·용동리·구만리 등의 토지를 인근 평야 지역 농민들과 지주전호제(地主佃戶制)[16]의 불합리한 봉건적 토지 관계를 맺고 있었다. 내포 지역의 농민들은 봉건적 토지 관계의 모순 구조 하에 억압된 신분제 그늘 속에서 착취와 수탈이란 이중고에 시달리며 살았다.[17]

또한 내포 지역은 가렴주구를 일삼던 탐관오리들 못지않게 세곡을 운반하는 길목이어서 그 일을 담당했던 전운사의 횡포[18]와 수탈은 갈수록 심하였다. 여기에 조선 후기부터 개항 이후로 이어지는 잦은 민란과 물밀듯이 들어오는 서양 문물과 이를 앞세운 서양 세력의 조선 침탈 행위는 민중들에게는 큰 위기의식을 불러 일으켰다. 이러한 소식은 포구란 이점을 가지고 있어 신문물의 유입이 빨랐던 내포 지역의 민중들에게 급속도로 전해졌다.

당시 예산 지역에서 동학농민혁명이 전면전으로 확대될 때 이를 저지하기 위해 유림들로 조직된 대흥유회소 부대 일남면(一南面) 책임자 안희중(安熙中)[19]이 봉건관리들의 탐학실정을 기록한 『임성경란기(任城經亂記)』를 보면 다음과 같다.

군수와 방백들의 탐욕으로 공평하지 못하였고 침탈과 학대가 여러모로 자행하니 각 고을에 민란이 때를 같이 하여 연발로 퍼졌다. 민란이 동비 때문이라 구별할 수도 없고 동비가 민란 때문에 이상해진 것도 아니다. 소리가 같으면 서로 응하는 법이다. 공(公)과 사(私)가 모두 괴리되었음으로 드디어 난운이 된 것이다.

매천 황현의 기록에도 충청 지역의 동학농민혁명이 일어나게 된 원인을 다음과 같이 밝히고 있다.

호서는 본래 사대부가 모여 사는 곳이요, 훈척과 향재들의 원림이 서로 바라보여서 붕당을 이루고 있다. 또 무단이 풍속을 이루어서 억지로 장사를 사고 남의 산지를 억지로 빼앗아서 의지할 곳 없는 외로운 집이나 서민의 집에서는 원통한 호소가 뼈에 사무치고 있었다. 이런 때에 동학이 일어나자 어깨를 치켜 올리고 한번 소리치면 여기에 호응하는 자가 백만이나 되었다. 이리하여 김씨, 송씨, 윤씨의 세 대족 및 그 밖의 재상의 이름난 집이나 부자로 살던 집이 졸지에 피폐함을 당한 사람이 이루 셀 수 없이 많았다.[20]

동학농민혁명 당시 충청남도 청양의 유생으로 후일의 홍주 의병에 참여
했던 임한주의 기록에도 동학혁명의 원인에 대하여 다음과 같이 지적하고
있다.

 이때 직위에 있는 자들이 거의 국가가 잇다는 것을 알지 못하고 오직 사리
 사욕에만 급급하여 임금의 총명을 가리고 백성의 재물을 박탈하여 10년 사이
 에 나라 형세가 날로 위태롭게 되어가니···.[21]

이처럼 동학농민혁명의 1차 원인을 양반들의 횡포를 꼽을 정도로 충청도
지역은 양반들의 연수(淵藪)였다. 특히 이 지역은 예로부터 다른 충청도 지
역과 달리 어업과 농업이 활발하여 쌀과 콩 등은 물론 어류 역시 풍부했다.
당시 조선의 상인들은 서울과 인천 등지에서 방직류 등을 가지고 와서 이
지역의 주 생산물인 쌀과 연초 등과 매매 교환 형식으로 활발한 무역업이
발달해 있었다. 예산의 신포와 창촌, 덕산의 구만포, 아산의 둔포, 결성의
성호, 광천의 옹암 등지에는 인천 등지로 이동하는 수많은 배들로 가득 찰
정도였다고 한다.
한편 내포 지역에는 외국 상인들도 활발했는데 일본 상인들보다는 주로
청나라 상인들이 압도적으로 많았다. 청나라 상인들은 주로 인천항을 통해
서 방직물과 금건(金巾), 성냥, 석유 등을 들여와 팔았다. 그중에서도 가장 큰
시장은 예산이었는데 예산은 아산만과 인접해 있어서 인천 개항 이후에도
서울의 화물이 남쪽으로 내려오는 요충지였다. 예산 개시일에는 농업 생산
물을 팔러 오는 상인들은 물론 유민들까지 운집하여 모두 3천명 내지는 6천
명에 달할 정도였다고 한다. 보부상들의 활동도 활발하여 2, 3백명의 보부
상들이 아산, 청양, 예산, 홍주 등의 장시에 모여 들었다.[22]

동학혁명군의 주 세력은 당시 생산물의 8할의 높은 소작료를 지불했던 소작농을 중심으로 하는 빈농층이 주도 세력이었기 때문에 이들의 불합리한 소작관계에 대한 저항의식이 동학사상의 유입으로 자연히 변혁사상의 확장과 실천 활동으로 점차 발전했다고 볼 수 있다. 그 예로 내포 지역의 양반가 부농에 대한 재산을 약탈하는 방법으로 응징하는 사건이 상당히 많이 나타났으며 동학혁명 당시 당연히 조선 봉건사회의 기본모순인 지주전호제를 강력하게 공격함으로써 토지 소유를 실현하는 방향으로 나아가려 하였다.[23]

결국 경제적 측면에서 봤을 때 충청 서북부 지역은 풍부한 농수산물과 유통의 활발함으로 인하여 전라도 · 경상도 등 타 지역에 비해 객관적으로 좋은 여건을 지니고 있었다고 볼 수 있다. 따라서 이 지역에서는 일본 상인의 경제적 침투는 크게 문제되지 않았지만 양반 계층의 탐학은 끊임없이 지속되어 많은 민중들이 그들의 수탈의 대상이 되고 있었고, 그것이 동학사상의 전파와 확산에 큰 영향을 끼쳤다고 볼 수 있다.

4. 내포 지역의 동학 유입

1871년 영해 교조신원운동 이후 영월, 단양 등 강원도 산간지대에서 근근이 유지되었던 동학은 1870년대 후반부터 본격적으로 재건 활동을 전개하였다. 1875년 8월 정선에서 새로운 의례를 제정하고 10월부터 순회설법을 시작한 이후 교단은 점차 안정되어 갔다. 이에 따라 동학은 충청도와 경기도 지역까지 크게 확산되었다. 경기 남부지역은 동학이 창도된 직후인 1862년 접제를 실시할 때 김주서와 이창선이 접주도 임명될 정도로 상당한 동학 세력이 있었던 것이다. 그런데 경기 남부지역은 단양 등 충북뿐만 아니라 당진, 아산 등 충남과도 생활권이 밀접하게 관련을 가지고 있다. 이러한 관계로 본다면 아산 등 내포 지역에는 1860대 후반에 동학이 포교되었을 것으로 추정된다. 왜냐하면 1870년대 중반부터 교단에서 경전 간행 후원 등의 활동을 하였던 인물 중에는 박인호의 관내인 예산 출신들이 적지 않았기 때문이다.

충청도 서부 지역의 기록에 동학이 처음 등장한 시기는 1880년경이다. 즉, 1883년 6월에 간행된 경주판 동경대전 발문에 충청도 아산 도인 안교선(安敎善)이 공주 도인 윤상호와 같이 실무를 맡았다고 되어 있다. 경주판『동경대전』은 공주접에서 자금을 마련하여 동협접(東峽接, 강원도)과 영남접이 힘을 모아 만든 것이다.[24] 적어도 경주판『동경대전』을 간행하는 데 호서 대표자로 안교선이 참여한 것은 이 지역에 상당한 도인들이 있었으며, 적지않은 자금도 염출할 힘이 있었음을 말해준다.[25]

『최선생문집도원기서』 1878년 11월 조에는 선생수단소(先生修單所), 즉 『최선생문집도원기서』 간행 업무를 추진할 때 안교일(安敎一), 안교상(安敎常), 안교백(安敎伯), 안교강(安敎綱) 등 안교선의 인척들이 실무에 참여하고 있음을 밝히고 있다.[26] 이러한 여러 정황으로 미루어 볼 때 충청도 아산지역에는 1878년경부터 이미 많은 사람들이 동학에 입도하였음이 분명해 보인다.

아산 지역의 천도교사를 담은『아산교보』에 의하면 온양면 용화리 334번지 이규호(李圭鎬) 부부는 1884년 11월 16일에 입도한 것으로 되어 있다.『천도교회사초고』에는 1883년(계미년) 3월조에도 "…박인호(朴寅浩), 안교선, 안익명(安益明), 윤상오(尹相五) …등이 차례로 신사께 배알하였다."는 기사가 있으며 내포와 공주지역 지도자들이 단양 남면 갈래골에 있는 신사를 찾아 왔다고 하였다.[27] 이를 미루어 보면 내포 지역 일대에는 이미 상당수의 동학도인[2]들이 자리잡고 있었던 것으로 판단된다.

현재까지 확인된 바로는 1870년대 말부터 해월 최시형에 의하여 충남 지방에 동학이 전파되기 시작하였으며 특히 해월의 지도를 받은 삽교 하포리의 박인호, 아산도교의 안교선, 공주의 윤상호 등이 그 중심이었다. 그리고 이들이 1880년대 들어서는 동학교문의 중진 지도자로 성장하여 독자적인 포덕 활동에 나선 것으로 보여진다.

그러나 원래 내포 지역에는 동학 세력이 크지는 않았지만 1892년 말부터 급격히 늘어난 것으로 보여진다. 특히 이해 10월 하순에 공주에서 일어난 교조신원운동 다음부터 늘어나기 시작한 것이다. 박인호를 중심으로 한 내포 동학 교세는 지속적인 포교 활동의 결과로 큰 세력으로 성장하였다. 이는 동학 교리에 포함되어 있던 개혁적 이념을 바탕으로 외세의 조선 침탈과 이에 대한 위협과 불안, 부정부패의 척결, 신분제의 평등을 추구하는 반봉건과 반외세 의식의 성장과 맞물려 있었다. 1892년 1월에 충청감사 조병식이 동학을 금지하는 금령을 발표한다. 이에 동학 지도부는 보다 적극적인 활동을 모색해야할 처지가 되어 농민과의 유대를 강화하고 연대성을 굳건히 하여 이를 토대로 동학교의 인정과 억울하게 대구장대에서 순교한 교조 수운 최제우를 신원해 달라는 교조신원운동을 전개했다.

1892년 서인주(徐仁周), 서병학(徐丙鶴)의 주도로 10월에 공주에서 처음으로 이루어졌다. 공주취회 또는 공주집회라 불리는 이 집회에는 지역적으로 공주를 중심으로 하고 서병학과 서인주의 영향력 아래에 있던 교도들이 참여했다. 공주 교조신원운동은 10월 20일부터 천여 명 도인들이 공주의 송소에 모여 21일에 단행되었다. 이날 동학도들은 행렬을 갖추고 서인주와 서병학의 지휘에 따라 당당하게 공주 관아로 들어가 수운 최제우의 신원을 소청했던 것이다.[28]

동학도 천여 명이 일시에 모여들자 깜짝 놀란 관원들은 어쩔 줄 몰랐으나 뜻밖에도 의관을 갖추고 질서정연하게 행동하자 비로소 안심하였다. 예를 갖추고 격식에 맞게 충청감사 조병식에게 억울한 사연들을 기록한 의송단 자(議送單子)를 올리니 시비를 논할 여지가 없었다. 충청감사 조병식(趙秉式)은 의송단자를 받아 본 조병식은 여러 모로 생각한 끝에 이틀 뒤인 22일에 제음(題音)을 보내 왔다. 그리고 24일에는 각읍 수령들에게 감결(甘結)을 시달하였다. 당시 공주집회에 모인 동학도들의 청원 요지는 다음과 같다.

> 무고한 백성들을 엄동설한에 내몰아 사경에 헤매게 하고 남편을 징역 보내 어 어버이를 이별하고 길가에서 울부짖게 하니 무슨 죄가 있기에 이렇게 하 는가. …외읍에 수감되어 있는 여러 동학도 들을 모두 석방하여 달라. …한편 임금에게 계달하여 스승님의 신원을 씻도록 해 달라.[29]

충청감사는 다만 나라에서 정한 동학 금단 조치는 자신의 권한 밖이라 하여 제외하고 여타 사항들은 동학도의 요구대로 감결을 하달했던 것이다. 동학도들은 조병갑의 신속한 조치에 대해 고맙게 여기고 차후 조치를 관망하기로 하고 24일에 해산하였다.[30] 당시 1천여 명이 모였다는 사실만으로도 세상을 놀라게 하였는데 감사로부터 다짐까지 받아내자 동학을 주목하게 되었다. 더욱이 의관을 정제하고 언행을 삼가며 질서 정연하게 행동하여 동학도들은 진짜 도인답다고 칭찬이 자자하였다.

그러나 당시 내포 지역의 동학도들이 적극적으로 참여했는지는 알 수 없으니 이 공주집회는 해월을 중심으로 한 교단 지도부의 공식 승인 없이 이루어짐으로써 해월 최시형의 연원 계통상 직계 범주에 속한 내포 지역 교인들이 참여하기엔 제약성이 따랐을 것이다.

그러나 공주집회의 뒤를 이은 삼례집회와 광화문전 교조신원운동, 그리고 보은에서의 척왜양창의 운동 등에서는 내포 지역 동학도들의 좀 더 적극적인 참여가 발견되는 바 이를 미루어 1890년대 들어서 내포 지역의 동학도들의 확산을 확인할 수 있다.

특히 내포 지역을 중심으로 교세를 형성한 박인호는 1893년 이후 동학의 공인운동이라고 할 수 있는 교조신원운동에 적극 참여하였다. 특히 1893년 1월 광화문 앞에서 전개된 교조신원운동에 박인호와 박덕칠, 그리고 박인호의 사촌동생인 박광호 등이 중심인물로 등장하였다.

> (1893년) 2월 8일에 강시원 손병희 김연국 박인호 등이 수만 교도를 率하고 科儒로 分作하고 일제히 京城에 赴하여 한성 남부 남산동 최창한 家에 奉疏都所를 정하고 절차를 협의하더니 (중략) 10일에 치성식을 거행하고 翌日에 광화문 外에 奉疏進狀하니 其時에 陳疏 道人에 疏首는 박광호, 製疏는 손천민, 書寫는 남홍원, 奉疏는 손병희 박인호 김연국 박석규 임국호 김낙봉 권병덕 박덕칠 김석도 이근상 諸人이러라.[31]

즉 광화문 교조신원운동에 박광호는 상소인의 대표인 소두로, 박인호와 박덕칠은 봉소로 각각 참여하였다. 이는 박인호 중심의 내포 동학도인들이 동학교단에서 조직력과 역량이 강화되어 중심적인 역할을 담당하고 있다는 것을 보여주는 것이라 할 수 있다. 이는 한편으로는 내포 동학이 서서히 북접 동학도의 중심으로 성장하였음을 보여주는 사례라고도 할 수 있다. 물론 내포 동학도인들이 광화문 복합상소에 어느 정도의 규모로 참여했는지는 정확히 알 수 없지만 이 박인호 등 충청도 동학의 중진급 지도자로 성장한 인물들에 의해 상당한 영향력이 행사되는 등 상당 숫자가 참여했을 것으로 추측된다. 특히 봉소에 등장하는 박덕칠의 연원지인 예산, 서산, 태안 등의 교인들은 1890년 3월 16일 해월 최시형의 서산 방문을 계기로 해서 새롭게 입도한 다수의 도인들이 참여했을 것이다.

이어 내포 동학도인들은 이해 3월 보은에서 가진 척왜양창의 운동에도 참여하였다. 당시 박인호는 덕의대접주[32], 박덕칠은 예산포대접주로, 그리고 안교선은 아산포대접주로 각각 임명되었다.[33] 특히 보은 척왜양창의 운동은 박인호에게 중요한 의미가 있었다. 즉 박인호는 동학교단의 최고 책임자인 해월 최시형으로부터 '덕의대접주'에 임명됨에 따라 동학교단의 상층부로 부상할 수 있는 계기가 되었다.[34] 여기에는 박인호의 신앙심과 포교 활동 외에도 그의 활동 기반인 내포 지역에 상당한 동학 교세가 형성되었음을 의미한다.[35]

특히 보은 척왜양창의 운동에서의 내포 지역의 동학도들은 매우 강성이었던 것으로 추정된다. 『취어』의 기록을 보면 다음과 같다.

> 다른 모든 깃발을 철거하였지만, 오직 척왜양기(斥倭洋旗)만은 남겨 두어 자신들의 요구가 척왜양에 있음을 강조하였다. 같은 날 지도부에서는 노약자들을 진중으로부터 주변으로 철수시켰으나, 상주, 선산, 태안, 수원, 광주, 정난, 직산, 덕산 등지의 교도들은 오히려 장내로 몰려들었다. 수원접이 장재(壯才)에서 장내(帳內)로 진을 옮기었다. 12시 경 광주 수백명이 네바리에 돈을 싣고 왔다. 광주, 천안, 직산, 덕산 등지를 비롯한 많은 돈이 장내로 흘러 들어오고 길에는 쌀을 사고파는 사람들이 그치지 않았다.[36]

위의 기록에서 알 수 있듯이 내포 동학도들은 쉽게 해산하지 않고 끝까지 저항했음을 추정할 수 있는데 그것은 내용에 있는 "천안, 직산, 덕산 등지를 비롯한 많은 돈이 장내로 흘러 들어오고", "길에는 쌀을 사고파는 사람들"

이라는 대목 때문이다. 즉, 이들 지역은 대부분 박인호의 덕의포가 이끄는 지역이었고 돈과 쌀은 덕의포 중에서도 당시 덕산군이었던 고덕 구만리, 용리, 삽교 하포리 지역의 부농 동학도였을 가능성이 크다. 특히 구만리의 이원겸(李元兼)과 그의 아들 이진해(李鎭海)는 동학혁명 이후 구만포구의 이점을 이용해 쌀에 관계된 미곡 운반 등의 큰 사업 수완을 발휘한 것으로 볼 때 그의 활동이 사실임을 추측케 한다.[37]

전술한 바와 같이 내포 지역의 동학은 교조신원운동이 전개되면서 점차 그 세력이 확산되었다. 즉 이로부터 내포 일대에도 엄청난 인원이 동학에 몰려들게 되었다. 『대교김씨가갑오피란록(大橋金氏家甲午避亂錄)』에 의하면 "이른바 동학이 일단 보은에서 집회를 가진 뒤로 불길처럼 성하게 일어나서 그 모습이 나날이 달라졌다. 마을마다 접을 설치하고 사람마다 주문을 외니, 그 형세가 마치 불이 타오르는 듯하고 조수가 밀려와서 넘쳐나는 것 같이",[38] 그리고 "봄 잔디에 불 붙듯이"[39]라고 하여, 내포 지역에서의 동학 조직이 크게 확장되었음을 확인할 수 있다. 당시 면천지역으로 유배를 왔던 김윤식도 "내포 지역에는 동학교인이 적었으나 지금은 가득 차서 날이 가고 달이 갈수록 엄청나게 늘어났다."고 기록하고 있다.[40]

5. 내포 지역 동학의 조직화

내포 지역 출신 동학교인 중 처음으로 확인되는 인물은 안교일, 안교강, 안교백, 안교상 등이다. 이들은 안교선의 친인척으로 알려져 있다.[41] 안교선은 1883년 6월 공주접이 주축이 되어 『동경대전』을 간행할 때 실무를 맡았던 인물이다.[42] 그리고 동학혁명 당시에는 아산접주로 활동하다가[43] 남벌원[44]에서 성재식, 최재호 등과 함께 희생되었다.[45] 1877년 10월 정선 유시헌의 집에서 구성제를 지낼 때 안교일과 안교강은 집사, 안교백은 봉로, 안교상은 찬인으로 각각 참여하였다.[46] 이들은 또한 구성제 기금을 마련하기 위해 계를 조직할 때 계원으로 참여하였으며,[47] 1878년 최시형이 유시헌의 집에서 개접을 할 때와 1879년 11월 방시학의 집에 『동경대전』 간행을 목적으로 수단소를 설치할 때도 참여한 바 있다.[48] 이들이 구성제나 수단소에 이름을 올릴 수 있었던 것은 이미 이 시기에 동학교단의 상층부 지도자로서 활동하고 있었기 때문에 가능하였다. 따라서 이들의 활동으로 볼 때 내포 지역에는 1880년 대 초 이미 상당한 동학의 교세가 형성되었음을 알 수 있다.

그러나 내포 지역에 본격적으로 동학 세력이 형성되고 조직화한 것은 박인호와 박덕칠이 동학에 입도한 이후였다.[49] 박인호는 1855년 2월 1일 충청도 덕산군(현 예산)에서 박명구(朴命九)와 온양 방씨 사이에 큰아들로 태어났다. 그는 아명을 용호(龍浩)라 하였고 자는 도일(道一)이고 나중의 도호는 춘암(春菴)이다. 그의 집안은 전형적인 상민 집안이었으며 빈농으로 매우 가난하였다.[50] 그런 연유로 그는 11세가 되어서야 비로소 한학 공부를 할 수 있었다고 한다. 아버지 명구공은 근엄하고 행동거지가 분명하였고 경우가 엄격하였으니 아들의 훈육에도 남다른 데가 있었다고 전해진다.[51]

박인호가 천도교와 인연을 맺는 계기는 그가 단골로 다니던 예산 읍내의 주막 주모[52]를 통해서였다. 주모로부터 한울님을 믿는 동학이라는 것이 영남에서 생겼는데 기름에 불을 붙인 것같이 영남·호남에 크게 번진다는 것과, 그들의 주장은 사람을 하늘같이 섬기고 바른 마음으로 한울님을 믿어 이 세상은 평화로운 새 세상이 된다는 것이라는 이야기를 들은 것이다. 19세기 중반 탐관오리의 가렴주구가 기승을 부리고 서학의 유습으로 가치관이 혼란스러워진 그즈음 대부분의 조선 백성을 희망을 잃고 정도령적 메시아의 출현을 기다리는 상황이었다.

박인호에게 수심정기, 보국안민, 사인여천, 포덕천하의 개념들은 이제까지 그가 가지고 있던 생각과 크게 벗어나는 것이 없었다. 특히 그의 마음에 든 것은 인의예지는 선성(先聖)의 소정(所定)이요 수심정기는 유아갱정(唯我更正)이라 한 대목이다. 시천주조화정 영세불망만사지는 전연 새로운 철학이었다. 1883년 3월 이러한 궁금증을 가지고 박인호는 동학의 최고 지도자인 해월 최시형을 만나 그의 궁금증을 풀고 본격적인 수도생활을 시작했다.[53] 즉 그는 최시형을 예방한 이듬해인 1884년 최시형, 손병희 등과 공주 가섭사에서 49일 기도에 참여하여 매일매일 해월 최시형의 가르침을 받았다.[54] 이후 박인호의 포덕 활동은 눈부셨다고 할 수 있다. 박래원(朴來源)의 기록에서 보면 다음과 같이 박인호의 포덕 활동이 나온다.

> 이렇게 수련을 하시면서 생각하시기를 포덕천하 광제창생 보국안민의 우리 동학의 목적을 달성하려면는 동지가 많아야 한다 생각하시고 그때의 충청우도 지금의 충남 일대 덕산을 위시해서 아산, 당진, 서산, 태안, 면천, 홍성, 광천, 청양, 예산, 온양 등지에서 동지를 구하여 입도를 시키고 그들과 협력해서 무극대도의 진리와 목적을 선포하니 이에 응하며 입도한 자가 만여에 이르렀다 한다.[55]

내포 지역 동학 세력의 한 축을 형성하였던 박덕칠[56]도 이때 박인호의 권유로 동학에 입도한 것으로 알려지고 있는데, 그는 내포의 서부 지역인 예산, 태안, 해미, 서산, 당진을 중심으로 포교 활동을 전개하였다. 박덕칠의 본명은 박희인(朴熙寅)으로 보은취회 당시 해월 최시형으로부터 예포 대접주로 임명될 정도로 막강한 조직을 가지고 있었다. 그리고 그는 동학혁명 당시에도 많은 공을 세워 현상금이 걸릴 정도의 거물이었다고 한다. 혁명 이후에는 조석헌과 함께 피난 생활을 하면서 최시형과 구암 김연국을 수행하기도 했다. 그러나 기록이 거의 남아 있지 않아서 그의 구체적 행적 등은 미지수이다. 다만 박인호의 덕포와 함께 행동했던 것으로 보아 박인호계의 영향권 아래에 있었던 것으로 추측된다.

박덕칠을 입도시킨 전도인으로서의 박인호의 포교 활동 영역을 볼 때 내포 지역의 동북부뿐만 아니라 내포 서남부 지역까지 미쳤으며, 내포 지역에 상당한 세력을 형성한 중심인물로 부각되었다. 이를 기반으로 박인호의 동학 조직은 1890년대 내포 지역에 동학 세력을 확장하는 한편 조직화를 꾀하게 되는데 당시 박인호가 동학을 포교한 지역과 주요 인물은 〈표1〉과 같다.[57]

〈표1〉 박인호의 포교 활동 지역과 주요 입교자

지역	주요 인물
신창	김경삼 곽완 정태영 이신교
덕산	김원배 최병헌 최동신 이진해 고운학 고수인
당진	박용태 김현구
서산	장세헌 장세화 최긍순 최동빈 안재형 안재덕 박인화 홍칠봉 최영식 홍종식 김성덕 박동현 장희
홍주	김주열 한규하 황운서 김양화 최준모
예산	박덕칠(박희인)
면천	이창구 한명순
안면도	주병도 김성근 김상집 고영로
해미	박성장 김의향 이용의 이종보
남포	추용성 김기창
서천	장세화

이에 따라 박인호계는 덕포의 박인호와 예포의 박덕칠[58]을 그 정점으로 안교선, 이창구, 김기태, 그리고 그 산하에 파도접주 조석헌, 방갈리접주 문장로, 도집 문장준 등이 세력권을 형성하였다.[59] 이에 따라 박인호계 산하에는 12개의 포가 형성되었으며, 지역적으로는 신창, 덕산, 당진, 서산, 태안,

예산, 면천, 안면도, 해미, 남포 등지까지 영향력이 미쳤다.[60] 이로써 내포 지역 전체가 박인호계의 동학 조직이었음을 확인할 수 있다.

즉 내포 지역 동학의 조직화는 박인호계의 동학 조직의 형성에서 비롯되었다. 특히 박인호의 생활 무대인 덕산과 인접한 아산은 일찍이 물산이 풍부하고 세곡이 운송되는 길목으로 외부의 문화가 여타 지역보다 빨리 수용되었다. 또한 이 지역은 양반사족이 일찍부터 정착하여 봉건적 신분제 아래에서 농민들에 대한 수탈이 극심하였다. 이러한 사회적 배경으로 1870년대 동학이 포교되었으며, 박인호가 동학에 입도한 시기인 1880년대 초는 이미 동학 세력이 적지 않은 규모를 형성하였다. 박인호는 동학 입도 이후 덕산을 중심으로 온양, 신창, 당진, 예산 등 내포 지역의 동북부뿐만 아니라 서산, 해미, 태안, 홍주, 남포 등 서남부 지역까지 포교하였다. 이들 동학 세력은 1892년부터 전개되었던 교조신원운동에 적극 참여하였다.

즉, 박인호의 내포 동학 조직이 크게 성장한 것은 1892년부터 전개된 교조신원운동 이후였다. 1892년 말 공주에서 전개된 교조신원운동은 동학에 대한 탄압을 어느 정도 진정시키는 효과가 없지 않았다. 뿐만 아니라 교조신원운동을 통해 신앙의 자유를 획득하지는 못하였지만 동학의 평등사상과 유무상자(有無相資)의 대동사상은 일반 민중으로 하여금 동학에 대한 인식을 새롭게 하였다. 이에 따라 동학에 호감을 가지고 있던 일반 민중들이 동학에 대거 입도하였던 것이다.

광화문 복합상소를 거처 보은 척왜양창의 운동에서 내포 동학 조직은 해월 최시형에 의하여 박인호는 덕포대접주, 박희인은 예포대접주로 임명되었다. 비로소 내포 지역의 동학 조직은 덕포와 예포로 완성되었다. 그렇지만 이 두 세력은 모두 넓은 의미에서는 박인호계에 속한다고 할 수 있다. 동학혁명 당시 서산 사람 홍종식(洪鍾植)의 증언에서도 확인되듯이 이미 엄청난 동학도들이 내포 지역에는 구성되어 있었다. "내가 입도한 지 불과 며칠에 전지문지하여 동학의 바람이 사방으로 퍼지는데 하루에 몇십 명씩 입도를 하곤 하였습니다. 마치 봄 잔디에 불 붙듯이 포덕이 어찌 잘되는지 불과 1, 2삭 안에 서산 일군이 거의 동학화가 되어 버렸습니다. 그 까닭은 말할 것도 없이 첫째 시운이 번복하는 까닭이요, 만민 평등을 표방한 까닭입니다. 그래서 재래로 하층계급에서 불평으로 지내던 가난뱅이, 상놈, 백정, 종놈 등 온갖 하층계급은 물밀듯이 다 들어와 버렸습니다."[61] 1894년 5월경에는 내포 일대가 동학 세력으로 뒤덮이다시피 엄청나게 퍼진 것이다. 동학농민혁명 당시 그의 모습을 기억한 박래원은 다음과 같이 기록하고 있다.

> 이렇게 상사(박인호)의 성경신(誠敬信)적 활동은 해월신사의 두터운 신임을 받아 덕의대접주의 지위에 오르셨는데 갑오혁명운동 때는 해월신사의 명을 승하여 충남 전역의 제 두령으로 하여 기포케 하여 도중이 해미군 여미평에 집합하니 선두에 천불변(天不變)이면 도역불변(道亦不變)이라 쓴 큰 기를 세우고 덕의대접주 박인호 제폭구민(除暴救民) 보국안민(輔國安民) 포덕천하(布德天下) 광제창생(廣濟蒼生) 등등의 큰 기와 청황적(靑黃赤)의 수기(手旗)를 각각 손에 들고 머리에는 궁을(弓乙)이라고 두 글자를 쓴 수건을 질끈질끈 동이고 행진할 때와 삼삼오오 진을 치고 전쟁에 임할 때는 '지기금지 원위대강 시천주 조화정 영세불망 만사지'를 소리 높여 외우니 수만 동학군은 사기충천하였다. 여기에 호응해서 빈한한 농민과 남의 집에 고용 사는 머슴까지 합세하니 약 5만 대군이 되었다.[62]

내포 지역의 동학은 1894년 동학농민혁명에 참여하면서 더욱 더 조직화되었고 강해졌다. 내포 지역의 동학농민혁명 첫 기포는 1894년 2월 6일에 전개된 덕산기포였는데 나성뢰, 방재성, 김윤필 등의 주도로 전개되었다. 덕산군수와 병마절도사를 지낸 후 당시 덕산에 살던 이정규는 합덕지의 개간과 수세 부과로 인근 농민들을 수탈하였다. 뿐만 아니라 그는 농민들 중에 재물이 조금이라도 있는 사람이면 끌어다가 참혹하게 탈취하였다.[63] 가혹한 수탈과 탐학에 분노한 농민들은 나성뢰를 장두로 추대하고, 그의 주도로 수천 명이 모여 이정규의 집을 불태워 버렸다. 이로 인해 이정규는 평북 선천으로, 그리고 나성뢰는 함경도 이원으로 각각 유배되었다.[64] 덕산기포를 주도한 나성뢰가 언제 동학에 입도하였는지 확인되지 않지만, 이해 8월 홍주의 주요 동학 지도자로 참여하여 활동하였다.[65] 이러한 점에서 볼 때 덕산기포는 동학 조직과 밀접한 관련이 있으며,[66] 박인호계 동학군의 첫 기포였다고 할 수 있다.[67]

박인호계의 두 번째 기포는 1894년 4월 초에 전개된 서산 원벌(元坪)기포였다. 1984년 1월 고부기포에 이어 3월 20일 무장기포와 3월 26일경 백산대회로 동학농민혁명이 본격적으로 전개되자 박인호계에서도 적지 않은 동요가 있었다. 즉 호남지역의 동학농민혁명은 박인호계에도 직접적인 영향을 주었던 것이다. 원벌기포에 참가하였던 홍종식은 당시의 상황을 다음과 같이 밝히고 있다.

동학군의 기세가 이렇게 굉장해지는 반면에 재래의 재력자들은 반동운동이 또 맹렬하였습니다. 마침 서울 양반의 후예인 이진사라는 자가 서산에 살았는데 어떻게도 동학군을 음해하며 또한 재물을 탈취하는지요. 그래서 이놈을 중벌하기 위하여 제1차로 통문을 돌려가지고 홍주 원벌에 대회를 열게 되었습니다. 그때가 갑오년 7월인가 보외다. 어디서 모여오는지 구름 모이듯 잘도 모여듭니다. 순식간에 벌판을 덮다시피 몇만 명 모였습니다. 이 소문은 벌써 이진사에게 갔습니다. 이진사는 그만 혼비백산하여 곧 사죄를 하기로 하고 있는데 우리는 그의 집 가까이 개심사(開心寺)란 절로 이진하였습니다. 이진사는 그만 백기를 들고 나와 전과를 사죄하고 죽기를 청하였습니다. 항자불사라고 우리는 그를 효유하여 놓아 보냈습니다.[68]

이 단계에 이르면 박인호를 중심으로 한 내포 동학이 어느 정도의 조직이 완성되었다고 볼 수 있다. 즉, 통문을 돌리자 홍주 원벌에는 수만 명이 참여하는 대규모 대회가 열릴 정도로 조직화가 되었다는 것이다. 이 기포는 동학교인을 수탈하였던 '이진사'를 응징하는 것이었다. 이진사는 보현동에 있는 홍선대원군 부친의 묘소 및 주변 토지 관리를 맡은 자로 추측되는데 그는 탐학이 극심할 뿐 아니라 평소부터 소작관계로 마찰을 일으켜 원성이 자자해 동학도들이 공격을 가한 것이다. 이러한 사실은 김윤식의 기록에서도 확인된다.

어제 동학도 백여 명이 원평 마을에 와서 자고 오늘 개심사로 향하였다. 아침에 일어나보니 개심사로 가는 동학도들이 끊이지 않았다. 알아보니 보현동 이진사가 평소 동학을 심하게 배척하여 동학도들이 원한을 품고 개심사에 모여 회의한 후 그 집을 부수리라 한다. 내포에는 동학도가 매우 적었으나 지금은 가득 차서 날이 가고 달이 갈수록 엄청나게 늘어났으니 이 역시 시운이라 매우 통탄스럽다.[69]

이처럼 2월과 4월에 걸친 두 차례의 기포는 박인호계의 결속력을 더욱 강력하게 만들었다. 그렇지만 박인호계는 처음부터 적극적으로 기포하기보다는 초기에는 호남 지역 동학군의 활동을 관망하였다. 덕산과 예산에서 활동하던 한 일본상인은 당시 동학의 동향을 일본공사관에 다음과 같이 보고한 바 있다.

1. 덕산과 예산 지역은 인민의 반수가 동학에 속하였지만 아직 소동 같은 것은 없고 평상시와 같이 각자 영업에 종사 중이라고 하였다.

1. 덕산의 동두리에서 내가 유숙하고 있던 곳의 주인은 金尙立이라고 하며 동학에서 약간 높은 지위에 있는 자였다. 또 예산에서 숙박하였던 곳의 주인 權順根도 역시 동학의 사람이었다.

1. 동학교인이 집회 또는 협의를 할 때는 신호로서 징 같은 것을 쳐서 울렸다.

1. 예산과 덕산에 동학 두목이 2,3명은 있는 것 같았다. 이 지방에서는 동학의 평판이 아주 좋았다. 그후 점점 증가하는 상황이었고...

1. 내가 머무르고 있는 동안에는 다급한 대사건이 일어날 기미는 보이지 않았다.

1. 덕산과 예산의 부사는 도망하지 않고 여전히 임지에 있었다.[70]

이 보고에 의하면, 박인호계의 중심지역인 덕산과 예산의 동학 조직은 점점 세력을 확장해 나가며 조직화되는 것을 알 수 있다. 이렇게 오랜 기간에 걸쳐 완성된 내포 지역의 동학이 드디어 갑오년의 혁명에 주역으로 등장하게 된 것이다.

6. 맺는글

충청도 내포 지역은 풍부한 물산과 지리적 이점으로 일찍이 양반 사족이 정착하였으며, 이들은 신분적 사회적 지위를 이용하여 토지의 소유를 집중하였다. 이로 인해 농민들은 봉건적 토지 관계의 모순과 억압된 신분제 하에서 착취와 수탈의 이중고에 시달렸다.[71] 또한 내포 지역은 세곡을 운송하는 길목이어서 전운사의 횡포도 이에 못지않았다. 뿐만 아니라 개항 이후 서양 문물의 유입과 일본 상인의 활동은 경제적 어려움에 빠져 있는 내포 지역민들이 더욱 생활고에 시달리게 만들었다. 이와 같은 시대적 상황은 일반 민중이 더 적극적으로 동학에 입도할 수 있는 계기가 되었다.

동학이 추구하는 만민 평등이 실현되는 후천개벽의 이상사회는 곧 이들 헐벗고 굶주린 민중들에게 메시아적 구원으로 등장했다. 당연히 양반층의 탐학의 대상이었고 야만적인 외세의 침탈을 목격한 내포 지역 민중들 역시 그 어느 지역보다도 동학에 입도하는 이들이 많았다. 이들은 처음에는 교조신원운동 차원에서 서서히 세를 넓혀 나가고 드디어 보은 척왜양창의 운동 단계에서는 가장 강성한 세력으로 성장할 수 있었던 것도 이러한 시공간적 요인 때문이었다. 즉, 내포 동학은 그 유입 과정의 필연성뿐만 아니라 조직화 과정에서의 반봉건과 척왜양창의의 정신이 더욱 깊숙이 자리하게 되었다고 볼 수 있다.

당시의 엄혹한 국제정세에 눈을 감고 안으로는 썩을 대로 썩어 가던 조선은 앞에 놓인 시대적 과제를 등한시하였다. 여전히 양반적 사회 구조를 유지하기에 급급했던 그들은 모두 시대의 패배자로 기록되었지만 동학은 달랐다. 꺼져 가는 조선의 자긍심을 지킬 수 있는 유일한 방책이 반봉건과 반외세에 있다고 믿은 그들은 보국안민과 척왜양창의를 외친 것이다. 비록 그들의 함성 속에 담긴 꿈은 간악한 일본의 무력과 조정의 무능력으로 인해 좌절하고 말았지만 역사에는 영원한 승리자로 기록되어 있다. 그 승리의 사례가 바로 내포 지역의 동학이었다.

내포 동학의 핵심이자 내포 동학의 조직자인 박인호는 1880년대 초에 동학에 입도한 이후 광화문 복합상소와 보은 장내리 교조신원운동의 참여로 교단의 중진 지도자로 부상하였다. 그리고 동학농민혁명에서는 덕산의 대접주로서 승전곡 전투와 신례원 전투를 승리로 이끌었다. 그러나 홍주성 전투에서 대패한 박인호의 동학군은 후퇴와 해산을 거듭하면서 관군과 유회군의 토벌 대상이 되었다. 결국 박인호, 박희인 등 동학군 주요 지도자뿐만 아니라 동학농민혁명 대열에 동참한 동학군은 각지에서 은신하면서 목숨을 보존할 수밖에 없었다. 박인호는 여러 곳을 전전하다가 정산에 정착하였다.

　　박인호는 동학혁명 이후에도 교주인 의암이 도일하면서 국내 교단의 실질적 책임자로 교주의 빈자리를 메우는 역할을 충실히 수행했다. 1905년 동학을 천도교로 개칭한 이후 송병준 등의 배신과 출교 그리고 그에 따른 재정적 압박 등으로 매우 어려운 지경에 처해 있을 때도 박인호는 교단에서 교장, 고문, 금융관장, 경도사라는 여러 직책을 맡아 활발한 활동을 하는 등 늘 동학교단의 중심 역할을 수행했다. 그의 묵묵한 성격과 빈틈없는 일처리 등에 감동한 의암 손병희는 박인호를 1907년 차도주에 이어 1908년 제4대 대도주로 임명하였다. 이후 3·1운동과 신간회 참여 그리고 멸왜기도운동 등 끝까지 일제에 저항하는 삶으로 일관했다. 박인호의 타협 없는 삶이 내포 동학의 상징이고 척왜양창의를 기치로 높이 일어선 내포인들의 정신이었다.

내포 동학혁명 지도자의 활약상과 역사 문화적 의의

박성묵 _예산역사연구소장. 예산동학농민혁명기념사업회장

1. 머리글

1860년 수운 최제우가 창도한 동학은 정부에 의해 기존 유교 질서 체제를 위협하는 사상으로 규정되어 40여 년간 탄압을 받아 왔다. 정부의 공인을 받지 못해 '숨어서 도를 펴던 시대', 곧 은도시대(隱道時代)가 지속되었다.

동학은 조선 후기 피지배 민중의 삶을 뿌리째 흔드는 심각한 위기의 시대를 극복하고 서양 열강의 동아시아 침략에 대한 '보국안민(輔國安民)의 계책', 즉 서양의 도전에 창조적으로 응전하고자 했던 조선 민중들의 '자기 확립'의 사상 또는 학문을 제시하고자 절치부심했던 위기의식 속에 창도되었다.[1] 보국안민의 정신과 지도자들의 활약으로 포(包)·접(接) 조직 체계가 형성되면서 동학은 광범위하게 확산되었다. 동학의 지도자들은 동학의 지도 이념을 확립하고 동학의 정신을 대중화하고 사회의 상층 지배구조를 개혁하고 근원적인 시대 변화를 꿈꾸며 동학의 참 가르침을 펴 나갔다. 구한말 서양인

브라운이 "동학은 먼저 왕조에 충실했지만, 지배층의 동학에 대한 적대심과 압박으로 인해, 동학도들은 태평천국의 신봉자와 마찬가지로 혁명자로 발전할 수밖에 없었다."[2]고 강조한 것처럼, '민란(民亂)의 시대'라 일컬을 만큼 수많은 민중봉기가 빈발하던 시대적 조건을 타고 동학은 마침내 1894년 갑오 동학혁명으로 분출되었다.

동학혁명의 도화선이 된 고부봉기는, 해월로부터 꾸준히 직·간접적인 지도를 받고 조직 기반을 넓혀 가던 내포 동학[3] 지도자급 인물들에게도 큰 영향을 미쳤으며, 이들 동학 지도자들은 내포 각 지역에 봉기를 주도하는 핵심 인물로 활약하면서 민중과 생사고락을 함께했다.

그간 동학에 대한 학계의 관심이 많았음에도 불구하고 연구와 선양사업이 지역적 또는 단체별 역량에 따라 편중되어, 그 연구 성과가 너무 특정 지역에 집중된 점이 없지 않았다. 특히 충청 서북부 지역인 내포 동학혁명에 대한 관심과 '동학혁명의 전국화'라는 큰 시야를 가져 보려는 노력이 크지 않았다. 이렇게 된 연유는 이 지역 동학혁명의 역사적 가치에 대한 이해 부족과 역사 사료 발굴 노력이 미비했기 때문이다. 내포 지역 전체적인 동학 인물에 대한 깊이 있는 조사와 연구가 선행 과제라 본다. 내포 동학혁명의 의미를 지역적 차원에서만이 아니라 전국적 차원으로 확대하여 밝혀보기 위해서라도 내포 동학혁명 지도자의 활약상 연구가 필요할 것이다.

내포 동학혁명은 10월 초에 기포하여, 삼남 지역 중에서 다소 늦게 봉기했지만 동학교조 수운 최제우의 억울한 죽음에 대한 신원(伸寃)을 최초로 공식적인 동학의 집단적 시위 형태를 펼친 '공주취회(1892)' 이후의 수 차례 취회에 내포 지역 동학 지도자들이 참여한 사실이 말해 주듯 내포 동학의 연원은 깊은 역사가 있다. 동학혁명이 발발하자 사기 승천하여 면천 승전곡 전투처럼 최대의 전과를 올린 곳도 있으나 최대의 희생자를 낸 곳도 있다.

홍주성 전투 후 패퇴 과정에서 일본군과 관군, 지역 유림 세력이 규합된 유회군의 무차별 체포와 처형은 내포 동학혁명의 빠른 쇠퇴를 가져왔다. 그동안 내포 동학혁명에 관한 연구가 없지는 않았으나 일본 측 기록과 『동학농민혁명 국역총서』 등 새로운 자료가 발굴 보급됨에 따라 내포 동학혁명의 종합적 연구가 필요함을 느끼고 본고에서는 우선 주요 지도자의 활약상과 역사 문화적 의의를 고찰하고자 한다.

2. 내포 동학혁명의 주요 지도자 활약상

18세기를 풍미하며 새로운 개혁사상으로 등장했던 실학은 지배 체제의 개혁을 이루어 내지 못한 채 급변하는 19세기의 시대 상황 속에서 조선왕조가 나아갈 방향을 성공적으로 제시하지 못하고 있었다. 조선왕조는 정치적으로는 세도정치와 과거제도의 문란으로, 사회·경제적으로는 전정(田政)·군정(軍政)·환곡(還穀)이라는 삼정(三政)을 중심으로 하는 수취 제도의 문란과 봉건적 지배층의 일반 민중에 대한 가혹한 수탈이 가중되는 가운데, 민중들의 빈번한 봉기로 인한 지배 체제의 모순이 날로 격화되어 가고 있었다. 이러한 위기의 시대, 세기말적인 혼란한 시대 상황 속에서도 새로운 시대의 도래를 예감한 내포 지역 동학 지도자들은 이른바 안으로는 '반봉건(半封建)' 근대사회의 건설과, 밖으로는 동점해 오는 서구 문명권 즉 서양 제국주의 열강으로부터 체제를 수호하는 '반침략(反侵略)' 국권 수호라는 이중의 과제를 안은 채 고난의 길을 걷지 않으면 안 되었다.

내포 지역 동학은 창도 이후 1880년대까지는 조직화를 이루지 못하고 경주최씨 문중 중심 그리고 시대 개혁의 강한 의식을 가진 인물 중심으로 세력이 확장되어 갔으나 그나마 일부 지역에 국한되어 교세가 미약했다.

그러나 임진년 공주취회(1892)와 광화문 복합상소(1893)를 계기로 일반 민중들이 앞다투어 동학교단에 입도하기 시작하면서 체제 변혁 의지도 날로 높아갔다. 특히 예포대접주 박희인의 서산·태안 지역 포교 활동에 힘입어 원북면 방갈리 등 북부 지역에 거점 조직을 확보하고 탐관오리를 제거하고 폐정개혁을 향한 목표의식을 분명하게 인식시켜 나갔다.[4]

특히 보은취회를 통해 최대 조직 덕포의 중심 인물 박인호가 해월 최시형으로부터 '덕의대접주'라는 포직과 포명을 받으면서 명실상부한 내포 동학 조직체로 위상이 정립되었다고 볼 수 있다.

대흥 유회군 면정(面正) 안희중은 그의 『임성경란기(任城經亂記)』에 "동비(東匪)들이 더욱 치열하여 감히 눈뜨고 볼 수 없는 지경에 이르렀다."고 한탄했고 지역 사료인 『대교김씨가갑오피란록(大橋金氏家甲午避亂錄)』에서도 "소위 동학은 보은 도회 이후에 그 치열한 모습은 달이 다르고 때가 다르게 마을마다 접이 만들어져 사람마다 주문 읽는 기세가 타오르는 불길과 같았고 물결치는 조수와 같았다."고 하여 당시 내포 동학의 위세를 말해 준다.

합덕제와 관계한 전 병사 이정규(李廷珪)의 수탈과 탐학에 격분한 나성로와 이영탁 등이 주도한 '합덕봉기'[5]가 1894년 2월 6일 일어났는데, 이는 고부봉기보다 선행하면서도 발발 원인 등에 있어서 유사성을 지닌다. 4월엔 서산의 거점지인 원평 봉기로 이어져 동학혁명 1차 봉기를 장식했으며, 이는 내포 10월 봉기의 전사이자 서곡이었다.

동학 교세가 날로 강성해지자 7월 하순에는 예산을 비롯한 내포 지역 지도자들을 중심으로 전라도와 마찬가지로, 일본과 서양 세력을 배척하여 의병을 일으키자는 척왜양창의(斥倭洋倡義)의 기치를 걸고 항일전을 펼치자는 주장이 높아갔다. 사태의 심각성을 느낀 이 지역의 선무사 정경원은 8월 6일 홍주로 와서 인근의 동학 접주들을 소집하여 타일러 설득했는데, 이때 참석한 인물은 홍주의 김영필, 정대철, 이한규, 정원갑, 나성뢰, 덕산 이춘보, 예산 박덕칠, 박도일, 대흥의 유치교, 보령의 이원백, 남포의 추용성, 정산의 김기창, 면천의 이창구 등이었다. 이중 이창구가 거느린 무리가 가장 많아 5~6만 명을 칭하였고, 덕산의 한명보(韓明甫), 한응고(韓應古) 형제는 가장 완강하여 몇 차례의 효유에 한 번도 나타나지 않았다.[6]

내포 동학 2차 봉기에 해당되는 10월 봉기에 주요 지도자들은 전면전 대비에 가장 필요한 것은 무기 확보라고 인식했다. 덕포 동학농민군은 10월 3일 해미, 덕산, 예산, 온양 관아를 잇따라 습격하여 무기를 확보해 나갔다. 탈취한 무기는 고덕 한내(구장터)에 설치된 무기고에 넣어 두고 본격적인 무장투쟁을 전개하기 위해 진을 편성했다.

이어 태안 관아 점령, 삽교 성리 예포대도소 설치, 대흥 관아 점령 등 나름대로 투쟁 성과를 올렸으나, 홍주 초토영의 토벌 공격으로 동학 지휘부가 큰 타격을 받고 계속되는 탄압과 색출로 위기에 몰리자 여미벌에서 3만여 동학군이 재기포의 깃발을 올렸다. 그 여세를 몰아 면천 승전곡에서 아까마즈 소위가 이끄는 일본군 1개 지대(1개 소대 2개 분대)와 경군 34명을 패퇴시켰다. 한동안 움츠렸던 동학군은 면천성 무혈입성 이후 각지 동학 세력이 본대 행렬에 가세하면서 대오는 크게 늘어났다. 27일 관작리 전투에서 대승을 거둔 이후, 당초의 북상 계획을 접고 예산 관아를 점령하고 곧바로 홍주성 점령을 위해 역리 송산에 주둔하였다. 다음 날 수운대신사의 탄신제를 올린 후 홍주성으로 진격하였으나 막강한 화력 앞에 수많은 동학군이 희생되었다. 이후 패퇴를 거듭하면서 해미읍성에 주둔했지만 이두황 부대의 기습을 받아 많은 동학군이 체포되어 처형되었다. 매현 전투 후 잔여 동학농민군은 각 접 단위로 산중 혹은 해안가로 도피했지만 관군과 일본군은 지역민을 중심으로 결성된 민보군을 이용해 동학농민군 색출 처형에 열을 올렸다. 주요 지도자들은 향촌에 머무를 수 없는 상황이라 대부분 죽음을 무릅쓰고 탈출하여 고난의 도피 생활로 생명을 보전했다.

1) 내포 최대 조직체 덕포(德包)를 이끈 박인호

박인호는 충청도 덕산 막동(지금의 예산군 삽교읍 하포리)에서 1855년 2월 1일 밀양인 박명구(朴明九)와 온양 방씨 사이에 큰 아들로 태어났다. 아명은 용호(龍浩)라 하였고 자는 도일(道一)이고 나중의 도호는 춘암(春菴)이다.

그의 아버지 명구는 가난한 살림을 꾸리는 전형적인 평민이며 소작농이었다. 그러나 동리에서 행동거지가 분명하여 인망을 얻었고 자식 교육에도 소홀하지 않았다. 박인호는 어릴 적 동네 글방에 다니며 농사일을 거들어야 했다. 박인호의 성격은 온순했으나 기골이 장대하고 힘이 장사여서 덕산읍 내장 씨름판에서 장원을 하여 얻은 송아지를 안고 왔다고 한다.

그는 씨름을 잘했을뿐 아니라 술도 말로 마셨고 걸음도 빨라 '용호도사'라는 별명을 얻기도 했다. 빈농인 처지라 그는 몽학(蒙學)을 마치고, 경서를 읽으며 의서(醫書)를 읽고 방문(方文)을 익히고 풍수지리에도 취미를 가졌다. 이상재의 구술에 의하면 "춘암은 정의감도 대단하여 동네 사람들이 일을 당하면 이를 도맡아 처리하는, 시쳇말로 해결사 노릇을 했지."라고 전한다.

그는 예산읍 오리정 주막집 주인 박첨지와 주모 월화에게서 "하늘님을 믿는 동학이라는 것이 영남에서 생겼는데 기름에 불을 붙인 것 같아 영남, 호남에 크게 번지는데 그들의 주장은 사람을 하늘 같이 섬기고 바른 마음으로 하느님을 믿어 이 세상은 평화로운 세상이 된다."는 동학 이야기를 듣고 이때부터 그의 삶이 전혀 다른 길을 걷게 된다.

1883년 3월 18일 29살의 나이로 손병희(孫秉熙)와 함께 동학에 입도하였다. 해월 최시형이 무척 기뻐 "오도(吾道)에 새 운(運)이 트는구나!"라고 외쳤다고 한다. 입교 후 10년 동안 육임제(六任制) 접 조직 방식으로 내포 지방의 여러 고을을 돌아다니며 동학 포덕에 많은 노력을 기울였다. 그의 노력으로 덕포(德包)는 전국에서 가장 큰 조직이 되었으며 내포 지역은 물론 진위, 죽산, 연천까지 세력이 확장되었다.

其 動亂의 최초 火蓋를 開한 지방은 물론 全羅道 古阜郡이나 당시 東學黨의 제일 세력이 강대한 곳은 忠淸南道요, 動亂도 또한 此地가 중심이 되얏다. 환언하면 甲午 東學亂은 忠淸南道로 인하야 대세력을 得하얏고 忠淸南道로 인하야 또한 大失敗를 하얏다. 당시 忠南의 東學黨은 德胞 禮胞 淸胞 忠慶胞 山川胞 洪胞 등이 잇섯스니 德胞는 朴寅浩(今天道敎春菴先生)를 중심으로 한 德山, 禮山, 新昌, 溫陽, 洪州, 結城, 沔川, 唐津, 瑞山, 泰安, 天安, 木川 등 忠南 일대와 京畿의 漣川, 楊州 일대를 통합한 교단이오, 禮胞는 朴德七, 淸胞는 孫天民 외 文天釗, 李永範(起兵洪州葛山), 忠慶胞는 申澤雨, 李鎭龜(起兵結城), 山川胞는 韓明淳, 李昌九(起兵沔川), 洪胞는 韓某 李某(姓名未詳, 起兵洪州)를 중심으로 한 교단이니 其中 세력이 강대한 자는 德胞다.[7]

춘암이 동학교단의 지도자로 부상한 것은 1892년 광화문 복합상소 때부터이다. 그도 교조신원을 요구하는 상소에 대표자로 참여하였지만 무엇보다 그의 사촌동생 박광호(光浩)를 소수(疏首)로 내세운 것이다. 교단의 최고 지도자들이 소수를 하지 않고 박광호를 내세운 것은 이후 닥쳐올 정부의 탄압을 고려한 것으로 여겨진다.

1893년 3월 11일 보은집회 때 그동안의 접(接) 조직에서 포(包)로 개칭하게 되는데, 박인호는 이때 덕의대접주(德義大接主)로 임명되어 덕산포를 중심으로 한 충청도 내포 지역의 책임자가 되었고, 1894년 9월 이후의 내포 동학농민혁명 당시 동학농민군을 이끌고 홍주성 전투까지 지휘 주도했다. 홍주성 전투에서 대패한 후 오리정 월화의 도움으로 금오산 덤불 속에 움을 파고 삼동을 지냈다. 그 후 정산(定山) 칠갑산으로 옮겨 짚신 삼는 일을 하였다. 이곳에서 어물장사로 구명 도생하던 도인 서산인 홍종식을 만나 다시 포덕의 길에 나섰다. 1898년 1월에 박인호는 해월에게 의암과 같이 신년무후를 가서 백치일치 겸상에서 6살 연하인 의암한테 큰절을 하고 필생 스승으로 모시겠다고 맹세했다.

1898년 4월 5일 해월이 송경인(宋敬仁)에게 체포되어 경성감옥으로 압송되었을 때 박인호는 김명배로 하여금 내포 접중에 가서 비용을 마련하게 하니 홍주군 홍주면에 사는 김주열이 모심은 논 열 마지기를 팔아 구명 비용에 썼으나, 해월은 5월 그믐날 좌도난정률(左道亂正律)의 죄로 교수형에 처해졌다. 동학 지도자들이 대거 체포되어 안전한 곳을 찾던 박인호는 그해 8월 의암을 당진 저동으로 옮겨 모셨으며, 여기서 의암은 사돈까지 맺는 경사를 가졌다. 이때 의암은 박인호에게 춘암(春菴)이라는 도호를 내렸다. 그러나 의암은 이곳의 기밀 누설이 염려되어 춘암이 있는 정산 말티[斗峙]로 옮겼다.

해월의 첫째 부인 손씨를 이곳에서 장사지냈고 1900년 5월 1일 춘암이 주관하여 해월의 묘소를 송파에서 여주 원적산으로 이장하였다.

말티에서 1년이 채 못 되어 경상도 풍기로 옮겨서 설법식을 갖고 의암은 대도주(大道主)에 취임하고 신도주(信道主) 김연국, 성도주(誠道主) 손천민, 경도주(敬道主) 박인호를 임명하면서 조직 체계를 갖춰 동학의 복원 틀을 마련하였다. 박인호는 1914년 12월 17일 의암성사로부터 도통을 이어받아 제4세 천도교 대도주가 되었으며 19세기 말~20세기 초에 근세 개화문명의 선도와 독립사상 고취를 위해 활동하다가 3·1독립만세운동에 가담하면서 천도교에서 운영하는 보성사에서 〈독립선언서〉과 〈조선독립신문〉을 인쇄하여 지원하는 등의 활동으로 민족대표 48인 중 1인으로 체포되어 1년 9개월간 옥고를 치렀다. 그 후 1921년 9월 태평양회의 독립청원과 1926년 6 · 10만세운동에 가담하고 1927년 신간회운동에 적극 참여했으며 1936년 8월 멸왜기도를 창안하여 천도교인의 행사 때마다 일본의 멸망을 기원케하다가 전국에 걸쳐 대 옥사를 일으키는 등 공적이 인정되어 건국훈장 독립장을 추서받았다.

2) 전위대 역할을 한 예포(禮包) 지도자 박덕칠(朴德七)

본명은 박희인이며 호는 상암(湘菴) 또는 경암(慶菴)으로 불린다. 동학혁명 당시 예포대접주로 맹활약을 했으며 조석헌과 함께 피신 생활을 하며 최시형과 구암 김연국 등을 수행한 동학의 지도자였다. 본은 밀양이고 형 강암과 동생 덕화(德化) 모두 동학에 참여했다. 하지만 다른 동학의 대접주급 인물에 비해 박희인에 대해서는 알려진 바가 거의 없다.

다만 박희인은 밀양박씨 세거지인 간양리 출신으로 생각되는데, 이곳 박씨는 밀양박씨 중에서도 초암공파(草菴公派)의 소파인 통례원파(通禮院派), 일명 완당파(元堂派)로 1982년 간행된 족보에 의하면 '응칠(應七)'이란 이름과 자(字)는 '덕만(德萬)'이란 기록과 그의 장자는 문규(文圭)라는 이름이 기록되어 있다. 1854년 정월 29일생이며 부인은 광산김씨 성현(成鉉)의 딸이다. 초암 박인우의 18세손이며 부친은 병화(昞和)이다. '응칠'이 본명이라고 되어 있으므로 '희인'이나 '덕칠'은 활동기에 관(官)의 지목을 피하기 위한 가명일 수도 있다. 박희인이 박응칠과 동일한 인물이라고 본다면 초암공파의 항렬자와 일치한다는 점과 조석헌을 비롯한 문장준 등의 예포 접주급 인물들이 피신 했다가 관군의 지목이 느슨할 때인 1905년경 간양리를 중심으로 정착한 것을 보면 박희인의 출신지가 간양리와 원당(도고 저수지 주변 석당리) 지역일 가능성이 매우 높다.

　예포 동학농민군을 이끈 박덕칠 부대의 활동 과정 중 가장 눈에 띄는 투쟁은 단연 '대흥 관아 점령'이다. 일찍부터 동학농민군에 대응 태세를 갖춘 대흥 유림은 8월 7일, 내포 최초로 유회군을 조직하고 초토영군의 지원을 받아 대흥 관아를 중심으로 하여 동학농민군 진압에 앞장섰다. 내포 지역 대부분 관아가 동학농민군에 의해 기습당하고 위축된 상황인데 대흥만큼은 유림들의 저항은 높았다. 그럼에도 박덕칠의 연합 기습 전략 하에 대흥 관아를 10월 7일 밤에 기습 점령하였다. 군수 이창세의 동학농민군 토벌 계획을 미리 차단하고 군량미와 무기를 확보하여 장차 전면전에 대비하기 위해 목천의 유진수(兪鎭壽), 홍주 박성순(朴成順), 대흥 차경천(車敬天) 등을 앞세워 횃불을 들고 사방에서 모인 동학농민군과 함께 징을 치고 포를 쏘며 군량창고와 무기고를 부수고 관아를 점령했다. 탈취한 군물은 신속리로 운반하였다. 예포의 대흥 관아 점령은 내포 동학혁명의 새로운 전환을 의미하며 초토영 홍주목의 동학농민군에 대한 강도 높은 진압을 모색케 하는 계기로도 작용했다.

　동학농민군은 관작리 전투 후 10월 28일 홍주성 공격을 하여 석성을 점령하려고 했다. 그러나 관군과 일본군의 우세한 화력 때문에 석성을 점령하지 못한 채 동학농민군의 희생만 늘었다. 이에 예포 박덕칠은 정예부대로 '결사대'를 조직해 동문(東門) 공격을 감행했다.

　　東軍은 수삼일을 或攻或威하되 여하치 못하고 不得己 수만의 결사대를 조직하야 朴德七은 동문을 파쇄하기로 하고 일반 결사대는 인가에서 屢萬束의 藁艸를 持하야 城外에 적치하고 성을 越하야 擊하랴고 결의하얏다. 이것은 東軍의 대실책이오 전승 후 驕計다. 즉시 고함하며 성으로 육박하니 비록 의

기와 용기가 잇스나 적나라의 군중이 엇지 성에 의하야 난사하는 관군의 총포를 당하리오. 일시에 사상자가 수천에 달하고 行伍 점차 문란할 際에 관군이 乘勝追擊하니 尸가 野에 遍하고 血이 川을 成하야 其 참상이 목도키 難하얏다(其時 死者 畧 3만여 명) 겸하야 雨가 降함매 東軍은 萬端의 고초를 喫하고 瑞山 방면으로 퇴각하얏다. 此 洪州의 참패는 東學黨의 치명상이오 또한 무모의 소치다. 만일 洪州성을 急攻치 말고 성외에 4, 5일만 더 留陣하야 官軍의 糧道를 斷하고 外援兵을 拒하얏스면 성중에 내란이 〈124〉 起하야 자연 함락되얏슬 것이다. 이것은 역사상 일대 遺恨이다. 此 洪州의 패보가 世에 전하매 관군은 점차 勢를 得하야 軍聲이 大振하고 尹英烈, 趙重錫은 各郡 儒生을 糾合하야 의용병을 조직하고 加之精銳한 日兵이 가담하야 東軍의 各郡 근거지를 추격하니 東軍은 遂히 孤城落日의 비운을 당하얏다.[8]

박희인은 박인호와 함께 내포 동학혁명을 이끌어 현상금까지 걸릴 정도로 주목을 받은 동학농민군 지도자였다. 『조석헌역사』에 의하면 박희인은 1906년 5월 1일 천도교 예산 42대 교구의 고문에 임명했다는 기록이 있다.

3) 방갈리 접주 낙암(樂菴) 문장로(文章魯)

문장로(文章魯, 1846~1919)는 태안 원북면 방갈리에서 1893년 2월 초 상암 박희인을 통해 같은 동네 조운삼과 아들 구석(龜錫)과 함께 동학에 입도한 이래 적극적인 포덕 활동을 펼쳐 방갈리 접주가 되었다. 북접 내포 지역 동학혁명의 횃불을 밝혔던 방갈리 기포의 주역이다. 예포의 기포령에 의해 30여 인의 동학 두목을 구출하기 위한 비밀회의를 방갈리 문장로 접주 자택에서 시행한 후 태안 관아로 직행하여 태안 관아를 점령하고 동학 두목 30여 인을 구출하였다. 여세를 몰아 면천 승전곡 전투, 신례원 관작리 전투, 홍주성 전투에 많은 태안 지역 동학농민군을 이끌고 참여했다.

1894년 10월 29일 홍주성 패퇴 후 천신만고로 태안군 원북면 방갈리에 당도하였으나 이미 관군의 지목 인물이었으므로 체포령을 피해 전 가족이 뿔뿔이 흩어져 태안반도 일대 해안 토굴과 야산에 은신하였다. 계속되는 추격에 포위망이 좁혀지자 아들인 태안접사 구석(龜錫)은 부친을 위해 대신 죽기로 작정하고 대도 발전과 충효를 생각하여 "내가 대신 죽겠으니 아버지를 살려 달라"고 애원하면서 자진 체포되어 11월 16일 태안에서 총살당했다.

문장로는 재산을 처분할 시간조차 없이 구호물만 간신히 챙겨 1895년 태안군 이원면 만대 정씨 집으로 피신하고 가족들은 소원면 의항리 막골 조모 친가로 피신시키고 이후 소원면 소근리 철마산 산중에 토굴을 파고 8년여를 태안 지역 산중 일대를 피신생활하면서 예포 동학 조직 재건을 위해 노력하였다. 1900년 경자년 동학 지도부들이 내린 조직 강화 밀명을 받고 태안 수접주로 봉임되어 조석헌, 곽기풍, 이광우 등과 함께 비밀리에 조직 재건에 활약했다.

1902년 1월 공주부의 이민직이 "동학도인은 물론 태안 문장로와 가족을 체포하면 천상금을 포상한다."는 방을 붙이고 대대적인 색출작전을 실시하자. 2월 7일 밤에 이원면 만대 산중 해안 토굴에 가족들을 모아놓고 "최후의 생사를 한울님께 의지한다. 대도(大道)를 위하여 꼭 살아야 한다. 세업가산탕진(世業家産蕩盡)하는 것을 근심하지 말자. 이 밤으로 사지(死地)를 벗어나야 산다."고 말하고 목선을 구하여 천우신조로 안면도-원산도를 거쳐 2월 9일 광천에 도착하였다. 2월 10일 홍성군 홍동면 화신리 홍거미 마을 김명수(金明洙)의 안내로 산중에 토굴에서 변성명하고 은거하다가 신분이 노출이 될 위험이 있어 다시 1904년 2월 공주군 사곡면 연진동 인적 없는 산중으로 피신하였다. 관의 지목이 있자 1908년 정월 공주군 신상면 장천리 산중으로

숯장수로 변신하고 토굴에 은거했다.

1910년 경술국치로 동학 관련자에 대한 지목이 느슨해지자 예산군 신암면 탄중리 무한천변 갈대밭으로 이주하여 불모지를 개간하고 천도교 포덕활동 및 독립사상을 고취시키다 1919년 9월 환원했다.

4) 신창(新昌) 봉기를 주도한 이신교(李信敎)

동학에 입도하여 신창을 중심으로 아산 지방에 포교 활동을 적극 전개한 인물이다. 1894년 1월에 북접대도주(北接大道主)인 해월 최시형으로부터 집강(執綱)에 임명되고 같은 해 7월에 접사(接司)로 임명되었다. 탐관오리의 횡포가 날로 심해 비참한 현실을 극복하기 위한 여러 가지 서정개혁(庶政改革)을 펼치는 데 진력하다가 호서지방 대두목인 춘암 박인호 선생의 기포 명령에 따라 이곳 신창에서 10월 초 김경삼(金敬三), 곽완(郭玩), 정태영(丁泰榮 일명 정수길)과 함께 기포했다. 이미 태안 · 서산 · 당진 · 면천 · 고덕 등지의 농민군이 북상을 위해 신례원 관작리로 이동 중이어서 이신교가 이끄는 신창 지역 농민군은 관작리에 주둔한 농민군과 합류하여 조석헌의 『북접일기』 기록이 말해주듯 '백여만 명 가량이나 되는 거대한 대중'이 되었다.

이신교의 아산, 신창 지역 농민군이 합류하여 기세충천한 농민군은 27일 아침 진압군인 홍주 유회 · 관군과 치열하게 격전하여 관작리 전투를 충청지역 최대 승전으로 이끌었다. 이신교는 내포 각포를 대표한 동학농민군 지도자로 활약하며 지도부의 홍주성 점령 계획에 따라 포 진중을 이끌고 오가를 거쳐 삽교 송산, 역리로 이동했다. 28일 오후부터 홍주성 공격을 감행했지만 관군의 포 공격과 일본군의 기관총에 3만여 농민군은 수많은 전사자를 뒤로 하고 패퇴했다.

손자 이한구(李漢求)의 증언에 따르면, 이신교는 이때 홍주성 전투에서 부상을 당하여 후퇴 도중 관군의 추격 작전에 체포되어 홍주성에서 참살(斬殺)되었다고 한다. 당시 시신을 찾을 엄두를 못내, 홍주의총(洪州義塚)이라고 하지만 동학농민군 유골이 묻힌 이곳에 제향(祭享)하고 있다.

이신교의 사망 기록은 다음과 같다; "『천도교회사초고』에 동년11월에 호서 도인 최동신(崔東臣), 정원갑(丁元甲), 정보여(丁甫如), 김영범(金永範), 이창구(李昌九), 방성옥(方成玉), 박우성(朴佑成), 이성삼(李成三), 이신교(李信敎), 박순칠(朴淳七), 박남수(朴南壽)는 홍주 초토사 이승우에게 포살(砲殺) 또는 참살을 당했다." 이신교의 아들 종선(鍾宣1889~1943)은 부친이 순도하던 당시 6세로, 부친의 사망으로 관의 지목이 심한 틈 속에서 생계를 위해 힘든 노역을 견디며 살아가시는 어머니의 품 속에서 성장하며 동학을 신봉하면서 의암 손병희, 춘암 박인호 등이 주도하는 갑진개혁운동에 참여했다. 도호를 성암(誠菴)이라 불렀으며, 이어 기미년 독립만세운동에도 참여했다.

1938년 무인멸왜운동으로 인하여 근무하던 경남철도회사(京南鐵道會社)에서 1939년 권고사직 당하고, 독립운동의 뜻을 품고 만주 길림성으로 옮겨 임시정부 요인의 한 사람인 신숙(申肅) 선생의 수하에서 구국운동을 펼치다가 8 · 15해방 전에 귀국하여 해방의 감격을 보지 못하시고 1943년(포덕83) 6월 26일 환원했다. 선장면 군덕리에 세워진 기미독립만세 및 무인멸왜운동 기념탑에 유공자로 등재 기록되어 있다.

5) 경상도 서북부 전투에도 참여한 함한석(咸漢錫)

함한석은 태안군 소원면 송현리에서 1870년 10월 26일 출생했다. 어려서부터 기골이 장대했으며 용맹스런 기질을 가졌다. 동학혁명 발발 바로 직전인 1893년 24세 때 상암 박덕칠의 지도로 동학에 입도하였다. 박인호 선생의 10월 1일 기포 명령이 전해지자 송현리 동학농민군을 결집시켜 태안 관아 점령 봉기에 적극 참여하였다. 관군은 예포대도소 습격 이후 동학농민군에 대한 탄압과 체포 학살을 일삼아, 급기야 서산·태안 지역의 동학농민군은 혁명 전쟁의 본격화를 위해 해미군 여미벌에 총집결하였다. 이때 열렬한 기상과 패기가 충천했던 함한석은 무장을 갖춰 휘하 동학농민군을 이끌고 여미벌에 집결하고 이후 벌어지는 24일 승전곡 전투, 26일 신례원 관작리 전투, 28일 홍주성 전투까지 대오에서 이탈 없이 항상 맹렬히 선봉에 섰다.

홍주성 전투에서 함한석은 예포대접주 박덕칠의 홍주성 동문 폭파 공격을 위해 결사대 200여 명을 구성하는 데 참여했다. 일본군의 기관총을 난사를 뚫고 성문 공격을 감행하다 왼쪽 팔에 총상을 입고 패퇴할 때도 마지막까지 남았던 부대였으며, 갈산 방향으로 후퇴하다가 총상이 심해 어떤 농가 할머니의 도움으로 응급조치를 받고 해미성에 잠시 주둔했다가 심한 부상으로 인해 고향 집으로 돌아와 치료했다. 소원면 일대에 토벌군인 관군이 유회군을 앞세워 동학농민군을 색출하여 참살하는 일이 도처에서 일어나자 함한석은 원북면 방갈리로 피신하여 조석헌, 문장준과 함께 목선을 타고 안면도 앞바다를 지나 보령 지역 어느 해안에 당도하였다. 보부상 행상 차림으로 산길을 타고 천안 광덕산 만복골에 정착 움막을 짓고 은신하였다.

함한석의 손자 함선길은 "조부께서 경상북도 고성산 밑 소야마을에서 농민군 지도자 최맹순, 장복극 어른을 만나 장군 휘하에서 전투를 벌였다."는 이야기를 25세 때 조모로부터 들어 지금까지 생생하게 기억하고 있었다.

최맹순(崔孟淳 1853~1894)은 강원도 춘천 출생이고 동학의 관동대접주로 경북 예천군 동로면 소야리에 대도소(大都所)를 두고 활약하였으며, 1894년 6월에는 교도가 수만 명에 이르고, 그 세력은 충청 북부와 강원도 일부에까지 미칠 정도였다. 이해 가을에 일본군의 출동으로 세력이 크게 무너져 강원도 평창까지 밀려가 11월 민보군의 싸움에서 패하여 체포되어 아들과 함께 처형되었다. 장복극(張卜極1840~1894)은 대도소가 설치되었던 소야리에서 출생, 동학에 입교하여 접사가 되어 최맹순과 함께 농민군을 이끌다 체포되어 함께 처형된 인물이다.

11월 4일 평창 전투에서 패퇴한 농민군은 사실상 와해된 점으로 보아 함한석은 홍주성 패퇴 이후 평창 전투일과의 사이인 5일은 긴박한 상황 속에서 생사가 걸린 도피 과정 중인 점으로 보아 이때 최맹순 휘하에서 전투에 참여하기란 시일적으로 너무 촉박하므로 이때 참여한 것이 아니고 내포 동학혁명이 전면전으로 치닫기 전인 8월 28일 예천 지역 향리로 구성된 민보군의 기습 공격으로 벌어진 예천 전투에 참여한 것으로 보인다. 그러나 예천 전투에서 농민군은 크게 패하자 최맹순, 장복극은 강원도 남부 평창 쪽으로 이동 주둔하였다. 9월 18일 해월의 기포 명령에 따라 서산·태안 지역에서도 기포 명령이 내려지자 함한석은 고향 송현리로 돌아와 농민군을 이끌고 내포 동학혁명에 참여한 것으로 보인다.

그는 을사늑약과 의병전쟁으로 동학농민군 수색과 지목이 줄어들자 1910년경 조석헌, 문장준 등과 함께 간양리에 정착하여 천도교 예산교구에서 활동하다 1911년 시천교로 분리되면서는 초창기 예산의 시천교에서 활동을 하기도 하였다. 시천교 교당은 산성리 무한산성이 있는 산성산 중턱에 한때 동학농민군 김지태의 동생 김인태가 운영했던 산성리 강습소 옆에 8·15해방 전후 시기까지 있었다.

6) 북포(北包) 접주 이광우(李廣宇)

이광우는 본관이 전주이며 1854년 9월 29일 태안군 원북면 방갈리에서 출생하여 1893년 예포 박희인의 지도로 동학에 입도하였다. 그는 나라가 위태롭고 탐관오리의 수탈과 동학교도에 대한 침학 행위가 갈수록 심해지자 내포 덕의대접주 박인호의 기포령에 따라 10월 1일 방갈리 기포에 참여했다. 더구나 태안 관아 점령, 승전곡 전투, 신례원 관작리 전투, 홍주성 전투까지 참여할 정도로 그의 활동은 광범위했다. 그는 해미읍성에 머물다 토벌군 이두황의 공격을 받고 태안군 원북면 황촌리 고향집으로 돌아와 색출을 피해 가솔을 이끌고 천안 원일면 중방골에 은신하다 다시 서산 지방에 잠입해 활동을 폈다.

1897년 3월 23일 상암 박희인이 예포 충남 각 포에 포중 규모를 다시 세워 정할 때 그는 북포접주로 임명되었다. 이광우는 새로 임명된 각처 접주와 함께 시국의 정세동향을 파악하면서 동학혁명 후 침잠된 기운을 다시 불어넣고 포중의 결속력을 다지기 위해 비밀리 활동을 펼쳤다. 그러나 관군이 지역 상황을 잘 아는 민보군을 앞세워 색출을 계속하자 그는 목숨을 보전키 어려워 다시 대술면 궐곡리 263번지에 정착하였으며, 1922년 11월 17일 이곳에서 환원했다.

1927년 신간회 창립 후 그의 손자 이기철(李起哲)은 궐곡리 오호준, 오필준과 함께 천도교청년동맹 예산지부에 가입해 애국독립운동을 전개하였다.

7) 신창 봉기 주도한 정태영(丁泰榮)

정태영(丁泰榮, 일명 건섭, 1859~1922)은 당진군 우강면 신흥리에서 출생했다. 삽교천 건너 마을인 선장면 대정리로 이사하여 동학에 입도한 후 온양군 신창현, 아산현 지역에서 포교 활동을 전개했다. 그는 1894년 1월에 북접대도주인 해월 최시형으로부터 집강에 임명되고 같은 해 7월 접사로 임명받았다. 청일전쟁에서 패한 청군의 아산 주둔으로 인한 막대한 경비조달을 온양군 일대 백성들에게 부담지게 해서 큰 고통을 당하게 되자 그는 그 부당함을 호소하고 폐정개혁에 진력하다가 호서 대접주 춘암 박인호의 기포 명령에 따라 신창현에서 이신교, 김경삼, 곽완 등과 함께 기포했다.

수천의 농민군을 신창현에 집결시켜 감밭 지역의 농민군과 합세하여 10월 26일 신례원 관작리로 이동하여 내포 지역에서 총집결한 농민군과 합류하니 그 수가 6만이었다. 28일 홍주성 전투에서 정태영은 큰 부상을 당해 이후 일가족을 데리고 예산군 어느 곳에 은신 도피하여 구사일생으로 살아남았다. 이때 그의 부인 김태화는 만삭의 몸이었는데, 이듬해 1월 3일 장남 규희를 낳았다. 정태영은 부상의 후유증으로 평생을 고생하다가 국가 잃은 한을 품고 1922년 8월 26일 환원했다.

그의 아들 규암 정규희(1895생)는 1907년 3월 10일 동학에 입도하여 동학 재건 활동을 했으며 천도교 예산교구를 설립하는 데 많은 노력을 기울였다. 3·1운동 때는 서몽조, 임천근, 오상근 등과 함께 기미년 4월 4일 선장 군덕리 시장에서 독립만세운동을 주도하였다. 일제 헌병 주재소를 파괴하는 등 격렬하게 펼쳤던 만세운동 사건으로 정규희는 일경에 체포되어 고등법원에서 2년 6개월 징역형을 언도받아 옥고를 치렀다. 또 1938년 무인멸왜기도 사건에 연루 체포되어 정환석, 문병석 등과 함께 13일 동안 경찰서에서 고문을 받았다.

정태영은 아들 정규희와 함께 동학 정신을 근간으로 삼고 일제 강점기에 민족의 독립과 애국운동을 일평생 펼쳐 나간 인물이다.

8) 『북접일지』 남긴 조석헌(曺錫憲)

조석헌은 창녕조씨 계은(繼殷)의 10세손이며 태안군 원북면 신두리에서 1862년 11월 14일 부친 응진(應振)의 사남(四男)으로 출생하였다.

그의 부친은 종2품인 가선대부(嘉善大夫) 동지중추부사(同知中樞府事)의 직을 지냈다. 그의 조부는 윤복(尤復)이며 호조참판을 증직 받았다. 석헌은 동학혁명 발발 이전에 경주 최씨 인수(仁秀)의 딸 최헌자(崔憲子)와 결혼하여 딸 셋을 두어, 셋째 형 석훈(錫勳)의 이남(二男) 명승(明承)을 양자로 삼아 후사를 이었다. 석헌의 장녀는 박희인의 장남 문규와 결혼했으며 삼녀인 열승은 서면 접주 변봉호의 차자 변판국(삽교 송산리)과 혼인하였다.

그는 1893년 계사년에 예포 대접주 상암 박희인의 지도로 동학에 입교하여 파도 접주로 활약했고 방갈리 기포에 참여하여 태안·서산 관아 점령을 적극 주도했으며, 면천 승전곡 전투, 관작리 전투, 홍주성 전투까지 참여했다. 이후 그는 홍주성 전투 패퇴 과정에서 진중에서 떨어져 나와 홀로 방황하다가 우연히 상암 박희인을 만나 함께 도피생활을 하게 된다. 조석헌은 그의 동학혁명 참여와 활동 및 도피 등에 대한 기록을 생생하게 회고체 일지로 남겼는데 제1권은 1894년~1908년까지의 기록이고, 제2권, 3권은 1909년~1931년까지의 기록이다.

조석헌『북접일지』는 내포 동학농민혁명의 전개 과정과 참여 인물의 동향 등을 파악하는 데 매우 중요한 자료로 평가된다. 아울러 내포 동학혁명사의 복원과 이해에 많은 도움을 줄 수 있는 실증적인 자료가 내포되어 있다.

그의 형 주암 조석훈 씨도 김기태(金基泰)와 함께 경성감옥에서 3년의 옥고를 치르고 1903년 3월 2일 석방되었다. 조석헌은 관의 지목이 심해 도피 생활 중에 1903년 1월 27일 처남 사망, 동년 2월 2일 장인 사망, 닷새 후인 2월 7일 작은 처남이 사망하는 줄초상을 겪었다.

9)『역사일지』남긴 문장준

문장준은 태안군 원북면 방갈리에서 1861년 10월 14일 남평 문씨 성길(成吉)의 장남으로 태어났으며 1894년 2월 상암 박희인의 지도로 동학에 입도하여 활동했다. 그는 방갈리 접주 문장로와 8촌간이며 조석헌의 아들 명승(明承)이 그의 사위이다. 육임의 직임 중에 도집(都執)을 맡아 활약하던 중 갑오년 9월 그믐날 방갈리 기포 모의를 문장로와 함께 주도하였다.

홍주성 대패 후 농민군을 이끌고 목욕리(沐浴里)에 퇴거했다가 민보군과 일본군의 추격이 임박하자 천신만고 끝에 농민군을 이끌고 추격을 따돌리고 고향으로 와 해산하였다. 이후 11월 15일, 관군의 색출에 체포되어 서산으로 압송되었다가 해미성으로 잡혀가 10여 일 동안 추위와 기갈로 고생하다 관군 지휘관인 이범서(李範緖)에 의해 천우신조로 문장권과 함께 풀려나 3일 동안 유리걸식하며 본가로 돌아왔다.

그러나 민보군의 색출 처형 활동이 심해지자 그는 김선여(金善汝), 김성칠(金成七), 강운재(姜雲在), 김명필(金明弼), 김황운(金黃雲) 등의 가족들과 함께 배를 타고 도피하였다. 그는 1895년에 숙부 댁에 몰래 잠입하여 흩어진 동학교도를 파악하고 비밀 첩지 연락망을 구축하였다. 박희인의 밀지를 전달하던 조석헌과 함께 동학도인의 규합을 위해 여러 포중을 돌며 교리 강론을 했으며 정세를 전파하고 향후 대책을 모색하였다.

그 상황에서도 그는 보은 갈목리에 피신 중이던 상암 박희인의 집안 물품과 먹거리를 조달해 주었다. 1897년 박희인의 공문과 2백여 통의 교첩을 가지고 각 지역 두목이 모인 동해리 조석훈 집에서 교수(敎授)에 피임되었으며, 1909년 11월부터 그는 태안 대교장 조석헌 대신 관내 대소사를 총괄하였다. 문장준은 1911년 1월에 온양 동변리에서 11명이 모여 49일 참성(參聖) 수련을 하였으며, 1913년 중앙시천교에서 활동하다 1915년 중앙시천교가 흩어지자 천도교로 돌아왔다.

10) 탄중리 애국운동가 농민군 이영규(李榮圭)

이영규(李榮圭, 1863~1915, 변성명 聖天, 족보명 天凡. 도호 靈庵)는 1863년(계해) 12월 14일에 태안군 이원면 당산리에서 출생하였다. 체구가 장대하고 성품이 청렴했으며 용기가 있어 타인의 시비에 명변하고 중인의 집회와 설득에 능하여 동학 당산포(堂山包)지도자로 활약하였다. 원북면 방갈리 동학도우 김상배의 매씨와 결혼한 후 함께 동학혁명에 참여했다. 관작리 전투에서 대승하고 홍주성 전투에 참여하여 빙고치 부근에서 일본군과 전투를 벌여 성 공격을 감행했으나 일본군의 신무기에 당할 수 없어 수많은 동료를 잃고 구사일생으로 겨우 살아났다. 당산리 생가인 배나무안집에 돌아왔으나 곳곳에 설치된 유회소에서 동학군을 체포하여 대창과 작두로 무참하게 살육하니 가솔을 이끌고 목선을 타고 여러 도인들과 함께 급히 도피했다. 풍랑이 심해 항해할 수 없어 안면도 해안가에 대피했다가 새벽에 광천나룻배 턱에 상륙하여 보부상으로 위장하고 호구지책하며 천안 광덕산 만복굴에 움막집을 짓고 정착하였다. 이곳에서 철점을 설치하고 솥 장사로 연명하면서 목천 일대를 다니면서 동학 비밀 연락망을 구축하였다. 이후 동학농민군 지목이 뜸한 1905년경 함께 피신했던 교인들과 예산 무한천변인 탄중리로 옮겨 중앙본부 의암 손병희, 춘암 박인호 등의 명을 받들어 동학 포덕 사업과 갑진개화운동을 펼쳐나갔다. 동학농민군의 집단 정착지 탄중리가 동학 재건 및 항일 애국 독립운동의 본거가 되는 단초를 여는 데 이영규의 역할이 컸다.

일제 치하에서 일본 경찰의 지목이 날로 심해지는 탄중리에서 일본 경찰은 총으로 무장한 일인 괴한을 보내 애국운동의 핵심 인물인 이영규를 무한천 모래 둔치로 끌고가 1915년 12월 24일 무참히 살해했다. 이때 영암 이영규의 나이 52세. 슬하에 2남을 두었는데 장자가 10세로 동춘(同春)이요 자는 회환(會遷)이며 도호는 동암(同庵)이다. 차자는 동선(同仙)이요 자는 회문(會文)

이며 도호는 선암(仙庵)이다. 동춘은 부친의 피습 광경을 직접 보았다고 한다. 남달리 총명했던 동춘은 후일 어렸을 때 사건을 후손들에게 전해주었다. 후손들은 동학 정신과 애국운동의 뜻을 펼치다 돌아가신 영규 할아버지의 유지를 받들어 민족사상의 정립과 세계 인류의 평화 실현과 후천개벽을 발현시키기 위해 동학의 맥을 잇고 있다.

안타깝게도 탄중리 99번지에 보관된 이영규 관련 도첩 기록 및 가계 등이 장마로 유실되었다. 후일 가계는 태안 만대까지 더듬어 족보편집인 회인(會仁)을 찾아가 확인하여 가계를 잇고 있다.

11) 그 밖의 주요 인물

(1) 응봉 지역 접주 정인교 (?~1894)

본관은 나주이고 응봉 바깥 주령리에서 출생하셨다. 1892년경 동학에 입도해 응봉 지역에서 포덕 활동을 했다. 중농 이상의 향반 출신으로 한학에 열중하고 동학사상을 받아들여 부패가 만연한 사회구조를 개혁하고자 동학농민혁명에 가담하였다. 홍주성 전투 후 마을 산속에 숨어 있었는데, 살려준다는 관군의 말을 믿고 부인이 남편 은신처를 알려줬지만 속임수였다. 체포되어 홍주로 압송돼 처형되었다. 1924년 10월 20일 부인 김씨가 세상을 뜨자 문중에서 선생이 살아생전 쓰셨던 밥그릇에 청수를 담아(선생의 시신 대신) 부인 머리 곁에 묻어 선생의 넋을 기렸다.

(2) 동학군 지도자 이진해(1872~1943)

본은 신평(新平)이며 고덕 구만리에서 출생하였다. 덕의대접주 춘암 박인호의 덕포 조직에서 활약했다. 9월 그믐날 기포 명령이 떨어지자 구만포에서 동학군을 규합해 최동신, 최병헌, 고운학, 고수인, 이종고 등의 동학군 세력과 합세하여 덕산군 장촌면 사무소(삼교 성1리)를 점령하고 본격적인 혁명 전쟁을 수행하기 위해 혁명 본부인 예포대도소를 설치했다. 이진해는 구만포에서 제일 먼저 동학에 입교한 경주최씨 문중과 함께 구만리 동학교단을 이끌었고 전투에서 구사일생으로 살아남아 동학 재건에 힘쓰고 일제 강점기에 천도교에서 독립운동과 농촌계몽운동을 이끌었다. 특히 장차 독립운동을 대비한 인재 양성이자 역사의식을 심어주기 위한 교육이었던 우이동 봉황각 연성수도에 참여했다. 이진해 선생은 6차 수련에 참여하고 3·1운동 때 조직적인 활동을 펼쳐 핵심 인물로 활약하였다. 덕산 시장 만세운동, 신례원 시장 만세운동을 주도했으며 그의 애국사상은 종제인 이진비, 이진학, 그의 아들 이부창 등에게 이어졌다. 이진비는 1927년 신간회 홍성지회를 설립하는데 핵심 인물이었다.

(3) 동학군 활약을 목격한 조용석(曹龍錫, 1884~?)

본은 창녕이다. 부친은 조점보(曹点甫)이며 어머니는 박씨이다. 조용석은 장남으로 태어나 부친을 따라다니며 동학 격전지를 목격하고 비밀 첩지 등을 전달하는 심부름을 했다. 동학농민혁명 후에는 탄중리 문장로 집에서 함께 살았다.

(4) 동학군 문구석(文龜錫, 1872-1894)

문구석 접사는 문장로의 장남으로 1872년 5월 12일 출생했다. 어려서부터 효심이 극진하고 문장이 뛰어나 집안 어른들로부터 칭송이 자자하였다. 부패한 조정과 탐관오리의 횡포로 도탄에 빠진 백성을 구하고자 1893년 2월 초 예산 박덕칠로부터 동학에 입도하였다. 외세 열강의 조선 침탈이 가까워졌다는 것을 알고 나라의 위기를 구하는 길은 동학밖에 없다는 확신을 갖게 되었다. 이때부터 부친과 함께 방갈리 갈머리 자택에 비밀리에 모인 동학 지도자들과 수시로 정세를 의논하고 모의를 했다. 10월 1일 방갈리 기포를 주도하기 위해 접주 문장로, 기수대장 안인묵, 북부대장 이치봉 등을 정하고 예포 본포의 철성 신호로 기포령이 도착하자 곧바로 태안 관아로 진격하였다. 이른바 내포 지역 10월 혁명의 시작을 알렸다. 문구석은 홍주성 패퇴 후 해미성 전투에서도 패한 뒤 태안 백화산으로 피신 후 다시 방갈리로 들어왔으나 무자비한 소탕작전을 펼치는 관군은 이미 관의 지목 대상자였던 부친을 체포하려고 방갈리로 들이닥치자 부친을 살리려고 대신 체포되어 11월 16일 태안에서 총살당했다. 당시 22세였다.

(5) 동학군 문구석의 부인 최장수(崔長壽, 1872-1951)

최장수는 1892년 12월 28일 동학에 입도했으며 부친은 최○지(崔○知)이시고 어머니는 정(鄭)씨이다. 최씨 부인은 남편 문구석이 처형된 지 5일이 지난 밤에 남편의 시신을 찾고자 처형장인 태안 백화산까지 걸어가서 나무에 묶인 채 총살당한 남편 시신을 발견하고 머리에 이고 삼십 리 길인 방갈리 집으로 돌아와 부엌 나무간을 파서 시신을 가매장했다. 당시 동학군 시신을 가져가는 사람도 동학교도로 몰아붙여 학살을 자행하던 때다. 이때 부인의 나이 22세로 죽은 남편과 동갑 나이였다. 꽃다운 나이에 홀로 되어 파란 많은 인생 역경을 겪었다. 이후 부인은 관군에게 체포되어 태안군 관아 노비로 강제 구속되었다가 시동생 문병석의 노력으로 풀려나 시부모를 모시며 도피생활을 하다가 탄중리에 정착하였다. 1951년 2월 10일 비분의 역사를 남기고 한많은 세월을 품은 채 돌아가셨다.

(6) 동학군 장석준(張錫俊, 1875-1946)

신암면 종경리에서 출생하였다. 조석헌의 『북접일지』에 자주 나오는 동학군이다. 장석준의 부모님은 동학농민혁명 당시 동학군에 많은 물자를 제공하고 동학군 지도자 박희인, 조석헌의 피신 활동에 자금과 식량을 제공해준 인물이다. 천도교 예산교구에서 1940년 4월 15일 교화부에 임명된 기록이 있다. 여러 곳에 도피 생활을 하며 초창기 천도교 예산교구에서 많은 활동을 펼쳤지만 홍성군으로 정착한 이후는 활동이 뜸하였다. 장석준의 집은 동학농민혁명 직후 조석헌이 비밀 전령 활동을 할 때 큰 도움을 주었고 긴밀한 은신처가 되었다.

장석준 선생 도피 경로를 살펴보면 다음과 같다. 신암 종경리(두촌면 종경리, 동학농민혁명 당시) → 홍성 월산리 → 예산읍 주교리 105번지-갑순 출생 (1936.11.5) → 예산읍 예산리 722(오리동) → 예산읍 산성리(갑순, 산성리 강습소3~4개월 다님) → 발연리 어느 집 → 느른이(도고 감밭 느랭이) 산골 → 홍성 월산리(장석준 선생 환원(1946)

(7) 박영우 접주

응봉 주령리 접주로 활동하다 홍주성 패퇴 후 마을 화재 사건의 배후 인물로 지목되자 '서양신부한테 가면 살 수 있다.'는 말에 천주교 활동이 활발한 구합덕으로 도피하였으며 블란서 신부를 만나 천주교 교리를 배워 이후 독실한 교인이 되었다. 후일 고향으로 돌아와 포교에 힘써 예산 응봉 천주교 개척의 선구자로 불린다.

(8) 간양리 동학군 박응하(朴應河)

고려충신 밀성박씨 초암 박인우의 후손이다. 부친은 박일화(朴一和)이고 4

남 중 둘째로 1856년에 태어났으나 성장하여 박기화로 계출되었다. 한문학에 밝고 동학 교리에도 박달한 학자였다. 간양리 박씨 집성촌은 전통적으로 기호 유학풍이 강한 곳이다. 박응하는 박덕칠로부터 동학에 입교하였다. 사회 현실을 비판적인 입장에서 보면서 사회 개혁을 요구하고자 동학사상을 받아들였다. 1894년 10월 26일 오가 역탑리에 집결했던 동학군이 북상과 남접의 호응을 위해 관작리로 이동 주둔했을 때 많은 군량미를 마차로 운반하여 혁명운동을 적극적으로 지원하였다. 10월 27일 아침에도 동학군의 아침 조달을 위해 주둔지로 갔다가 유회 관군의 집중 포사격에 큰 부상을 입어 이날 집에서 사망하였다. 아들의 사망과 이후 관군의 지목이 심해 부친 박기화(朴琦和, 1837년 생)는 화병으로 갑오년 12월 1일 57세를 일기로 사망하였다. 박응하의 동생은 당후동 고개로 넘어와 피신처를 찾던 동학군 5~6명을 자신의 집 광에 민보군의 색출이 뜸할 때까지 은신시켜 극진히 돌봐 주었다.

(9) 안재박(安在璞, 1868~1942)

본은 순흥(順興)이며 태안군 이원면 내리에서 1868년 2월 7일에 출생하였다. 신암면 제적등본에 의하면 그의 출생기록이 안정(安政) 5년(1858년) 2월 15일로 기록되어 있다. 그는 갑오년 10월 1일 방갈리 봉기가 일어나자 고향 내리에서 동학군을 이끌고 포지리를 거쳐 해안을 따라 원북면 방갈리 수접주 문장로 댁에 집결하여 세 규합한 후 곧바로 꽹과리, 징을 치며 전광석화같이 태안 관아를 점령하였다. 홍주성 전투에서 패퇴하여 이원면 당산리를 거쳐 내리 집으로 돌아왔다가 목선을 타고 팔봉을 거쳐 아산으로 피신하였다. 이후 천안 광덕산 깊은 계곡에 정착하여 초근목피로 살다가 신암면 탄중리에 정착하였다. 이후 동학 재건 운동과 신례원 서두물 시장 만세운동을 펼쳤으며, 후손들에게 독립사상과 민족혼을 일깨워 주었고, 이에 영향을 받은 후손들이 무인멸왜기도운동에 참여하였다.

(10) 북포(北包) 접주 이광우(李廣宇, 1854-1922)

본관은 전주이고, 1854년 9월 29일 태안군 원북면 방갈리에서 출생하여 1893년경 동학에 입도하여 40세에 동학농민혁명에 참여했다. 예포 박희인에 의해 동학을 접하게 되었다. 덕의대접주 박인호의 기포령에 따라 방갈리 기포에 참여했으며 태안 관아 점령, 승전곡 전투, 신례원 관작리 전투, 홍주성 전투까지 참여했다가 구사일생으로 살아남았다. 태안군 원북면 황촌리 고향집으로 돌아와 색출을 피해 가솔을 이끌고 천안 원일면 중방골에 은신하다 서산 지방에 이거했다. 1897년 3월 23일 상암 박희인이 예포의 포중 규모를 다시 세워 정할 때 북포 접주로 임명되었다. 이광우와 함께 새로 임명된 각처 접주는 동학농민혁명에서 패한 동학군의 침잠된 기운을 다시 불어 넣어 주고 포중의 결속력을 다지기 위해 비밀리에 활동하였다. 그러나 관군이 지역 상황을 잘 아는 민보군을 앞세워 색출 활동을 계속하자 다시 대술면 궐곡리 263번지에 정착하여 1922년 11월 17일 이곳에서 환원했다.

(11) 홍주성 전투에서 전사한 동학군 김종완(金鍾完)

동학농민혁명 당시 김종완은 아산군 도고면 본농리 261번지에서 거주하던 중 선장면 돈포리 이원목과 함께 혁명에 참여했다. 신창에서 정태영과 함께 기포하여 관작리 전투에 참여하여 대승을 거두고 덕산 역촌으로 이동하여 10월 28일 수운대신사 탄신기념식을 올리고 참여했던 홍주성 전투에서 사망했다. 시신 수습을 못하고 10월 28일을 제삿날로 정하여 제사를 지내고 있다. 이후 손자 김영길(金榮吉)이 6세 때 온 가족이 괴질을 앓아 할머니와 아버지, 어머니가 이해 7월에 하루씩 격일로 모두 사망했다. 김영길은 백부 슬하에서 자랐다. 김종완의 출생은 족보에 생년월일이 기재되지 않다.

(12) 동학군 김봉호(金鳳浩, 1872-?)

김봉호(金鳳浩)는 1872년 7월 21일 태안군 원북면 방갈리에서 출생하여 한학을 수학하고 농업에 종사하다가 1892년 가을에 동학에 입도하였다. 10월 1일 기포령이 예포에서 전달되자 남평문씨 동학 지도자들과 함께 방갈리 목말에서 기포하여 태안 관아를 일시에 점령하여 30여 명의 동학 두목을 구출하는 데 참여했다. 그 후 혁명 본부 예포대도소 피습으로 동학군 지도부의 결집이 약화되면서 관군 및 지역 유림의 동학교도에 대한 침학과 참살이 극심하여지자 2차 동학군이 여미평에서 운집했다. 이때 김봉호는 방갈리 동학군의 결속을 다지고 본격적인 혁명 전투에 참여하여 승전곡 전투, 신례원 관작리 전투에서 대승을 거두었다. 이어 홍주성 전투에서 선발대로 동학군을 이끌고 빙고치 쪽으로 치고 들어갔지만 정예부대인 일본군의 막강한 화력 앞에 홍주성을 점령하지 못하고 다음날 갈산 방향으로 패퇴하였다. 김봉호는 일본군과 관군의 계속되는 추격과 색출 체포에 쫓겨 원북면 방갈리로 돌아 왔으나 동학군을 잡아 작두로 목을 자르는 등 무참하게 살육하자 목선을 타고 방갈리를 탈출하여 광천에 상륙하여 보부상으로 가장하여 도피했다. 후일 천안 광덕산 만복골에서 움막을 짓고 은신하다가 동학군의 집단 정착지인 신암면 탄중리에 정착, 이곳에서 사망했다.

(13) 동학군 이원목(李元穆, 1868-1948)

이원목은 1868년 8월 9일 아산시 선장면 돈포리에서 출생하여 한학을 공부하고 농업을 가업으로 삼았으며 24세 때 동학 접주 정태영(丁泰榮)으로부터 입도하였다. 청일전쟁 직후 청군의 민간인 재물 수탈과 전승한 일본군의 막대한 주둔 비용을 아산 지역 백성들에게 부담지게 하자 외세 배척 운동이 동학교단 조직을 통해 서서히 일기 시작했다. 1894년 10월 1일 박인호의 내포 지역 기포령이 당도하자 이원목은 정태영을 중심으로 신창 지역 동학군 기포에 참여하고 대오를 갖추어 관작리 전투와 홍주성 전투에 참여했다. 패퇴 후 민보군의 지목 대상 인물이 되어 여러 곳을 전전하며 숨어 지내다가 돈포리 집에 돌아와 생업에 진력하다 1948년 9월 20일 사망했다. 묘지는 도고면 금산리 선영에 있다. 돈포리는 기미년 만세운동 당시 서몽조, 오상근이 중심이 되어 4·4선장만세운동을 펼친 독립운동의 본거지 마을이다.

(14) 동학군 이우규(李禹珪, 1874-?)

이우규는 1874년 8월 29일에 예산군 봉산면 사석리에서 태어나 부친에게 수학하였으며 재능이 좋아서 20세 때 문장가 칭호를 들었다. 그는 덕산 북문리에서 훈장을 하며 제자를 가르쳤다. 1894년 10월에 내포 지역 동학농민혁명이 발발하자 이 지역의 동학군을 이끌고 면천 승전곡 전투에서 승전한 동학군 대오에 합류하여 관작리 전투와 28일 홍주성 전투에 참여했다가 실종됐다. 이우규의 처 임씨(林氏)는 유복자로 태어나게 될 자식을 걱정하며 만삭이 된 몸을 이끌고 친정인 아산군 도고면 화천리 427번지로 와서 아들 이경구(李敬求)를 출산하니 이날이 갑오년 10월 28일이다. 이경구는 부친의 제자인 고장화(高長和)가 덕산면 옥계리 144번지에서 산전과 약간의 산답을 주선해 주어 연명할 수 있었다. 이후 가야산에서 오랫 동안 주문 수련을 한 인물로 유명하다. 집에는 고서가 다섯 고리짝이나 있었는데 그중 동학 관련 서적이 몇 권 있었으나 구만리에 거주하는 방씨 노인이 가져갔다고 한다. 한산이씨 집안인 수당 이남규는 가까운 친척이며 한산이씨 문중 종손인 이용석 씨도 "문장댁(이우규의 집) 대부께서 동학쟁이인데 이것을 공개적으로 말하면 큰일 난다고 쉬쉬하였다."고 말해주었다. 손자 동복은 조부의 사망 날짜를 몰라 출생일로 정하여 제사를 모시고 있다.

(15) 무봉지역 접주 최국현

본은 경주이며 집안동생뻘 되는 사람과 함께 동학에 입도하여 무봉접주로 활동하였다. 무봉리에서 서당을 개설하여 학동을 가르쳤으며 동학사상을 받아들였다. 동생은 후일 스님이 되었다. 전언에 의하면 보령 어느 암자에 계셨다. 한번은 고향에 와서 후손들에게 최국현 씨의 활동 이야기를 전해 주었다. 홍주성 전투 패배 후 최국현은 집에서 유회군에 체포되어 어디론가 끌려가 매를 맞아 사망했다. 집안에서 머슴을 시켜 유해를 가져왔으나, 종산에 모시지 못하고 마을 입구 건너산에 매장했다. 집안에 또다른 후환이 미칠까 두려워 장남 최규동을 일가에 양자로 보냈다. 최국진 선생이 끌려갔던 곳은 유회소 아니면 대흥 관아로 추측된다. 그의 묘는 서계양리 경주최씨 선영에 있다.

3. 내포 동학혁명의 역사 문화적 의의

1870년경 예산에 동학이 들어온 이후, 관의 감시와 탄압, 유림 세력의 배척에도 불구하고 박인호와 박덕칠 등 동학 지도급 인물의 꾸준한 포덕 활동으로 많은 사람들이 동학에 입교하였다. 특히 1890~1892년경 서산·태안 지역 농민들이 대거 동학에 입도하면서 내포 동학 조직은 급속히 확대되어 공개적인 활동을 펼칠 수 있는 세력으로 성장하였다. 이것은 낡은 봉건 체제의 폐정으로 인해 도탄에 빠진 농민들이 신분 해방과 새로운 사회질서를 요구하는 동학사상을 수용하였기에 가능한 것이다. 교세가 급속도로 강화된 내포 지역 동학은 임진·계사로 이어지는 교조신원운동에 적극 참여하여 실천적 경험을 쌓았으며[9] 결집력을 더욱 높여 나갔다. 내포 동학교단의 역량은 전라도에서 동학농민혁명이 발발하자 내포 각 지역에서 크고 작은 봉기를 일으켜 그 지역 백성들에게 원성이 컸던 관료 출신 및 양반 사족들을 응징하는 사건으로 표출되었다. 이는 내포 동학혁명의 전초전이었으며 이때부터 이미 이 지역은 준 혁명 상황이었다고 말할 수 있다.[10]

해월 최시형의 기포 명령 초유문이 9월 30일 예산에 당도하고 곧바로 박인호의 기포를 알리는 철성 소리에 10월 1일 구만리 기포를 시작으로 내포 전역의 동학농민군이 기포하면서 이 지역 지휘본부인 〈예포대도소〉가 설치되었다.[11] 이후 예산 지역 농민군의 대흥 관아 점령으로 혁명 전투가 더욱 본격화되었고 내포 동학농민군을 하나로 결집시키며 내포 일원에서 6만여 동학농민군은 유회·관군과 일본군이 합세한 진압군과의 치열한 전투를 전개하며 농민전쟁을 이끌어 나갔다. 특히, 서산·태안·면천 등의 동학농민군은 예포의 지도자와 함께 내포 동학혁명의 주력 부대로 성장하였다.

청일전쟁을 목도하고 억압과 탐학의 굴레를 벗고 불평등한 사회를 타파하고자 준 전시상황을 거쳐 10월 1일 내포 전 지역에서 기포해 한 달여간 펼쳤던 예산 지역 동학농민혁명은 조선 사회의 내외적 모순을 해결하려는 동학농민군의 반봉건·반외세 전쟁이었다. 당시 조선 정부는 기득권 유지에 급급하면서 외세 의존적 개혁을 추진하려 하였고, 억압과 착취로 도탄에 빠진 민중들은 새로운 사회질서를 요구하였으며 나아가 제국주의 세력의 조선 침탈을 저지하고 조선이 전근대의 껍질을 깨고 근대화의 길을 자주적으로 개척할 수 있도록 하고자 했다. 내포 지역에서는 농민적 권력을 창출하면서 폐정개혁을 실시하기 위해 설치된 집강소까지는 설치하지 못했지만 집강이란 지위로 일정 부분 참여하였으며 조직 역량을 강화시켰다.

면천 승전곡에서 일본군을 패퇴시킨 3만여 농민군은 사기가 충천하여 신례원 관작리 전투에서도 유회·관군을 격파하는 등 대승을 거두었지만, 홍주성 전투에서 일본군의 우세한 화력을 감당하지 못하고 수많은 농민군이 희생된 채 패퇴하여 동학농민군의 목적은 달성되지 못했다.

조선 민중의 절박한 요구를 무시하고 외세를 끌어들여 농민군을 철저하게 도륙하여 진압한 개화파 정권은 일본의 조선 침탈 음모에 제휴하여 근대적 개혁을 추진함으로써 민족사의 불행을 자초하였다.

그러나 동학혁명은 실패한 혁명이 될 수 없다. 예산 지역 근대사의 맥락에서 보았을 때 내포 동학혁명은 일제가 한국의 주권을 빼앗는 과정에서 황무지 개척권, 을사늑약, 정미7조약 등 일련의 조치에 저항하는 동력을 제공하는 등의 지속성을 갖는다. 동학혁명 직후 산중에 숨었던 동학농민군 잔여 세력은 국권 침탈 위기에 맞서 일어선 유림 세력과 합류해 내포 의병 전투를 1910년 국권 강탈 직후까지 맹렬히 전개했다.[12] 주요 지도자들은 동학의 재건 활동[13]을 통해 독립운동을 꾸준히 전개하였으며 3·1운동 때는 예산·덕산읍시장 만세운동, 4·3 고덕, 4·4 신례원시장 만세운동, 6·10만세운동, 신간회운동, 무인멸왜기도운동 등 동학혁명 이후에도 지속적으로 애국독립운동을 펼쳐나갔다.

예산을 비롯한 내포 동학농민혁명은 동학농민혁명사 전체를 이해하는데 빠져서는 안 될 중요한 혁명 전투이다. 이러한 내포 동학농민혁명이 일제 강점기 시대 수많은 항일 독립 애국지사를 배출하여 충절의 고장 예산을 더욱 발현시켰던 숨겨진 동력이었음을 부인할 수 없으며, 오늘날 민주주의 실현에 있어 정신적 진원지였다.

내포 동학농민혁명의 발자취를 찾고자 하는 노력이 1960년대 말부터 태안 지역을 중심으로 시작되었다.[14] 그 뜻을 되살리는 선양 노력은 내포 동학 농민혁명의 역사적 실체를 밝히고 계승 사업으로 이어져 '동학농민혁명'이 이 지역의 역사 문화 교육 콘텐츠로 자리 잡게 된 배경이 되었다.

4. 맺음말

지금까지 억압과 탐학의 굴레를 벗고 불평등한 사회를 타파하여 개벽 세 상을 열고자 들불처럼 일어선 6만여 내포 동학농민군 주요 지도자의 활약 상을 살펴보고 전개 과정과 양상에 대한 역사적 의의를 알아보았다. 물론 당시 동학농민혁명 세력이 내포 동학농민혁명 세력만 존재했던 것은 아니 다. 하지만 전봉준이 공초에서 "동학에서 협동일치와 결당하는 것의 중요 함을 보고 그를 통해 보국안민의 업을 이루기 위해 동학에 들어갔다고 하 였다."[15]라고 밝혔듯이 내포 동학혁명을 주도한 지도자들 또한 교조 최제우 의 억울한 죽음을 해원하는 신원운동인 공주취회, 광화문 복합상소, 보은취 회에 직접 참여하면서 동학이 지향하는 후천개벽(後天開闢)의 세상, 동귀일체 (同歸一體)의 세상을 염원하며 덕포, 예포의 조직체계를 형성하고 실천했다는 점에서 내포 동학농민혁명은 동학농민혁명사 전체에서 중심적인 위치를 차지하고 있다고 해도 무리는 없을 것이다. 내포 동학농민군은 완강한 관의 탄압과 기존질서를 지키려는 유림들의 저항에 맞서 새로운 시대 변혁의 주 체임을 자각하면서 더욱 굳건한 세력으로 발전했다.

특히, 유회군을 조직하여 반농민군 탄압이 유독 강한 지역인 대흥 관아를 점령했다는 사실은 내포 동학농민혁명의 일차적 목표인 탐관오리를 물리 치고 폐정개혁, 불합리한 제도에 대한 정당한 응징의 실천이자, 창의의 궁 극적인 기치인 보국안민의 실천이라 볼 수 있다.

그러나 내포 동학농민혁명의 전술 부족은 아쉬운 점으로 남는다. '예포 대도소'가 제대로 된 군율을 세우지 못하고[16] 무방비 상태에서 홍주 초토영이 기습을 가하자 대응을 못하고 혼비백산한 동학농민군은 전면전에 필요한 막대한 물자를 빼앗겼다. 도소를 잃었다는 것은 동학농민군에게 좌절감을 주었고 동학 지도부에겐 큰 충격이었다. 무엇보다 각 접 중심의 연합부대로 형성된 내포 동학농민군의 전략 및 전투력의 저하를 초래했다. 이로 인해 홍주 초토영의 가혹한 탄압과 색출이 연일 계속되자 내포 동학의 주요 지도자들이 여미벌에 재기포의 깃발을 들고 내포 동학농민군을 다시 결집하였으며, 이들은 새로운 적 일본군을 면천 승전곡에서 패퇴시키고 면천성에 무혈입성하여 사기를 드높였다. 남접의 북상 전략에 맞춰 박인호가 이끄는 내포 동학농민군은 고덕을 거쳐 구만리, 오가역촌, 신례원 관작리에 주둔하고 다음날 관군과 유회군을 대파하여 최대 승전을 일궈냈다. 그러나 한양 진격에서 기수를 돌려 홍주성 공격을 감행하지만 1차적으로 빙고치에서 많은 희생자가 발생했고 일본군의 근대적 무기와 그 화력으로 인해 동학농민군의 주력부대가 큰 피해를 입는 상황에 처하자 퇴산의 결단을 내리게 된다. 이후 내포 동학농민혁명은 후천개벽, 지상낙원, 광제창생, 척양척왜, 보국안민의 원대한 포부를 실현하지 못한 채 일본군과 이두황 토벌군에 의해 패퇴를 거듭하며 쫓기고 흩어졌다. 이두황 토벌군은 체포된 농민군을 가혹하게 도륙(屠戮)했다.

내포 동학농민혁명은 무수한 주검과 좌절을 남긴 채 종결되었지만, 나라를 지키고 사람다운 세상을 만들고자 한 보국안민과 광제창생의 정신은 동학농민혁명사 전체에서 길이 남을 것이다. 이러한 내포 동학농민혁명의 정신은 천도교 제4대 교주인 춘암 박인호의 등장 배경이 되었고 일제치하 내포 지역의 많은 독립운동가 배출에도 영향을 주었다. 나아가 민족의 미래

발전을 위한 중요하고 가치 있는 지침이 될 수 있다.

　내포 동학농민혁명의 주요 인물, 특히 관에서 거괴로 지목된 지도자급 인물에 대하여 사료 부족으로 미처 밝히지 못한 부분은 앞으로 남겨진 과제이다. 관심을 갖고 심층적인 연구와 철저한 고증이 더 필요하다.

동학농민혁명 설화의 소설화 과정과
내포 지역 설화 양상

- 내포 지역 설화를 중심으로

채길순 _ 명지전문대학 문예창작과 교수

1. 들어가며

우리 문학에서 동학농민혁명[1]을 소재로 쓴 문학 작품이 많았다. 이에 따라[2] 동학농민혁명을 소재로 한 문학 연구도 이어졌다.[3] 그중에서 동학농민혁명을 소재로 쓴 소설에 관한 연구는 주로 송기숙의 『녹두장군』, 박태원의 『갑오농민전쟁』에 치중되었으나, 비평적 차원을 크게 넘어서지 못했다. 더욱이 동학농민혁명 소재의 설화에 대한 고찰이나 소설화 과정에 대한 연구는 별로 없다.

설화가 당시 사회 집단의 산물이며 역사적 사실을 보여주는 양식이라면, 설화는 역사적 진실을 탐구하는 데 중요한 소재가 될 것이다. 또 설화가 소설의 전 단계 양식이라 할 때, 동학농민혁명을 소재로 한 설화에 대한 고찰은 동학농민혁명사 혹은 당시의 사회적 배경을 이해하는 중요한 단서가 될 것이다. 따라서 동학농민혁명 소재 설화나 소설에 나타나는 설화 양상 고찰은 당대의 역사적 진실을 규명하는 한 방법일 것이다.

이 연구의 목적은 역사적 사실의 설화 변이 양상과, 소설화 과정을 통해 나타난 역사적 진실과 당시 민중들의 사회적 인식을 고찰하는 데 있다. 이를 위해서는 설화와 역사, 설화와 문학작품의 관계를 살펴, 이를 통해 그 시대의 민중의식을 도출하고자 한다. 특히 내포 지역 동학농민혁명 초기 전투에서 승리로 이끈 '월하노인 설화' '홍의소년 설화' 등을 고찰하여 내포 지역 동학농민혁명에 대한 이해의 폭을 넓히는 데 있다. 따라서 이 논의는 다양한 동학농민혁명 설화의 양상을 살펴보고, 특히 내포 지역 설화 '월하노인 설화' '홍의소년 설화' '선운사 미륵바위의 배꼽 비결 설화'를 중심으로 살펴보기로 한다.

여기서 설화의 범주는 참요, 동요를 포함한 모든 삽화 설화[4]를 논의 범주에 포함한다. 왜냐하면 비록 짧은 노래일지라도 일정한 서사를 배경으로 배태되었기 때문이다.

2. 동학농민혁명과 설화의 제 양상

1) 설화와 역사, 문학과의 관계

설화[5]는 한 문화 집단의 생활 · 감정 · 풍습 · 신념 등이 총체적으로 반영되어 있으며, 특히 초자연적이고 신비적인 요소가 섞여 있다. 설화의 특징은 전승 방식이 구전에 의존한다는 것이다. 여기서 구전이란, 서사의 내용이 구연자로부터 청자에게로 직접 소통되는 방식을 뜻한다. 따라서 구전되는 설화는 일정한 문화 집단 내부의 관습을 존중하고 이야기의 골간을 훼손시키지 않는 범위 내에서 이야기의 일부분을 구연자가 재량껏 변형시킬 수 있다는 특징이 있다. 즉 구연자는 시간과 장소 혹은 상황에 따라, 자신의 의도나 말솜씨를 발휘하여 이야기의 세부 요소나 형태적 요소를 어느 정도 변형시킬 수 있다는 뜻이다.

설화는 구전이라는 점에서 소설과 다르고, 픽션이 가미되고 구조화 된 이야기라는 점에서는 소설과 유사하다. 또, '파랑새 요(謠)' 혹은 '김개남 요(謠)'처럼 거대 서사가 내포된 짧은 노래 형태로 전승되기도 한다.

먼저, 설화와 역사적 사실과의 관계에 대한 고찰이 필요하다. 역사학자 에드워드 카(E.H.Carr)가 〈역사란 무엇인가〉에서 '역사란 과거와 현재의 끊임없는 대화'[6]라고 하여 실증주의 사학계에 충격을 던져준 적이 있다. 그의 견해에 따르면 역사는 단순한 과거 사실의 서술이 아니라 현재를 살아가는 역사가와 주고받은 대화의 산물이라는 것이다. 따라서 "역사적 사실들이란 역사가가 현재적 관점과 문제의식에 바탕을 두고 과거의 사실들 가운데 의미 있다고 여겨지는 것들만을 추려서 일정한 질서로 서술함으로써 성립하는 담론체계"로 간주한다.[7] 여기서 에드워드 카는 역사적 사실들이 역사가의 현재적 인식 밖에 객관적으로 실재한다는 것을 인정하면서 역사라는 대화의 가능성을 보증하지만, 포스트모더니즘의 역사 이론은 역사적 사실이 아예 실재하지 않는다고 본다. 다만 그것은 자료(텍스트, text)로서 역사 서술이 형성하는 담론적 질서에 의해 구성된 사실에 지나지 않는다는 것이다.[8] 다시 말하면 '과거에 대한 사실들(a facts about the past)'은 곧 실제 사실이 아니라 사료이거나 또는 사료에서 추론된 사실일 뿐이라는 것이다. 왜냐하면 역사가 과거의 사실에 직접 접근할 수 없는 구조적 한계를 지니고 있기 때문에 오직 사료에 나타난 과거에 대한 사실들을 바탕으로 역사를 재해석할 수밖에 없기 때문이다.

여기에 실증주의를 신봉하는 사학자들을 놀라게 하는 다른 견해가 있다.

인류학자 레비스트로스는 마르크스의 말을 인용하여 "인간은 자기 자신의 역사를 만든다. 그러나 그들은 스스로가 역사를 만들고 있다는 것을 알지 못한다."고 했다.[9] 여기서 역사의 전승자를 설화의 전승자로 바꾸어도 의미는 크게 달라지지 않는다. 설화를 구전해 온 민중들은 자신도 모르게 자신의 역사, 나아가 자신들의 지역 역사를 만들어 왔던 것이다. 지금 설화에 관심을 기울이고, 설화를 감동적으로 기억하는 사람들은 어떤 식으로든 이와 관련하여 오늘의 자기 역사를 만들고 있다는 것이다. 이제 이 지역 주민들 또는 이 설화를 듣고 자기 나름대로 수용하게 될 이 시대 민중들의 울림을 고려하여, 사가들의 미세한 문헌 고증과 실증주의적 해석에서 벗어나 설화 사료로서 역사 읽기가 가능하되, 사가나 해석자의 눈이 아니라 이 설화를 전승하고 들려주며 기록한 역사 주체자들의 시각에서 다시 읽어야 한다는 것이다.

요컨대, 역사는 실증주의 사학자들이 '문헌을 통해서 규명되는 역사적 사실'이라고 규정한 한계를 넘어서는 것으로, 구전되는 역사와 구전되는 설화는 당시 민중들의 집단의식의 산물이라는 것이다. 예컨대, '파랑새 요(謠)'는 동학농민혁명 이전부터 불려오던 노래이지만, 민중들은 전봉준이라는 인물의 행적을 실어서 불렀다는 것이다. 노래 안에 담긴 서사 배경으로 볼 때 파랑새 요는 동학농민혁명 실패와 전봉준의 처형이라는 역사적 사실에 대한 당시 민중들의 비통한 심경이나 의지와 열망의 총체적 산물이라는 것이다.

이렇게, 역사와 설화가 민중들의 현재적 재해석의 산물이라면, 역사와 설화를 소재로 한 문학 역시 현재적 해석의 산물이라는 추론이 가능하다.

이처럼 설화는 개인의 상상이나 독창성에 의존하기보다는 집단적 · 민족적 상상력에 의지함으로써 가장 원형적인 상상의 세계를 보여준다. 설화는 수수께끼나 속담과 같이 서사 문학의 한 부분을 형성하지만 특히 소설 문학 성장에 중요한 원동력을 제공한 문학의 한 갈래이며, 민중들의 현재적 삶을 어떤 식으로든 반영한다는 의미도 포함한다.

2) 동학농민혁명 소재의 설화 양상

동학농민혁명을 소재로 한 설화는 다양한 형태로 구전되다가 동학농민혁명을 전후한 시기부터 문헌에 기록되었다. 황현의 『오하기문(梧下記聞)』, 『매천야록(梅泉野錄)』,[10] 오지영의 『동학사(東學史)』[11]와 장봉선 『전봉준실기(全琫準實記)』[12]는 당시 전라도 지역에서 채록된 기록물들인데, 서사 설화가 서사 또는 동요나 참요의 형태로 전승되었다.

동학농민혁명 전후 시기에 채록된 황현의 기록을 보자.

① 이보다 수십 년 전에 호남에 동요(童謠)가 있었는데 말하기를,

상도(上道)의 참새,

하도(下道)의 참새,

전주 고부에 녹두 참새,

둥근 박 전대,

전대는 후예 (上道雀下道雀 全州古阜綠豆雀 圓瓠彙彙后弊)

라고 했다. 이 동요는 마을 어린이들이 참새를 쫓으면서 다투어 노래했으나, 그것이 무슨 응험(應驗)을 말하는 것인지 알지 못했다.

　-황현 저·이민수 역, 『동학란』, 을유문화사, 1985, 148쪽.

② 봉준은 상모(狀貌)가 단소(短小)하고 성품이 경박하고 익살스러워서 사람들이 녹두(綠豆)라고 불렀다. 봉준은 그의 어렸을 때 이름이다. 난이 일어나

자 민간에서는 모두 '동학 대장 전녹두(東學大將全綠豆)'라고 불렀다. 그리고 전주와 고부의 피해가 더욱 혹독했으므로 동요가 비로소 맞았다.

　-황현 저·이민수 역, 『동학란』, 을유문화사, 1985, 149쪽.

　① ②의 '녹두요(綠豆謠)' 혹은 '파랑새요'는 동학농민혁명 이전부터 무심코 불려오다가 동학농민혁명이 끝나고 어느 시기부터 '동학농민혁명과 전봉준의 전기적 생애'에 대한 서사가 결합되어 지역마다 서로 다른 가사로 불렸다는 사실을 알 수 있다. '김개남 요(金開南謠)'[13]도 같은 맥락인데, 김개남이 잡혀갈 때 짚둥우리에 실려 가는 모습을 보고 사람들이 부른 노래다. 동학농민혁명 당시 전주 감영으로 끌려간 김개남은 재판도 없이 전주 초록바위에서 처형되었으며, 민중들이 그의 죽음을 조상(弔喪)하는 노래를 집단적으로 빚었다는 특징을 엿볼 수 있다.

　③ ……호서(湖西)는 본래 사대부가 모여 사는 곳이요, 훈척(勳戚)과 향재(鄕宰)들의 원림(園林)이 서로 바라보여서 붕당(朋黨)을 이루고 있다. 또 무단(武斷)이 풍속을 이루어서, 억지로 장사(庄舍)를 사고 남의 산지(山地)를 억지로 빼앗아서, 의지 할 곳 없는 외로운 집이나 서민(庶民)의 집에서는 원통한 호소가 뼈에 사무치고 있었다.

　이런 때에 동학이 일어나자, 어깨를 치켜 올리고 한 번 소리치면 여기에 호응하는 자가 백만이나 되었다. 이리하여 김 씨·송 씨·윤 씨의 세 대족(大族) 및 그 밖의 재상의 이름난 집이나 부자로 살던 집이 졸지에 피폐함을 당한 사람이 이루 셀 수 없이 많았다.

　-황현 저·이민수 역, 『동학란』, 을유문화사, 1985, 122쪽.

④ 신상응조(申相應朝)는 당시 진잠(鎭岑)에 살고 있었는데, 그 손자 일영(一永)이 불법(不法)의 일을 많이 하고 있었다. 이에 적이 일영의 아들을 결박해 놓고 그 음낭(陰囊 : 불알)을 까면서 말하기를, "이 도둑놈의 씨를 남겨서는 안 된다" 했다.

-황현 저 · 이민수 역,『동학란』, 을유문화사, 1985, 123쪽.

③은 전라도에 떠도는 동학농민혁명 당시의 충청도 소문을 기록하고 있는데, 충청도 보수 양반 세력의 횡포와 동학농민군의 위세와 동향을 사실적으로 전하고 있다. 특히 ④는 동학농민혁명 당시 충청도 양반에 대한 충청도 민중의 보복 사례인데, 특히 하층민들의 대리만족의 분위기에 실려 널리 퍼져나간 사실을 짐작할 수 있다.

⑤ 또, 전하는 말에, 청주에서 옛 우물을 푸다가 돌에 새긴 것을 얻었는데, 거기 있는 시(詩)에 말하기를,

만리장성 큰 문에, 천교(天敎)의 웅진(雄鎭)이 우리나라를 보호하네. 팔왕(八王)이 난을 일으키니 누가 능히 평정하랴. 갑옷 입고 오히려 말에 오르는 사람 있네.(萬里長城大可門 天敎雄鎭護東蕃 八王作亂誰能定 披甲猶餘上馬人)라고 했다.

이것을 푸는 자가 말하기를, "팔왕(八王)이란 전(全)이요, 피갑상마(披甲上馬)한 자는 신(申)이니, 전(全)이 비록 떠들어도 마땅히 신(申)을 기다려 평정된다."고 했고, 또 참서를 좋아하는 자는 억지로 풀기를,

"대가(大可)는 기(奇)자요, 팔왕(八王)은 전(全)자요, 넷째 귀는 신(申)자이다." 해서 모두 맞았다고 했으나, 아직도 어느 때 만든 참서인지는 알 수가 없다. 이러한 시끄러운 거짓말은 다 기록할 수가 없다.

-황현 저 · 이민수 역,『동학란』, 을유문화사, 1985, 150쪽.

⑤ 역시 동학농민혁명이 일어나지 않으면 안 되었던 어지러운 사회 분위기를 보여주는 참요로, 결국 당시의 시대 상황을 담고 있는 설화라는 사실을 알 수 있다.

⑥ 초 3일에 적이 북문으로 나오는데, 선봉(先鋒) 이복룡이 큰 기를 세우고, 유안대로부터 황학대(黃鶴臺)를 지나서 바로 완산(完山)으로 나와 죽 늘어서서 전진한다. 그러나 적들은 다만 좌우만 보고 앞뒤는 보지 못하기 때문에, 앞에 가는 자가 자빠져도 뒤에 가는 자는 알지 못한다. 다만 용맹만 믿고 허우적거리며 오르는데 그 날램이 몹시 날카롭다. 이에 계훈이 칼을 빼어 손에 쥐고 크게 소리치면서 싸움을 독려하고, 경군이 계속하여 대포를 쏘니, 복룡(伏龍)이 탄환에 맞아 쓰러졌으나 아직 죽지는 않았다. 경군이 달려가서 이를 베니, 적은 기운이 빠져서 도로 달아났다. 이 싸움에 적은 도망한 자가 3백여 명이요, 2백여 명의 머리가 잘렸다.

초 2일에 적이 서문을 열고 몰려나와 바로 용두(龍頭)의 진(陣)을 범하려 한다. 이에 관군이 또 포를 쏘아 계속해서 공격하자, 적은 저항하지 못하고 도로 달아난다. 포환에 상한 자와 짓밟혀서 죽은 자가 그 수를 헤아릴 수 없다.

-황현 저·이민수 역, 『동학란』, 을유문화사, 1985, 145쪽.

⑥은 '홍의소년' 설화의 한 양상인데, 어떤 구전 설화보다 사실적인 정황을 보여주고 있다. 동학농민군은 혁명 초기인 4월 7일 정읍 황토현에서 전라감영군을 물리친 뒤 세력을 결집하기 위해 정읍 고부 흥덕 고창 무장 영광 함평으로 이동했다. 이때, 동학농민군의 선두에는 '붉은 옷을 입은 신동을 태운 가마'가 앞장섰다는 기록이 보이는데, 이는 동학 지도부의 의도된 계략으로 보인다. 즉, 신탁(神託)을 받은 붉은 옷을 입은 '신동(神童)'이 진을

지휘한다고 보여줌으로써, 동학농민군에게 죽음에 대한 두려움을 극복하고, 장차 있을지도 모를 관군과의 싸움에서 승리할 수 있다는 확신을 심어주기 위한 전략이다. 그런데 여기서는 홍의소년 장수 '이복룡'의 죽음과 동시에 동학농민군은 처참한 패배를 맛본 셈이다. 동학농민군의 패배는 황토현 싸움, 황룡대첩, 전주성 무혈입성 후 처음 맞이하는 패배이자 동학농민군이 지니고 있던 신념 체계의 붕괴의 계기가 된다. 이로 보아 초기 싸움은 신비한 요소로 승리할 수 있었고 신비감이 사라진 후기에는 패배했다.

이 밖에 삽화 설화로는 황룡대첩을 일궈낸 장태 설화,[14] 고승당산 싸움에 등장하는 고시랑 골짜기 설화, 세성산 전투 뒤에 시체가 쌓여서 붙여진 시성산(屍城山) 설화, 전봉준을 배신한 김경천을 질책하는 경천 설화(일찍이 경천을 조심하라는 예언이 있었다) 등이 있다.

이 같은 동학농민혁명 관련 설화들은 동학농민혁명의 소설화 과정에서 중요한 소재가 되었다. 소설화된 대표적인 설화로는 선운사 미륵 배꼽 비결 설화, 전주성 전투에 등장하는 홍의소년 설화[15]가 있으며, 실제로 이 설화는 송기숙의 『녹두장군』, 박태원의 『갑오농민전쟁』, 채길순의 『동트는 산맥』 등에서 중심 소재로 소설화되었다.

전주성 전투에 등장하는 홍의소년 설화는 예산 관작리 전투에도 유사하게 나타난다. 이에 앞서 벌어진 예산 역말 전투에서는 월하노인이 관군에게 술을 먹이고 밤중에 대포에 물을 부어 동학농민군이 승리했다는 '월하노인 설화'가 전승되고 있으며, 동학소설 「동학군의 아내」에서는 서산 지역 열녀 설화를 소재로 했다.

3. 내포 지역의 동학농민혁명 설화

1) 역말 전투와 신례원 전투 설화

예산의 신례원 전투는 내포 지역 동학농민혁명사에서 승리에 빛나는 최대 성과로 꼽히는 전투였고, 민중들의 열망이 실감된 전투였다. 따라서 역말 전투와 신례원 전투 설화에 등장하는 월하노인과 홍의소년은 민중과 같은 신분이며, 당시 민중들 열망을 실현시켜 줄 핵심 인물이다. 그러나 이어 벌어진 홍주성 전투를 고비로 내포 동학농민혁명은 지리멸렬 흩어지고, 관·유회군의 참혹한 보복 학살극이 자행되었다.

아래 예문은 『개벽』[16] 1924년 4월호에 실린 동학농민혁명 당시 내포 동학 활동의 기록이다. 당시 월간지 『개벽』은 차상찬[17] 기자가 전국 13개 도 별로 문화 산업을 탐방하여 소개하는 특집 기사 형식인데, 충청남도 편만 유일하게 동학농민혁명의 내용을 폭넓게 다룬 것도 특징이다.

① ……當時 忠南의 東學黨은 德胞 禮胞 淸胞 忠慶胞 山川胞 洪胞 等이 잇섯스니 德胞는 朴寅浩(今 天道敎 春菴 先生)을 中心으로 한 德胞, 禮山, 新昌, 溫陽, 洪州, 結城, 沔川, 唐津, 瑞山, 泰安, 天安, 木川 等 忠南 一帶와 京畿의 漣川 楊州 一帶를 結合한 敎團이오 禮胞는 朴德七, 淸胞는 孫天民外 文天교ㅁ, 李永範,(起兵 洪州 葛山) 忠慶胞는 申澤雨, 李鎭龜, (起兵結城) 山川胞는 韓明淳, 李昌九(起兵沔川) 洪胞는 韓某 李某(姓名未詳起兵洪州)를 中心으로 한 敎團이니 基中勢力이 强大한 者는 德胞다. 甲午東亂學을 際하야 以上諸胞는 亂蜂과 如히 一時兵을 起하야 海美郡 余美坪에 集中하니 不過數日에 基衆이 數萬에 達하얏다.[…당시 충남의 동학당은 덕포 예포 청포 충경포 산천포 홍포 등이 있었는데, 덕포는 박인호(현재 천도교 춘암 선생)를 중심으로 한 덕포, 예산, 신창,

온양, 홍주, 결성, 면천, 당진, 서산, 태안, 천안, 목천 등 충청남도 일대와 경기도의 연천 양주 일대를 결합한 교단이고, 예포는 박덕칠, 청포는 손천민 외 문천교, 이영범(뒷날 홍주 갈산에서 기병) 등이고, 충경포는 신택우, 이진구(뒷날 결성에서 기병)였으며, 산천포는 한명순, 이창구(뒷날 면천에서 기병)였고, 홍포는 한모 이모(성명 미상이나 홍주에서 기병)를 중심으로 한 교단이니 그 중에 세력이 강대한 곳은 덕포였다. 갑오동란을 맞이하여 이상의 모든 포접은 난이 일어남과 동시에 군사들이 일시에 일어나 해미군 여미평에 모이니 불과 수일 만에 그 무리가 수 만 명에 달하였다.]

② 最初 官軍과 沔川에서 炮火를 交하야 勝戰谷에서 官軍을 一擊大破하고 (勝戰谷에서 勝戰함은 亦是 奇緣) 乘勝長驅하야 破竹의 勢로 또 新禮院에서 官軍을 擊破하고 禮山을 占領하얏다. 이 新禮戰은 忠南에서 東學亂이 起한 後 官軍과 最初 大激戰이오 最大勝利다. 官軍의 死者가 數千에 至하고 洪州軍官 金秉暾, 李昌旭 朱弘燮, 韓基慶이 또한 此戰에서 死하얏다.(基時自政府皆叙功) 그러나 東學 側에는 一人의 死傷者가 無하고 또 特記할 者는 十二歲의 一紅의 少年(瑞山人인데 姓名未知)이 砲煙을 冒하고 先登하야 一劍으로 官軍 數十인을 斬殺하고 城中에 居하는 七十餘歲의 老嫗가 官軍의 砲臺에 水를 灌하야 發火치 못하게 한 것이다. 此로 因하야 其時一般의 人民은 東學은 神技의 造化가 有하야 銃穴에 水를 生케 하고 矢彈에 中하야도 死치 안는다하고 附隨하는 者가 또한 甚多하얏다.

[최초 관군과 면천에서 교전을 벌였고, 승전곡에서 관군을 일격에 크게 물리치고(승전곡에서 승전한 것 역시 기이한 인연) 이 후부터 승승장구하야 파죽의 기세로, 또 신례원에서 관군을 격파하고 예산을 점령하였다. 이 신례원 전투는 충남에서 동학란이 일어난 뒤 관군과의 최초로 있었던 대격전이었고, 최

대 승리였다. 관군의 사상자가 수 천 명에 이르고 홍주군관 김병돈, 이창욱 주홍섭, 한기경이 이 전투에서 죽었다.(뒷날 정부에서 공을 내렸다) 그러나 동학 측에는 한 사람의 사상자가 없었으며, 또 특기할 일은 십이 세의 붉은 옷을 입은 소년(서산 사람인데 성명을 알지 못한다)이 포와 연기를 무릅쓰고 먼저 올라 가 한 칼로 관군 수십 인을 참살하고, 성 안에 있는 칠십여 세의 할머니가 관 군의 포대에 물을 부어서 대포가 발사되지 못하게 한 것이다. 이로 인하여 세 상 사람들 사이에는 동학은 신기한 조화가 있어서 총 구멍에 물이 생기게 하 고 화살이나 탄환이 뚫어도 죽지 않는다 하여 따르는 이들이 또한 많았다.(요 즘 문장으로 옮긴 이, 밑줄=필자)]

　-차상찬, 『개벽』, 1924년 4월호, 123쪽

　①은 동학농민혁명 초기 내포 동학의 기포나 전투 상황을 실증적으로 제 시하고 있으며 ②는 덕산 역말 전투(지금의 기럭재가 있는 삽교읍 역리)와 신례원 전투 상황을 실증적으로 제시하고 있다.
　②에 등장하는 역말 전투와 신례원 전투 상황을 이 지역 향토사학자 이도 행은 다음과 같이 정리하고 있다.[18]
　1894년 10월 15일 박인호를 중심으로 재차 기병한 농민군은 당진군 사기 소리에 있는 승전곡 전투에서 승리한 뒤 승리의 여세를 몰아 한양으로 갈 것이냐 아니면 홍주목사 겸 호연초토사(湖沿招討使)로 임명된 이승우의 관군 을 대적할 것이냐를 놓고 고민하다가 등 뒤의 적을 놔두고 한양으로 갈 게 아니라 홍주목을 접수하여 관군을 응징하고 한양으로 진격하자는 쪽으로 의견을 모으고, 10월 27일 홍주를 향하여 가다가 덕산 역말, 지금의 기럭재 가 있는 삽교읍 역리에서 관군과 대치하게 되었다.
　호연초토사 이승우가 이끄는 관군은 역말 주위에 대포를 은폐시키고 우물에는 독약을 풀고 풀 속에는 마름쇠를 숨겨 놓고 농민군이 오기를 기다렸는데, 마침 때가 저녁이었다고 한다. 마름쇠는 도둑이나 적군을 막기 위하여 끝을 날카롭게 몇 갈래의 무쇠로 만든 것인데, 진격하는 데 있어서 절대적인 장애물 역할을 하는 것으로, 풀 속에 숨겨 놓으면 오늘날의 지뢰만은 못하겠지만 당시에는 나름대로 위력을 발휘하던 무기였다.

동학농민군은 밤이면 주문을 외는 규율이 있어서 청수를 떠놓고 주문을 외고 있었는데 관군으로서는 공격하기에 절호의 기회가 아닐 수 없었다. 그런데 웬일인지 대포 속에는 물이 들어있어서 대포를 쏠 수 없는 난처한 처지에 놓이게 되었다. 결국 관군은 주문을 외우는 규율을 가진 동학농민군이 대포 구멍에서 물이 나오게 하는 조화를 가졌다고 지레 겁을 집어먹고 그 다음 날 도망치기에 이르렀다. 동학농민군에게 역말 전투는 싸우지도 않고 이긴 전투로 기록되는 내용이다.

물론 대포 구멍의 물은 역말에 사는 술장사 노파가 이곳에서 전투가 벌어지면 무죄한 사람들이 죽게 될 것을 염려하여 밤중에 몰래 우물에서 물을 퍼다가 은폐시켜 놓은 대포를 찾아 대포 구멍에다 물을 부어 넣은 것이었다고 한다.

덕산 역말 전투와 신례원 전투 정황은 설화와 역사 기록이 거의 일치한다는 사실을 알 수 있다. 당진 승전곡 전투에 이어 연달아 승리한 역말과 신례원 두 전투는 동학농민군에게는 일찍이 없었던, 믿기지 않는 신기한 전투였을 것이며, 두고두고 간직하거나 전하고 싶은 민중들의 열망이 잠재되어 입에서 입으로 전승되었을 것으로 보인다.

역말과 신례원 전투에 등장하는 두 인물은 현장 답사 중에 실명이 밝혀졌는데, 노파는 읍내 주막집 월하노인, 홍의소년은 김병헌이다.[19] 여기서 확실한 것은, 실명자가 있는 예산 밖에서는 사실보다 더 신비하게 풍부하게 부풀려 나갈 수 있는 데 비해, 예산 땅에서는 더 부풀릴 수 없는 현실적인 한계를 지니게 된다는 점이다. 장성 전투에 나타나는 장태 설화 주인공도 담양 이용길과 장흥 대접주 이방언 두 인물이 나타난다. 말하자면 신례원 전투에 나타나는 홍의소년 설화도 현지인 김병헌과 서산의 성명 미상의 소년이다.

위 사실들에서 두 가지 결과를 얻을 수 있는데, 첫째, 당시 동학교도나 관군은 동학 주문이 신탁의 주술적 요소가 있다고 믿고 있었다는 점과, 둘째, 술장사 노파는 민중들 편이라는 점을 들 수 있다. 동학농민혁명 당시의 민심을 배경으로 한 설화이며, 민중 설화의 배태 요건에 부합하고 있다.

③ 又 瑞山, 泰安에서 起한 一派는 泰安郡守 申百熙, 瑞山郡守 朴錠基, 忠淸兵營의 領官 廉道希, 軍屬 金慶濟를 殺하고, 魯城 附近에서 起한 一派는 恩津縣監 權鍾億을 捕縛하니 列邑이 다 望風歸降하얏다.[또한 서산 태안에서 일어난 동학군 일파는 태안 군수 신백희, 서산 군수 박정기, 충청병영의 영관 염도희, 군속 김경제를 살해하였고, 노성 부근에서 일어난 일파는 은진현감 권종억을 포박하니 모든 읍이 다 동학군의 손에 들어가고 관리들은 황망히 달아나 귀가하였다.](요즘 문장으로 옮긴 이=필자)

-차상찬, 『개벽』, 1924년 4월호, 124쪽

③의 정황은 서산 태안에서 전개된 동학농민군의 움직임, 즉 동학농민군이 장날을 택하여 태안 군옥에 갇혀 있는 동학교도를 구출하기 위해 전개된 관아 습격 사건을 다루고 있다. 성난 동학농민군은 태안을 떠나 연이어 서산 군아를 공격하여 서산 군수 박정기를 처단한 사실을 기술하고 있다.

그리고 조치원 병마산 전투에서 충청 병영의 영관 염도희를 포함한 69명의 청주 영병 장졸이 동학농민군에게 몰살당한 사건을 다루고 있다. 관변

기록에는 "동학농민군과 병마산 전투에서 장졸이 사망했다."고 썼지만 야사(설화)에 의하면 "백성들이 장졸에게 술을 접대하여 잠들게 하였고, 동학농민군이 야습하여 전멸했다."고 했다. 그렇다면 이는 역말 전투 월하노인이 등장하는 상황과 유사한 셈이다.

이어 서산, 태안에서 일어난 동학농민군은 태안 군수 신백희, 서산 군수 박정기, 충청 병영의 영관 염도희, 군속 김경제를 처단하고, 노성 부근에서 일어난 동학농민군이 은진 현감 권종억을 포박하는 등 충청도 내포 경계를 넘어 온 충청도가 동학농민군의 세력 아래 놓이게 된 당시 정황을 기술하고 계속해서 다음의 설화를 소개한다.

> ④ 此에 又 特記할 人物은 淸胞의 文天釗 李承範이다. 兩人은 原來 洪州 葛山 金某家의 奴婢다. 行力이 人에 過하고 氣槪가 有하야 恒常 불평□□□思하다가 亂이 起함에 또한□□□하야 先히 自己 上典인 金某를 捕縛하고 睾丸을 取拔하니 今日에 所謂 兩班의 '불알깐다'는 말이 此에서 出하얏다.……[이에 또 특기할만한 인물은 청포의 문천쇠 이승범이다. 두 사람은 원래 홍주 갈산 고을 양반 김 모의 노비다. 행동과 힘이 남달라 기개가 있어 항상(양반이 종을 부리는 세상을 불평으로 여겨오다가) 동학난이 일어나자 먼저 자기 상전인 김 모를 포박하고 고환을 빼내니 요즘 소위 양반의 '불알깐다'는 말이 여기에서 비롯되었다.……(불명확한 기록 내용 추정, 요즘 문장으로 옮긴 이, 밑줄=필자)]
>
> -차상찬,『개벽』, 1924년 4월호, 124쪽

④는 '양반의 불알을 깐' 설화를 다루고 있다. 여기에 소개되는 설화는 여러 가지 측면에서 실증을 넘어 사실적이다. 청포 소속의 동학교도 문천쇠 이승범이라는 실명이 거론되고 있으며, 두 사람은 홍주 갈산 고을 양반 김

모의 노비라는 사실과 '동학난'이 일어나자 가장 먼저 자기의 상전인 김 모를 포박하여 고환을 빼내어 '양반의 불알 깐다'는 말을 사실적으로 제시하고 있다. 그렇지만 이 설화가 황현의 『매천야록(梅泉野錄)』에는 진잠 고을의 신상응(申相應)의 손자를 결박해 놓고 그 음낭을 까면서 "이 도둑놈의 씨를 남겨서는 안 된다."고 했다는 이야기로 바뀌었다. 이는 두 지역에서 일어난 각기 다른 사건일 수도 있고, 같은 사건인데 전달 과정에서 인명을 의도적으로 바꿨을 가능성도 배제할 수 없다.

2) 조산강의 동학소설 「동학군의 아내」에 나타난 내포 설화[20]

동학소설[21]은 1910년 이종린의 「모란봉」에서 1992년 「선구자」까지 약 90편에 이른다.[22]

동학농민혁명 답사 때 가끔 참혹한 역사의 현장을 만나게 되는데, 충청도 서산·태안 지역이 그중 하나다. 동학농민혁명 당시 홍주성 전투에서 패한 동학군은 관·왜군에게 서해안 쪽으로 쫓기면서 거듭 참살당하고, 관·일본군은 유도군(儒道軍)[23]에게 동학농민군 토벌 임무를 넘겨 주어 지속적으로 끝까지 토벌한다. 특히 서산·태안의 관·유도군은 동학농민군 포로를 작두로 참수(斬首)했다는 증언[24]이 있었을 만큼 참혹했다.

동학소설 「동학군의 아내」는 작가[25]가 작품 머리에 '서산 순회강연(巡講) 때 들었던 실화를 바탕으로 소설화했다.'고 밝히고 있다. 이 소설에서 참혹한 장면은 '개구랑목 시체더미에서 남편의 주검을 찾아내는 장면'이다.

실화 소설 '동학군의 아내'의 원형을 고찰하기 위해 먼저 역사적 사건을 고찰할 필요가 있다. 홍주성 전투에서 크게 패한 동학농민군은 쫓기기 시작하고, 관군 일본군 유회군의 추격 토벌전이 전개된다. 동학농민군은 해미 구산성과 저성에서, 서산 매현(梅峴, 매봉재)에서 연달아 패한다. 태안으로 돌아온 동학농민군은 관·일·유회군의 습격을 받아 수많은 동학농민군이 포로가 되었고, 백화산 '교장바위'에서 교수형·총살형 타살로 바위를 피로 물들였다. 뿐만 아니라 태안 관아를 중심으로 현 태안여고 앞 개울의 '개구랑목 시체더미'뿐만 아니라 샘골 마을, 남문리 냇가, 정주내 등 여러 곳에서 관·일본·유회군의 살육 방화, 심지어 부녀자 겁탈 등 가혹한 보복전이 자행되었다고 전해진다. 실제로 태안 지역의 수많은 동학농민군의 시체가 도랑에 방치되었으며, 필자의 답사에서도 이 같은 사실이 확인되었다. 이런 참혹한 비극의 '개구랑목 시체더미'에서 설화 '동학군의 아내'가 생성되었다.

설화 '동학군의 아내'를 고찰하기 위해 먼저 동학소설 「동학군의 아내」 줄거리를 볼 필요가 있다.

태안군 장작리에 사는 윤 부인은 이웃집 노인에게 남편인 정씨가 동학한 죄로 읍북(邑北) 사정전(射亭前) 개구랑목에서 총살당했다는 소식을 듣게 된다. 윤 부인은 복수와 자살을 두고 번민하다가, 청수를 모셔 놓고 기도를 하다가 남편의 장례나 치러 주고 죽기로 작정한다. 남편의 죽음을 두고 사람들의 눈총과 멸시를 받는 중에 이웃 노인이 찾아와 '개가하여 팔자를 고치라'고 권한다. 윤 부인은 노인의 재가 권유를 승낙하고, 새 남자에게 남편의 시체를 찾아 장례를 먼저 치러 줄 것을 청한다. 다음 날 밤 윤 부인은 이웃 노인과 새 남자와 함께 개구랑목에서 남편의 시체를 찾아 장례를 치러 주는데, 장지에서 하관하자 윤 부인은 무덤에 뛰어들어 자결한다.

동학군의 죽음에 이은 여인의 죽음은 못내 처절하다. 동학소설 「동학군의 아내」가 실화를 바탕으로 쓴 소설이라면, 설화와 실화의 간극은 그다지 커 보이지 않는다. 즉 동학군의 비참한 죽음과 뒤따라 죽은 비장한 여인의 죽음은 동학농민혁명의 비극성을 총체적으로 보여주고 있다. 이는 지아비의 죽음을 애통해하다가 갈라진 무덤에 들어갔다가 나비로 변신했다는 '나비 설화'[26]의 한 변형으로 보인다. 다만 여기서는 '열녀상'이 아니라 동학농민혁명 실패에 따른 비극성을 보여주기 위해서라고 보아야 할 것이다.

4. 송기숙의 『녹두장군』과 박태원의 『갑오농민전쟁』에 나타난 설화

1) 1990년대와 동학농민혁명을 소재로 한 소설들

앞의 논의에서 역사 · 설화 · 문학이 현실을 반영한다는 점을 주목한다면, 송기숙의 『녹두장군』과 박태원의 『갑오농민전쟁』 두 소설은 각각 남쪽과 북쪽의 당대 사회의 현실을 반영하고 있다고 보아야 한다. 그렇다면 이 두 소설이 우리 앞에 놓이게 된 1990년대를 먼저 주목할 필요가 있다.

1989년 베를린 장벽 붕괴를 계기로 동구권 혁명이 급속도로 진행되었고, 이런 세계사의 변화에 대응하며 출발한 우리의 1990년대 사회는 각별했다. 1994년 문화계에는 문민정부가 펼쳐준 '동학농민혁명1백주년의 마당'이 있었다. 사회 여러 분야에서 다채로운 행사가 치러져 동학농민혁명에 대한 관심을 환기하는 계기가 되었다.[27] 이를 계기로 한국 사회는 동학농민혁명의 역사적 의미를 평가하는 계기가 되었고, 여러 가지 전환기적 양상을 드러내고 있었다. 특히 체제와 반체제의 대응논리로 갈등을 거듭해 온 사회 세력이 민주화의 과정에서 보수와 진보라는 새로운 이념을 중심으로 재편되는 등 중요한 변화를 보이고 있었다. 이런 1990년대에 동학농민혁명을 소재로 한 많은 소설들이 발표되었다. 동학농민혁명을 소재로 한 최초의 역사소설은 1935년 이돈화(李敦化)의 「동학당(東學黨)」을 들 수 있으나, 긴 공백 끝에 1992년 강인수의 『낙동강』(1992)으로부터 이어졌다. 졸저 『소설 동학』[28](1993), 한승원의 『동학제』(1994), 박경리의 『토지』(부분 · 1994), 송기숙의 『녹두장군』(1994), 강인수의 『최보따리』(1994), 이병천의 『마지막 조선검 은명기』(1994), 졸저 『흰옷 이야기』(부분·1997) 등이다.

특히 최근에는 황석영의 『여울물소리』가 발표되었다. 장편소설 『여울물소리』는 동학혁명 시대를 배경으로 한, 이야기꾼이자 동학의 개혁 사상을 가진 인물 이신통의 이야기다. 동학 대신 천리교로, 역사적인 인물도 모두 허구적인 인물로 바꿨다. 소설의 전개 과정이 창도주 최제우, 2세 교주 최시형, 3세 교주 손병희를 중심으로 다뤘고, 이돈화의 『천도교창건사』 전개 과정과 흡사하다. 그렇지만 이 소설을 동학농민혁명 소재의 소설로 보기에는 문제가 있어 보인다. 다만, 대부분의 동학농민혁명 소재 소설들이 전라도 전봉준 중심으로 쓰인 데 비해 중심 무대가 호남, 호서, 서울·경기 지역으로 확장된 시각이 특징이다. 하지만 이 소설에 대한 논의는 다른 문제이므로 미뤄 둔다.

여기서는 남쪽의 대표적인 대하소설 『녹두장군』과 북쪽 입장의 대표적인 대하소설 『갑오농민전쟁』을 중심으로 살펴보고자 한다.

2) 동학농민혁명사의 총체적 구조물 『녹두장군』[29]

『녹두장군』[30]은 19세기의 평범한 농민들을 중심으로 하여 농촌사회의 기본적인 생산관계에서 봉건 말기의 사회경제적 모순을 포착해 내고, 그 모순을 극복하려는 농민들의 투쟁을 투철한 역사관과 풍부한 역사적 자료를 바탕으로 형상화한 작품으로 평가받고 있다. 특히 풍부한 풍속 묘사를 통해 당대의 시대상을 생생한 형상으로 펼쳐 보이는데 주력하였고, 당시 동학농민 대중의 설화를 소설의 주요 소재로 활용하고 있다. 『녹두장군』이 1980년 광주민중항쟁이라는 '대중적 역사체험'을 통해 역사와 변혁운동에 대한 사회과학적인 인식을 획득한 바탕 위에 창작된 수작으로 평가되는 것은 이

때문일 것이다.

이 소설의 제1부(1, 2권)는 조선 말기 봉건제의 모순이 심화되면서 동학이 등장한다. 1864년 최제우가 '사도난정(邪道亂正)'이라는 죄명으로 처형된 후 동학도들은 동학도라는 이유로 봉건권력으로부터 가렴주구에 시달리고 있었다. 1892년 11월 삼례에서 교조신원운동이 열리게 되기 전까지의 시대 분위기와 대중 집회를 다루고 있다. 1892년 8월 선운사 도솔암 미륵 비결(秘訣)을 놓고 손화중이 동학접주들과 상의하여 민중들의 기대에 부응하는 방식을 찾기 위해 그 비결을 꺼낼 것을 논의하는 데서부터 출발한다.

송기숙 자신의 말처럼, 1980년 광주민중항쟁의 '대중적 역사체험'을 했고, '험난한 현실을 역사의 맥락에서 느끼고 생각할 수 있었기' 때문에, '민중이 자발적인 합의에 이르면 엄청난 힘이 분출된다는 사실'에 대한 믿음[31]이 작품을 있게 했다. 따라서 전봉준이란 영웅은 작가의 이런 민중사관에 대한 낙관론의 소산이며, 작가는 이를 민중의 저력이라고 믿었다. 의식 있는 작가란 이런 민중의 잠재력을 끌어내는 사람이며, 새 인물에 대한 갈망이 있어야 한다.

대하소설『녹두장군』의 기본 축은 '변혁의 역사 수레바퀴를 굴리는 민중'이다. 즉 역사의 물줄기는 민중에 의해 돌릴 수 있다는 잠재된 힘에 대한 확신으로부터 비롯되었다. 따라서『녹두장군』의 사건 구성은 동학농민혁명 직전의 역사적인 사건인 진주민란, 임오군란, 문경민란 등에 등장하는 민중들의 소중한 체험이 유기적으로 관련을 맺고 있다. 뿐만 아니라『녹두장군』에 등장하는 다양한 인물들은 걸쭉한 입담이나 행동거지 등이 설화나 참요에 등장하는 전형적인 인물들이다. 예컨대 이 소설에서 선운사 미륵불 배꼽에 숨겨진 비결을 꺼내는 민중들의 이야기는 민중들의 고유 정서를 드러내주는 중요한 축을 형성하고 있다.

① 이 절 서남쪽 5리쯤 되는 곳에 도솔암이라는 암자가 있고, 거기 아득히 쳐다보이는 절벽에 미륵이 하나 새겨 있는데, 이 미륵에는 예로부터 아주 괴이쩍은 전설이 하나 전해 내려오고 있었다.

이 미륵의 배꼽에는 신비스런 비결이 하나 숨겨져 있다는 것으로, 그 비결이 이 세상에 나오는 날에는 한양이 망한다는 것이다. 한양이 망한다는 것은 조선왕조가 망한다는 것이니, 이것은 나라가 뒤집힌다는 어마어마한 소리였다. 한데, 거기에는 비결과 함께 벼락살(煞)이 봉해져 있어 누가 그 비결을 꺼내려고 거기 손을 대기만 하면 대번에 우쾅쾅 벼락이 떨어져 그 벼락에 맞아 죽고 만다는 것이다.

② 이 선운사 비결 이야기는 그때 이서구가 꺼내려다 경을 쳤다는 사실 때문에 한층 더 신비롭게 여겨져 세상이 어지러워 여러 가지 참언(讖言)이 떠돌 때는 으레 이 비결 이야기가 크게 한몫 끼여 그때마다 여러 가지 그럴싸한 모습으로 천방지축 도깨비불처럼 번져 나갔다.

그런데, 요즘 와서는 이 비결을 꺼낼 사람이 동학도 가운데서 나온다는 소문이 떠돌기 시작했다. 처음에는 귓속말로 은밀하게 전해지더니 요사이 와서는 가는 데마다 그 비결 소리였는데, 그러는 사이 그 소문에서 다른 소문이 수없이 가지 쳐 나오기 시작했다. 세간에 떠도는 그런 소문은 한두 가지가 아니었다.

①②에 든 예문은 선운사 도솔암 부처 배꼽에 들어 있는 신비한 비결 내력에 대한 언급으로, 이는 벼락 살을 끼고 있어서 아무나 열 수 없었지만 이제는 때가 도래하여 동학교도 중에서 열수 있다는, 민중이 주인이 되는 시대가 대세라는 당위성을 강조하고 있다.

③ 동학도들이 호풍환우 따위 도술을 부릴 수 있다는 소문이 난 것은 포교 과정에서 최제우의 이적을 말한 데서 비롯된 것이라 근거가 없는 소문만은 아니기도 했다. (중략) 그런데, 동학도들이 호풍환우를 할 수 있다는 소문은, 이게 한 단계 부풀어 바람을 일으키고 비가 오게 할 만큼 무서운 조화를 부릴 수 있다면, 비결과 함께 봉해졌다는 벼락 살쯤 다스리고 그 비결 하나 꺼내는 일 정도야 여반장이 아니겠냐는 것이었다. 거기다 두령들이 입만 벌렸다 하면 인내천(人乃天)과 함께 내뱉는 소리가 후천개벽(後天開闢)이라 그게 두루 아귀가 맞아떨어진 것이다.

④ 오하영이가 망치질을 멈추고 손가락으로 구멍을 쑤시는 것 같았다. 가까이 섰던 사람들 가운데서는 겁먹은 눈으로 미적미적 뒤로 물러서는 사람도 있었다. 벼락이 떨어질까 겁이 난 모양이었다.(중략)

오하영은 돌아보지도 않고 계속 손만 놀리고 있었다. 무얼 품속에 챙기는 것 같았다.

"꺼낸 모양이다."

그쪽을 쳐다보고 있던 사람들이 은밀하게 속삭였다. 이내 오하영이가 내려오기 시작했다.

교도들은 숨을 죽이고 사다리에서 내려오는 오하영의 동작 하나하나를 지켜보고 있었다. 소리 지르던 중들도 다시 조용해졌다. 오하영은 손화중을 한쪽으로 따냈다. 둘이 뭐라 한참 속삭였다. 무얼 주고받은 것 같기도 했다.

이내 손화중이가 군중들 앞으로 나섰다.

"우리들 일은 끝났소, 이제 돌아갑시다."

③은 동학농민혁명 초기 '사람이 곧 하늘'이라는 인내천(人乃天) 사상과 후

천개벽(後天開闢) 동학사상이 동학교도 혹은 비 교도들 사이에 신비감에 부풀려 널리 퍼져나간 정황을 소개하고 있다. 그리고 후천개벽을 내세우는 동학 두령이라면 마땅히 비결을 꺼낼 수 있다는 분위기를 보여주고 있다. 물론 배후에는 전봉준 손화중 등 동학 두령들이 있다.

④는 이런 분위기에 편승하여 마침내 영광 접주 오하영이 배꼽 속의 비결을 꺼내기 위한 행동에 나섰고, 막상 비결을 꺼낸 오하영의 뒷자세가 애매하게 표현되었다. 결국, 배꼽에서 꺼낸 비결은 없다.

⑤ 다음날부터 이 소문은 날개 돋친 듯 사방으로 번져나갔다. 소문이 소문이다 보니 세상이 발칵 뒤집힌 것 같았다. 금방 이씨조선이 망하고 손화중이가 임금 자리에라도 올라앉을 것같이 세상 사람들은 들떠 버리고 말았다. 다투어 동학에 입도하는가 하면 동학도들을 만나면 차첩 받은 외삼촌 대하듯 했다. 동학도들은 어깨가 으쓱으쓱 올라갔다.

이 소문을 들은 무장 현감 조경호(趙敬鎬)는 대경실색, 그 비결을 꺼낸 동학도들을 몽땅 잡아들이라고 고래고래 고함을 질렀다. 손화중을 비롯한 접주들은 말할 것도 없고 거기 갔던 동학도들을 모조리 잡아들이라고 추상같은 영을 내렸다.

무장 현아 나졸들은 마을마다 돌아다니며 동학도들을 줄줄이 엮어 갔다. 거기 간 사람이고 안 간 사람이고 가리지 않고 잡아들였다. 수백 명의 동학도가 잡혀갔다.

⑥ "저자들이 찾는 게 거기서 나온 비결인 듯하니, 생가랑이를 뜨는 것보다 그걸 내놓으면서 흥정을 하는 것이 어떨까요?"

"하지만, 실은 미륵 배꼽에서 아무것도 나온 것이 없습니다."

손화중이가 웃으며 대답했다. 전봉준이도 따라 웃었다.

"세상 사람들은 그것이 나와 지금 손 접주 손에 있는 것으로 믿고 있고 또 관가에서도 그렇게 믿고 있습니다. 이런 마당에 아무것도 나오지 않았다고 하면 어떻게 되겠습니까? 세상 사람들은 세상 사람들대로 그만큼 실망이 클 것이고, 관가에서는 관가대로 믿지 않을 것입니다."

⑤⑥에서 동학교도들이 비결을 꺼냈다는 소문을 들은 무장현감 조경호가 동학교도들을 잡아들이라는 명을 내려 마침내 동학교도에 대한 핍박에 나서게 되고, 동학 두령들은 이 사태를 극복할 대책을 의논한다. 배꼽에서 나온 비결이 없다는 말은 현감이나 일반 동학교도가 믿지 못할 것이니 동학 두령들은 이를 두고 고민한다. 이는 이미 동학교도들의 힘이 동학 지도자들을 중심으로 결집되어 가는 과정이기도 하다.

⑦ 그때 오시영이가 들어섰다. 손에는 책을 싼 듯 한 보자기가 들려 있었다. 보자기가 유난히 빨간 게 눈을 끌었다.

"선운사에서 꺼낸 비결을 가지고 대령이옵니다."

"바치라 하여라!"

책방이 오시영의 손에서 붉은 보자기를 옮겨 받아 현감한테 가져다주었다. 현감의 얼굴은 금세 두려움과 호기심에 찬 표정으로 변했다. 떨리는 손으로 보자기를 풀었다. 헌 책자가 한 권 나왔다. 현감의 눈이 둥그레졌다.

"아니, 이건 불경이 아닌가?"

현감이 놀란 표정으로 오시영을 내려다봤다.

"그렇사옵니다. 그 표지에 씌어 있는 것과 같이 미륵이 이 세상에 내려온다는 허황한 사연이 씌어 있을 뿐이옵니다."

현감은 책장을 넘겼다.

"거기 쒸어 있는 대로 지금 도솔천이란 곳에 살고 있는 미륵이 이 세상에
내려오되 그 시기는 지금부터 56억 7천만년 뒤라는 것입니다. 미륵이 이 세
상에 내려와 운부제(雲伊提)란 곳에 있는 용화수(龍華樹)란 나무 밑에서 세 번
법회(法會)를 여는데, 세 번 법회가 끝나고 나면 이 세상에 용화세계가 열려
거기 참여한 사람들은 모두 극락과 같은 용화세계에 들게 된다는 것입니다.
다른 이야기는 놔두고 미륵이 이 세상에 오는 시기가 56억 7천만년 뒤라니 얼
마나 허황된 소리이옵니까?"

오시영이가 정중하게 말했다.

"56억 7천만년?"

조경호는 여전히 얼빠진 표정으로 불경과 오시영을 번갈아 보며 물었다.

⑧ "접주님을 내놔라!"

웅성거리던 군중 속에서 악다구니가 쏟아져 나오기 시작했다.

"저런 불칙한 놈들!"(중략)

그런데, 바로 다음날 엉뚱한 소문이 나돌았다. 미륵에서 나온 진짜 비결은
손화중이가 가지고 진작 지리산으로 들어가 버렸고, 이번에 관에 가져다 준
것은 가짜라는 것이었다.

-송기숙,『녹두장군』, 창작과비평사, 1989, 제1부 상 5쪽

⑦⑧은 현감이 대면하고자 했던 손화중이 아니라 옥에 갇혀 있는 오지영
의 형 오시영이 무장현감 조경호를 찾아온다. 오시영은 '미륵이 이 세상에
오는 시기가 56억 7천만년 뒤'라는 허망한 내용이 적혀있는 책을 전달하고,
투쟁에 나서게 된다.

⑧의 끝에 내용처럼 다음날부터 동학교도들 사이에서는 배꼽에서 나온 진짜 비결은 손화중이 지니고 지리산으로 들어가 버렸다는 소문이 돌고, 민중들은 머지않아 동학 세상이 올 것이라는 열망에 들뜨게 된다. 이처럼 비결 설화는 신비적 요소를 포함하는 동시에 지도자의 지도 이념을 중심으로 민중이 결집해 가는 과정을 사실적으로 보여주고 있다.

동학농민혁명 이전 민란시대의 민중들은 뼈저린 실패를 체험했고, 민중을 계도할 지도 이념이 없으면 지도자들의 참혹한 희생만 뒤따른다는 교훈을 깨닫고 있기 때문이기도 하다. 이같이 민중들이 지도 이념으로의 무장 과정은 동학농민혁명과 광주민중항쟁이라는 과거와 현재 사건의 전통적 교감을 의미하기도 한다. 그런 점에서 역사, 설화, 문학에 담긴 현재의 재해석은 의미심장할 수밖에 없다.

이 밖에 대하소설 『녹두장군』을 풍부하게 하는 삽화 설화 혹은 설화적인 요소들이 많은데, 이를 정리하면 다음과 같다.

㉠ 충청도 신례원 전투에서 활약했다고 알려진 소년 장수 이야기

㉡ 동학농민군을 진압하러 내려온 관군의 대포구멍에서 물이 나왔다는 소문

㉢ 충청도 회덕(진잠)의 노비들이 양반들의 불알을 깐 이야기

㉣ 예산 군수가 황망히 도망가면서 당나귀를 거꾸로 타고 간 이야기

㉤ 전봉준의 체포와 관련하여 옛 부하 '경천(敬天)'을 조심하라는 점괘 이야기

㉥ 전봉준이 부하들로 하여금 총을 쏘게 하였으나 가슴에서 탄알 껍질을 툭툭 털면서 아무렇지도 아니한 모습을 보여줌으로써 동학농민군들의 사기를 진작시켰다는 이야기

㉦ 장성 황룡촌 전투의 승리와 관련된 장태 이야기

위의 설화들은 두말할 나위 없이 동학농민혁명 당시 사회에 떠돌던 설화들인데, 『녹두장군』 소설 속에 풍부하게 형상화되고 있다. 특히 '파랑새 요(謠)'와 '가보세 가보세 요(謠)'는 동학농민혁명 이전부터 민중들 사이에 회자되다가 시의에 맞게 덧입혀져 변형된 설화도 있다.

〈표-1〉 동학농민혁명을 소재로 한 소설 목록(발표 시기 순 / 부분 포함)

번호	작가	작품명	게재지면 (발표지)	발표 시기 (출판)	비고
1	이돈화	『동학당(東學黨)』	〈신인간〉	1935	
2	최인욱	『전봉준』	어문각	1967	평민사에서 재출판
3	이용선	『동학』 상 · 하	성문각	1970	
4	서기원	『혁명』	삼중당	1972	
5	유현종	『들불』	세종출판	1976	
6	박연희	『여명기』 상 · 중 · 하	동아출판	1978	
7	안도섭	『녹두』 ①-③	한마음사	1988	
8	박태원	『갑오농민전쟁』 1 · 2 · 3부 총 6권	공동체	1988	☆
9	문순태	『타오르는 강』 ①-⑦(부분)	창작과 비평사	1989	
10	강인수	『낙동강』	남도	1992	★
11	채길순	『소설 동학』 ①-⑤(미완, 뒤에 『동트는산맥』 ①-⑦으로 재출간)	하늘땅	1993	
12	박일	『이야기 동학』	태양출판사	1994	
13	한승원	『동학제』 ①-⑦	고려원	1994	
14	강인수	『최보따리』 ①②	풀빛	1994	
15	이병천	『마지막 조선검 은명기』 ①②③	문학동네	1994	
16	박경리	『토지』 전 5부 총 16권(부분)	솔	1994	
17	서기원	『광화문』 (부분)	조선일보사	1994	
18	송기숙	『녹두장군』 ①-⑫	창작과 비평사	1994	
19	채길순	『흰옷 이야기』 ①-③(부분)	한국문원	1996	
20	채길순	『동트는산맥』 ①-⑦	신인간사	2001	
21	채길순	『조캡틴정전』 (부분)	화남	2010	
22	황석영	『여울물 소리』	자음과 모음	2012	

3) 북쪽에서 본 동학농민혁명,『갑오농민전쟁』[32]

북한 문학이 우리 문학계에 소개되기 시작한 것은 7, 80년대부터였으며, 박태원의『갑오농민전쟁』은 80년대 후반에 남쪽의 독자들에게 소개되었다.[33]

박태원은 1930년대 후반에 세태소설에서 빼어난 기량을 인정받았던 작가다. 해방 공간에서 그는 좌익 민족주의 노선인 조선문학가동맹에 참가했으며,『홍길동전』,『임진왜란』,『군상』등 역사소설 창작에 몰두하다가 1949년 6월부터 1950년 2월까지 조선일보에 연재했던「군상」을 미완으로 둔 채 6·25를 전후하여 월북했다.[34]

월북 뒤 박태원은 이태준의 후원 아래 국립 고전 예술극장의 전속작가가 되어 창극 대본을 썼으며, 평양전문대학 교수로 재직하기도 했다. 1955년 박태원은 학창시절부터 절친했던 정인택의 미망인 권영희와 재혼했다. 역사를 위조하라는 당의 명을 거역하였다는 죄과로 함북 강제수용소에 수용되어 한동안 작품 활동이 금지 당했으나 1960년에 작가로 복귀했다. 그 후 1963년에서 1964년까지, '혁명적 대창작 그루빠'의 통제 아래 역사소설『계명산천은 밝아오느냐』를 집필했다. 이 작품에다 '갑오농민전쟁 전편'이라는 부제를 붙인 그는 동학농민혁명 전 시대상을 폭넓게 형상화하려는 의욕을 지녔으나 건강상의 장애로 고전하다가『갑오농민전쟁』1부는 1977년에, 2부는 1980년에 집필하였고, 3부는 건강이 극도로 악화된 그를 대신하여 창작 경험이 없는 그의 부인 권영희가 완결하여 1986년『갑오농민전쟁』(3부 6권)을 완간한 것으로 전한다.[35] 박태원이 북에서 남긴 작품으로『삼국지연의』,『조국의 품』,『조국의 깃발』,『임진조국전쟁』,『리순신장군』,『계명산천은 밝아오느냐』등이 있다.

북한의 '혁명적 대창작 그루빠'에서는 작가에게 몇 가지 임무를 부여하는

데, '무산계급 투쟁사를 예술 창작에 반영하여 사회주의 건설에 적극 참여해야 하며, 노동자·농민을 비롯한 광대한 범위의 민중들에게 문학을 철저히 보급'[36]이 핵심이다. 따라서 『갑오농민전쟁』의 모든 소설적 장치는 주체사상과 계급투쟁을 형상화하는 데 초점이 맞추어져 있다고 보아야 한다. 그렇지만 역사소설인 만큼 역사적 사실을 전혀 무시할 수는 없었다. 박태원은 월북 전인 1947년에 3월에 『협동』[37]에 "고부민란"이라는 글을 게재[38]한 것으로 알려져, 나름대로 동학농민혁명 역사에 대해 이미 해박한 지식을 갖춘 것 같다.

위와 같은 북쪽의 문학적 환경과 조건에서 역사적 사건이 비교적 사실적으로 전개되고 있다.

제1부는 주인공 오상민의 일가를 비롯한 고부 양교리 농민들이 군수로 내려온 조병갑에게 가혹한 수탈을 당하는 이야기로부터 시작된다. 민비로부터 7만 냥에 군수자리를 산 조병갑은 갖은 악랄한 방법을 다하여 농민들을 착취한다. 더는 살 수 없게 된 양교리 마을 농민들은 전봉준의 아버지 전창혁을 비롯한 농민대표들을 고부 관청에 보내 강하게 항의한다. 그러나 악독한 관리 조병갑은 농민들의 절박한 요구를 들어주는 대신 이들을 '란민'으로 몰아 전창혁을 학살한다. 이에 고부 농민들은 총궐기한다.

제2부는 고부에서 일어난 농민폭동이 전국을 뒤흔드는 대규모의 농민전쟁으로 확대되는 과정, 거족적인 투쟁의 불길 속에서 성장하고 단련되는 주인공 오상민과 전봉준 등 영웅적인 인물들의 활약을 그리고 있다. 관청을 습격하여 노비문서를 불태우고 관리와 토호들을 처단하는 투쟁으로부터 시작된 고부농민 폭동은 태인, 금구, 정읍, 부안 등 전라도 각지로 급속히 파급된다. 이에 당황한 봉건 정부는 양호초토사 홍계훈을 파견하여 관군으로 하여금 농민군을 포위 공격하도록 한다. 그러나 놈들의 기도를 간파한 농민

군은 백산 전투와 황토현 전투에 이어 장성에서 관군을 격파하고 전라도 봉건 통치의 아성이며 이씨왕조의 본관지인 전주성을 단숨에 함락한다.

제3부는 전국 각지로 급속히 파급되는 농민전쟁에 질겁한 왕이 청나라에 청병(請兵)하는 것으로 시작한다. 이에 질세라 일본 침략자들은 이를 구실 삼아 조선에 출병한다. 청일전쟁이 일어나자 동학군과 봉건정부 관료는 전주화의, 집강소 설치와 폐정개혁, 그리고 위기에 처한 국권 바로잡기를 약속한다. 그러나 일군의 침략 야욕으로 농민군은 재기포할 수밖에 없게 된다. 드디어 공주 대격전을 치르고 그 실패와 농민군 지도자 전봉준의 체포 등 역사적 사실과 함께 오상민 일가의 혁명적 활약상을 보여주고 있다.

소설의 줄거리에서 보면 그 흐름이 역사적 사실과 대략 일치하고 있으며, 사회주의 리얼리즘의 소설의 전형이라는 점을 확인할 수 있다. 동시에 민중들이 모순된 현실을 어떻게 인식하고 있으며, 어떻게 의식화되는지, 그리고 투쟁에 나서는 과정을 사실적으로 보여주고 있다. 따라서 주인공 오상민은 사회주의 사상으로 투철하게 무장된 전형적인 인물이다. 주인공 오상민과 전봉준을 비롯한 서로 다른 계급과 계층 인물들의 운명선을 통해 참다운 역사의 주체는 인민 대중이며, 인민이야말로 가장 훌륭한 애국자들[39]이라는 전형적인 사회주의적 인물관이 투영된다.

그렇다면 인민 대중의 삶을 사실적으로 형상화하는 과정에서 설화는 어떻게 수용되는가. 일단 선운사 도솔암 미륵바위 배꼽 비결 설화로 사건을 전개하는 것은 『녹두장군』과 크게 다르지 않다.

① 무장 선운사 도솔암 앞뜰에 사람들이 모여 복작거리고 있었다.
그들은 왕대와 새끼로 이 절의 유명한 돌부처 앞에다 비계를 만들어 세우고 있는 것이다.

비계는 한 층 한 층 올라가 땅에서 수십 길이나 되는 돌부처 배꼽 아래까지 거의 가 닿아 있다.

마당 한가운데 서서 바쁘게 일하고 있는 사람들에게 연해 잔소리를 퍼붓고 있던 나이 좀 든 사나이 옆에서 새끼와 대나무를 섬겨주던 상민이가 옆에 와 서서 비계 매는 것을 올려다보는 돌석이를 보고 소리쳤다.

"너는 왜 또 올라왔니?"

방금 큰절에서 올라오는 듯싶은 돌석이가 대답했다.

"궁금해서 어디 그냥 있겠더라구. 그래 잠간 보러 왔다."

② "상민아, 도끼 들고 올라가자!"

손화중은 상민에게 소리쳤다.

"도끼 예 있다."

진 서방이 암자 기둥 옆에 세워놓은 도끼를 집어 상민에게 내밀었다.

상민이는 도끼를 받아들고 비계 밑으로 걸어갔다.

모두 그의 뒤를 따랐다. 상민이는 이제부터 돌부처의 배꼽을 떼려는 것이다.

- 박태원, 『갑오농민전쟁』(제2부 하), 공동체, 1989, 20-27쪽.

①②에서 소설의 주인공 상민이와 돌석이가 도솔암 돌부처의 배꼽에 숨겨 뒀다는 비결을 꺼내기 위해 민중들과 동학 지도자들이 지켜보는 가운데 동학 민중들이 설치한 비계를 타고 올라간다. 이는 개혁의 주체가 민중이라는 점과 정신적 지도자 손화중과 전봉준이 이들을 이끈다는 설정이 앞에서 본 『녹두장군』과 같다.

③ 선운사 돌부처는 그 절에 달린 도솔암 남쪽 수십 보 밖에 서있는 높이 수십 길의 층암절벽 앞면에 새겨져 있는 것으로서 천이백 수십 년 전에 금단선사가 이룩한 것이라고 하며 선사가 그 절을 떠날 때 이 돌부처 배꼽을 떼고 그 속에다가, 그것이 나오는 날에는 세상이 바뀐다는 '비결'을 봉해 넣었다고 해서 전라도 일판에 널리 알려져 있는 유명한 돌부처다.

금단선사는 그 '비결'을 사람들이 함부로 꺼내보지 못하게 그것을 배꼽 속에 넣을 때 벽력 살을 함께 봉해 넣었다고 한다.(중략)

그 절 주지에게서 그 배꼽의 내력을 듣고 리 감사는 모든 사람이 말리는 것을 듣지 않고 돌부처 앞에 비계를 세우고 올라가 도끼로 배꼽을 떼고 마침내 그 속에 '비결'을 꺼냈는데 그 겉장에 신통하게도 '전라감사 리서구 개탁'의 아홉 글자가 뚜렷이 씌어져 있었다고 한다. 리 감사가 바야흐로 '비결'을 펴보려 하는데 갑자기 마른하늘에 뇌성벽력이 일어났다. 그는 하는 수 없이 '비결'을 도로 배꼽 속에 넣고 봉해 버린 채 그 뒤로는 그 누구도 감히 배꼽을 떼 보려는 사람이 없었다는 것이다.

"그렇다면 제가 한번 떼 보고 싶소이다. 그것을 떼서 세상이 바뀌어진다면 좋지 않습니까?"

상민이가 불쑥 이렇게 말했다. 모든 사람이 상민이를 쳐다보았다. 이 며칠 동안 도무지 말도 않고 있던 상민이가 이런 말을 해서 사람들의 눈길을 더욱 끌었다.

- 박태원, 『갑오농민전쟁』(제2부 하), 공동체, 1989, 20-27쪽.

③은 비결에 대한 내력으로, 천이백 년 전에 금단선사가 돌부처 배꼽을 떼고 비결을 넣으면서 '그것이 나오는 날에는 세상이 바뀐다'고 했으며, 한때 전라감사 리서구가 비결을 펴보려 하자 갑자기 마른하늘에 뇌성벽력이

일어 얼른 봉해 버렸다는 것이다. 마침내 새 세상의 주인공 상민이가 용기
있게 비결을 꺼내겠다고 나선 것이다.

　④ 그리하여 상민이가 앞서고 돌석이가 뒤따랐다. 그 뒤로 손화중이 따라
올라갔다.

　세 사람은 마침내 비계 웃단에 올라섰다. 문제의 배꼽이 바로 그들의 눈앞
에 있었다.(중략)

　상민이가 도끼를 놓고 두 손으로 배꼽에서 돌을 떼내여 비계 우에 내려놓
았다. 한결같이 긴장한 눈들이 돌부처의 우묵하게 패인 배꼽으로 일제히 쏠
렸다.

　사람들은 분명히 보았다. 상민이가 그 속에서 책 한 권을 꺼내 든 것을, 그
리고 그것을 두 손으로 공손히 손 두령에게 바치는 것을, 손 두령이 그것을
받아 뒤적뒤적해 본 다음 빙긋이 웃으며 도포소매 속에 넣은 것을 보았다. 그
런데도 뇌성은 일어나지 않았다. 상민이가 손화중의 곁으로 다가서며 나직이
물었다.

　"무엇이오니까?"

　손화중은 히죽이 웃으며 속삭이듯 말했다.

　"전대장의 말씀대로다. 어서 내려가자!"

　이제는 읍내서 관차가 나오기 전에 한시라도 빨리 이곳을 떠나는 일이 남
아 있을 뿐이다.

　- 박태원, 『갑오농민전쟁』(제2부 하), 공동체, 1989, 20-27쪽.

　④ 상민이가 배꼽에서 책 한 권을 꺼내어 손화중에게 바친다. 행동의 주
체는 상민이와 돌석이지만 그들 뒤에는 전봉준 손화중이라는 든든한 지도

자가 있다. 이 같은 설정은 『녹두장군』이나 『갑오농민전쟁』의 공통점이다. 그리고 실은 비결이 없었다는 점도 공통점이다. 비결의 정체를 수수께끼처럼 애매하게 설정하는 것도 유사한데, 이는 일정 요소를 신비감에 감춰 두는 설화의 보편적인 유형이기도 하다.

그렇지만 박태원이 알고 있는 설화나 역사적 사실과는 별개로, 『갑오농민전쟁』에서는 당의 강령인 주체사상과 계급해방 투쟁이 우선이라는 점을 전제로 보아야 할 것 같다. 그러다보니 『갑오농민전쟁』에서는 민중들 사이에 퍼져 있던 설화의 채용이 다양화되지 못했다.

5. 나오며

동학농민혁명을 소재로 한 설화는 현실의 고통으로부터 벗어나고자 하는 몸부림 혹은 내일에 대한 소망이나 예언적 기능, 동학농민혁명의 패배에 따른 자조적이거나 깊은 절망을 담은 이야기로 전한다. 체념이든 소망이든 설화화의 동기나 조건은 뚜렷하지 않다. '김개남 요' '전봉준 요'의 경우 두 장수의 죽음을 애도할 뿐, 그저 타령으로 읊조릴 뿐이다.

에드워드 카의 말을 빌면, 소설가는 역사가의 하인이 아니다. 또 "소설가란 정치, 종교, 이념, 도덕, 집단의 정체성을 완전히 배제해야 한다."고 하는 동시에 이는 결코 현실 도피가 아니라고 단언했다. 그 말끝에 "소설가란 어느 곳에도 속하지 않아야 현실에 저항하고 도전하고 반항할 수 있다."고 했다.

위의 논리에 따르면, 설화의 주체인 민중 역시 역사가의 하인이 아니다. 따라서 어느 곳에도 속하지 않은 민중은 역사적인 사건이나 인물을 현실 조건에 따라 설화로 변이시킨다. 민중에게 있어서 역사나 설화에 대해 훨씬 자유롭다는 뜻이기도 하다. 왜냐하면 민중은 익명성에 숨어서 사실을 과감하게 분석하고 흥미 있게 또는 신비하게 과장할 수 있기 때문이다.

이렇게, 동학농민혁명을 소재로 한 설화는 동학농민혁명 실패에 대한 분노 혹은 체념이 반영되어 다양한 형태로 전승되었다.

특히 '선운사 미륵바위의 배꼽 비결 설화'와 '홍의소년 설화'는 송기숙의 『녹두장군』, 박태원의 『갑오농민전쟁』에서 동학농민혁명 당시 민중들의 총체적인 삶을 보여주는 소설 소재로 활용되었다. 소설의 소재가 된 설화는 오랫동안 억눌린 삶을 살아 왔던 민중들이 평소에는 상상조차 할 수 없었던 지배계급, 혹은 관·일본군에 대적할 수 있다는 당위성이나 승전 공식의 한 전형으로 활용되었다. 그렇지만 동학농민혁명에서 설화 시대의 전투는 승리했고, 뒤에 실화 시대에는 패했다.

충청도에는 당시 지배계급인 양반에 대한 저항을 내용으로 하는 '양반 불알까기' 설화가 널리 퍼져 있었다. 이는 양반 지배계급에 시달려온 그 시대 민중들의 계급해방에의 열망을 보여주는 예라 하겠다. 특히 예산 역말 전투 설화에는 관군에게 술을 먹이고 밤에 진영에 잠입하여 대포에 물을 부어서 동학농민군이 싸움에서 이기게 하는 월하노인이 등장 하는데, 이는 당시 동학농민혁명에 대한 민중들의 계급 저항적 인식을 보여주는 설화의 예가 된다.

그러나 이 같은 설화는 아직 문학작품으로 다양하게 형상화되지 못했다. 역사의 진실을 담은 생명력 있는 문학작품을 기대해 본다.

춘암 박인호의 동학사상과 민족문화운동

조극훈 _ 경기대학교 교양학부 교수

1. 서론

춘암 박인호(1855-1940)는 예산 출신 동학 천도교의 지도자이며 자주독립운동을 주도한 민족 지도자였다. 1883년 동학에 입도하여 광화문 복합상소와 보은 장내리의 교조신원운동에 참여하면서 교단의 지도자로 부상하였다. 동학농민혁명 당시에는 덕산의 대접주로서 면천의 승전곡 전투와 예산의 신례원 전투를 승리로 이끌었다. 동학농민혁명 이후에는 동학 재건에 노력을 기울였으며 갑진개화운동을 주도하면서 동학교도의 민족의식을 고취하려고 노력하였다. 이러한 노력의 결과 천도교의 제3대 교주였던 손병희로부터 도통을 전수받아 제4대 천도교 교주가 되었다. 교단의 개편과 교육 문화 활동을 통해서 천도교를 근대적 종교로 정착하는 데 주도적인 역할을 하였으며 3·1운동과 6·10만세운동에 참여하였으며, 1938년에는 천도교의 멸왜기도운동을 전국적으로 시행함으로써 자주독립운동에도 크게 기여했다.

종교 지도자로서뿐만 아니라 민족 지도자로서 족적을 남길 수 있었던 것은 춘암 박인호의 인품과 인문정신이 크게 작용하였다. 그는 비옥한 토지와 풍부한 수자원으로 농어업이 잘 되었고 교통의 요지이기도 한 예산군 하포리에서 자랐으며 예당평야의 자연 속에서 성장하였다. 아버지의 도덕 인성교육은 그의 정직한 인품의 자양분이 됐다. 풍요로운 자연환경은 그의 마음을 포용력을 갖춘 정신의 소유자로 성장시켰다. 자연교육과 인성교육은 서로 결부되어 춘암 박인호의 선비적인 인품과 포용력 있는 인문정신을 형성하게 되었다. 일제의 탄압과 유혹에도 굴하지 않고 굳건하게 천도교 교단을 지킬 수 있었고 6 · 10만세운동이나 신간회 활동에서 보여준, 이념을 초월한 포용력과 신파와 구파의 대립이라는 일제의 분열책에서도 통합의 정신으로 교단을 유지할 수 있었던 것은 그의 인품과 인문정신에서 나온 것이다.

박인호의 인품과 인문정신으로 일제치하의 억압과 탄압에도 천도교는 근대적 종교로 변모하여 생명력을 유지할 수 있었다. 본 연구는 동학의 천도교 개편 과정과 민족문화운동을 중심으로서의 박인호의 동학 이해와 근대성의 의미를 반성함으로써 박인호 사상의 현재적 가치를 밝혀보는 데 그 목적이 있다.

동학의 근대화 작업은 1905년 손병희의 이른바 대고천하 이후 시작되었다. 그러나 시작은 손병희에 의해 주도되었지만, 과정과 마무리는 박인호에 의해 주도되었다. 교단 개편의 실무를 맡고 동학의 4대 교주가 된 이후 민족교육, 문화운동을 전개한 박인호의 동학 근대화 활동이 이를 뒷받침한다. 박인호 사상의 현재적 가치를 밝혀보는 본 연구는 내포 지역에서 펼친 포덕 활동과 동학 전투, 대고천하 이후 교단 정비와 교육 활동, 그리고 민족문화 활동 등을 포괄할 것이다. 역사적 시기에 따라서 두드러진 박인호의 활동에 주안점을 두고자 한다.

그동안 박인호에 관한 연구는 다른 동학 인물 연구보다 상대적으로 소홀한 편이다. 교단내의 신파와 구파의 갈등이나 개화 문명파와 같은 신파 중심으로 교리 체계를 재해석한 영향 등 다른 요인이 많이 있을 것이다. 그런데 최근 들어 예산 지역 관련 연구자들이나 한국 근대사 연구자들 중 동학 관련 연구자들 사이에 춘암 박인호와 내포 지역 동학농민혁명을 연구하는 분위기가 형성되었다. 본 연구는 최근 연구된 박인호 관련 단행본이나 논문을 정리하고 활용함으로써 박인호 연구의 외연을 넓히는 데에도 기여할 수 있을 것으로 기대된다.

이를 위해서 2장에서는 동학혁명기까지 박인호의 활동을 내포 지역의 동학 활동을 중심으로 살펴보고, 3장에서는 천도교의 선포와 그에 따른 박인호의 다양한 활동을 통해 동학의 근대화 과정을 살펴보고, 4장에서는 일제하의 다양한 교단 내외의 민족운동의 양상을 분석하면서 이 연구의 목적을 달성하고자 한다.

2. 춘암 박인호의 삶과 철학

박인호는 한말과 일제강점기라는 가장 질곡이 깊은 시대를 살았다. 난세에 영웅이 나듯이 그가 예산에서 태어나 내포 지역 동학농민혁명을 주도하였고 당시의 시대정신을 대표하는 천도교의 교주가 되어 교육, 문화, 종교, 사회의 영역에서 주목할 만한 업적을 남긴 것도 시대의 분열과 긴밀하게 연관되어 있다. 외세의 침입·관료의 수탈에 대응하는 반외세 반봉건 운동은 그의 시대 인식의 반영이며, 종교 지도자·혁명가·교육자·문화운동가로서 뛰어난 리더십을 발휘한 것은 시대정신의 반영이다.[1] 그만큼 그의 인물됨이 강인한 의지와 실천력, 그리고 성경신(誠敬信)을 바탕으로 하는 종교심이 강하다는 것을 반증한다. 해월 최시형이 첫 대면에서 박인호의 인물됨을 알아보았고 의암 손병희도 박인호의 강직함을 칭찬했다는 자료를 보면 그의 남다른 면모를 확인할 수 있다.

본 연구의 목적인 천도교의 제4대 교주로서의 박인호의 동학 이해와 그것의 교단적·사회적 의미를 알아보기 위해서라도 먼저 그의 삶과 철학이 무엇인지 살펴볼 필요가 있다. 동학 입도 후 한번도 지조를 굽히지 않고 동학의 자주와 평등의 정신 그리고 천래의 인간성을 잃지 않았고 천도교의 재건에 남다른 안목과 실천 능력을 보여주었고 민족 지도자로서 일관된 삶을 살았다는 것은 특출한 생활윤리와 시대와 역사를 꿰뚫어볼 수 있는 철학적 안목이 전제되어야 하기 때문이다. 특히 그의 삶이 현대인에게 던지는 메시지를 파악하고 사회적·문화적·종교적·정치적 측면에서 그의 동학 이해와 근대적 정신이 무엇인지를 이해하기 위해서라도 그가 가지고 있는 삶의 철학을 파악하는 것은 매우 중요하다.

박인호의 삶과 철학을 파악할 수 있는 자료로는 『신인간』에 게재된 박래원, 윤석산 등의 글과 박래원의 『춘암상사의 생애와 사상』(천도교중앙총부, 1970), 예산문화원에서 간행한 『춘암 박인호 연구』(예산문화원, 1997), 그리고 박인호의 행적을 일기 형식으로 서술한 『춘암상사댁일지』(이동초, 모시는사람들, 2007) 등을 들 수 있다. 이 글에서는 이 자료들을 활용하여 박인호의 생활상과 생활윤리, 그리고 동학적 세계관에서 보이는 철학을 정리하고 그 의미를 제시하고자 한다.

1) 춘암 박인호의 삶과 인품

박인호는 1855년 2월 1일 밀양 출신 박명구(朴命九)와 온양방씨(溫陽方氏) 사이의 큰 아들로 태어났다. 그의 아명(兒名)은 용호(龍浩)이고, 자(字)는 도일(道一)이며, 동학 입도 후 도호(道號)는 춘암(春菴)이다. 그가 태어난 곳은 충청도(忠淸道) 예산면(德山郡) 장촌리(場村面) 막동[幕洞, 충청남도 예산군 삽교읍(揷橋邑) 하포리(下浦里)]인데, 이곳 하포리는 막동이 있던 포리(浦里)로서 옛날부터 국방의 요충이면서 교통의 요충이었다고 한다.[2]

그의 집안은 전형적인 상민 집안이었으며, 이러한 가정형편으로 11세에 이르러서야 한학 교육을 받기 시작했으며, 15세부터는 풍수서와 의서 등을 공부하는 수준까지 도달하였다고 한다.[3] 아버지 박명구는 근엄하고 행동거지가 분명하였고 경우가 엄격하였으므로 아들의 훈육에도 남다른 데가 있었다고 한다. 어느 날 춘암은 아이들과 놀다가 개똥참외를 하나 따가지고 집으로 돌아왔는데, 명구공은 그 참외를 제자리에 가져다 놓고 참외막에 가서 참외를 사서 먹게 해 주었다는 일화가 있다.[4] 이는 불로소득이 옳지 않음을 깨우치게 하려는 의도였을 뿐만 아니라, 아들에게 정직함의 중요성을 강조하려는 의도로 보인다.

그의 인물은 체격이 장대하고 힘이 세었으며, 남의 일 봐주기를 좋아하였다. 그의 일상사는 예산문화원의 자료에 의하면 다음과 같이 정리해 볼 수 있다. ① 생업이 농사일이니 농사일을 하였고, ② 한문을 배웠으니 동네의 기제사에 지방, 축문을 지어 주기, ③ 이웃 사람들의 문안 편지 써 주기, 읽어 주기, ④ 병들지 말라고 방역해 주기, ⑤ 병 든 사람이 나타나면 방문(方文)을 외워 악귀를 몰아내기, ⑥ 큰일 나면 택일 봐주기, ⑦ 병 든 사람 시술해 주기, ⑧ 동네일이 일어나면 해결사 구실하기.[5]

이 자료는 춘암의 생활사와 그의 인간됨을 알 수 있게 한다. 생업에 종사하면서도 자신이 배운 지식으로 이웃 사람들의 대소사를 챙겨 주고, 어려움이 있을 때 따뜻한 이웃으로서 멘토의 역할을 하였으며, 일이 발생하면 그것을 잘 조정하여 해결사 구실을 하였던 리더십을 갖춘 인물로 평가된다. 아울러 그의 인물도 호인으로 사람들을 압도할 수 있는 풍모를 지녔고 대인 관계와 친화력이 뛰어난 것으로 보인다.

이러한 인품은 이후 해월 최시형과 의암 손병희와의 만남과 그 영향으로 더욱 빛을 발했고, 동학혁명 시기 활동과 천도교 개편 이후 민족문화 운동을 하는 데에도 성경의 태도와 평등의 정신 그리고 포용력을 발휘하는 데에도 영향을 끼쳤을 것으로 짐작된다.

2) 동학 입도와 내포 지역 동학 활동

박인호가 살았던 시대는 서산 김씨의 세도정치와 갈퇴 안동 김씨의 세도정치로 서민들의 생활은 억압받고 빈궁하였다. 이러한 봉건적인 지배뿐만 아니라 외세의 침입도 백성들의 삶을 어렵게 만들었다. 그렇다고 이러한 난국을 타개할 수 있는 현실적인 이념이 존재하는 것도 아니었다. 오히려 비서를 비롯해 신비주의가 유행하였다. 『정감록』, 『도선비록』, 『북창비결』, 『남사고비결』이 읽혀지고, 새로운 세상은 정씨 800년의 계룡산 시대가 온다는 비의가 유행하였다. 신비주의는 현실의 문제를 분석하고 그 문제를 해결할 수 있는 구체적이고 본질적인 방향을 제시하는 데 한계가 있다. 오히려 현실의 문제로부터 도피하여 이상적인 것만을 추구한 나머지 탈역사적인 방향으로 나간다. 그런데 새로운 사상은 언제나 시대의 이행기에 나오는 법이다. 시대의 분열과 고통이 심할수록 그것을 극복하고자 하는 시도는 그만큼 강하다. 조선 시대 말기의 사회적 모순을 타개할 이념이 등장하는 것은 역사의 법칙처럼 언제나 있어 왔다.

시대의 모순을 타파할 수 있는 새로운 시대정신인 동학은 춘암에게도 예외 없이 찾아왔다. 춘암이 동학에 입교한 계기는 그가 자주 가는 단골 주막을 통해서였다고 한다. 하루는 주막에 들렀다가 주막 주인인 월화로부터 새로운 세상을 열어줄 동학이 유행처럼 번지고 있다는 말을 듣게 된다. 하느님을 믿는 동학이 영남에서 생겨 영남과 호남에서 크게 일어났으며, 그들의 주장은 사람을 하늘같이 섬기고 바른 마음으로 하느님을 믿어 이 세상은 평화로운 새 세상이 된다는 내용이었다. 수심정기(守心正氣), 보국안민(輔國安民), 사인여천(事人如天), 포덕천하(布德天下)와 같은 동학의 핵심 이념은 춘암의 평소 했던 생각과 크게 다르지 않았다. 더욱이 춘암의 마음을 더욱더 사로잡았던 것은 인의예지(仁義禮智)가 유학의 원리라면, 수심정기(守心正氣)는 오직 동학의 도라 한 대목이었다.[6]

동학이 새로운 것은 전통적인 유교적 세계관이나 비서의 신비주의에서 벗어나 깊은 철학적 안목을 제시하면서도 개인과 사회 그리고 세계를 인식하고 변화시킬 수 있는 근거를 제시하고 있기 때문이다. 개인적으로는 내면의 마음을 닦아 바른 기운을 가져 평화를 가져오며, 사회적으로는 국가를 보위하고 백성들을 편안하게 함으로써 사회정의를 실현할 수 있으며, 세계적·우주론적으로는 사람을 하늘같이 섬기고 포덕함으로써 인간 평등의 이념을 실현할 수 있다는 점에 있다.

박인호는 1883년 동학에 입도하여 1884년 최시형과 손병희의 지도 아래 가섭사에서 인등제를 시행한 후 내포 지역에서 포덕 활동을 하였다.[7] 박인호는 최시형으로부터 "우리 도에 들어오는 자가 많으나 도를 아는 자가 없는 것을 한하노라. 도를 안다는 것은 자기가 자기를 아는 것이니라. 제군들이 이렇게 입도하니 우리 도가 장차 크게 흥융하리니 지극히 수련하여 도의 근본을 깨달으라."라는 격려와 가르침을 받았다. 그 후 그는 의관을 정제하고 어육주초를 금하면서 10년을 기한으로 독공과 연성을 하였다고 한다. 특히 연성을 할 때에는 잠을 잘 때에도 낫자루를 베고 잘 정도로 수련에 열중

하였고 농사일을 할 때에도 의관을 정제할 정도로 성경신의 수심정기에 열중하였다고 한다.[8]

그 후 박인호는 예포의 박덕칠과 함께 덕포 지방을 중심으로 포덕 활동을 하였으며, 내포 지방 전역에서 지속적인 포덕 활동을 한 결과 입도하는 도인이 수천 명이 되었다고 한다. 이들은 입도 후 동학농민혁명의 주역으로서 활동했을 뿐만 아니라 그중 일부는 동학의 접주로서 활약하였다.[9] 내포 지역 주요 접주들은 다음과 같다.

〈내포 지역 동학접주〉
남포: 추용성
홍성: 김주열
덕산: 김명배
예산: 장석준. 윤성공. 김춘군. 박종운. 배인규. 이계화. 조석준. 김기태. 강연. 서복녀
대흥: 장일관. 강도식. 장수홍. 강천복
신창: 김경상
당진: 박용태. 김현규
면천: 박희인
서산: 최금순. 장세화. 최등빈. 안재봉. 안재덕. 박치수. 홍칠봉. 최역식. 김성덕. 홍종식. 박동현.
태안: 김병두. 주병도[10]

박인호가 중심이 된 내포 지역의 동학운동은 이후 광화문 복합상소와 보은의 척왜양창의 운동으로 확대되면서 그 위력이 대단하였다. 박인호는 내

포 지역에서 동학의 핵심 지도자로 성장하였으며 이후 내포 지역 동학농민혁명을 주도하여 승전곡 전투·신례원 전투·홍주성 전투를 이끌었다. 혁명 이후에는 교주로서 천도교의 재건과 민족운동에 지대한 공헌을 하였다.

박인호는 광화문 복합상소에 참가하여 봉서로서 사문난적으로 취급되고 있는 동학의 정당성을 알리고 교조신원을 주장하였다. 보은취회 시에는 덕의대접주로서 수많은 동학교인들을 이끌고 척왜양창의를 주장하였다. 복합상소와 보은취회 활동을 통해서 박인호는 혁명 지도자로서의 입지를 굳건히 하고 동학의 조직화를 위해 앞장섰다. 그는 아산에서 기포하여 관아를 점령하였으며 이후 박희인의 예포대도소가 무너진 이후 연합전선을 형성하면서 승전곡 전투와 신례원 전투에서 일본군·관군·유회군을 격파하고 홍주성에 집결하였다. 그러나 홍주성 전투에서 패배한 동학군과 박인호를 비롯한 동학의 지도자들은 산지사방으로 흩어져 은신하면서 목숨을 보존할 수밖에 없었다.[11]

비록 홍주성 전투에서 패배했지만 박인호가 보여준 지도력과 통솔력은 높이 평가할 만하다. 내포 지역 동학농민혁명의 경험은 후일 민족운동을 전개할 때 소중한 밑거름이 되었다. 일이관지하는 강한 의지력은 일제에 굴하지 않고 꿋꿋하게 교단을 지키게 했고, 그의 지도력은 타자의 차이도 인정하는 포용력으로 발전하였으며, 독공 수련을 통한 튼실한 신앙은 무인멸왜기도와 같은 독특한 정신적인 저항운동으로 발전하였다. 이러한 박인호의 활동의 이면에는 누구도 따라올 수 없는 강인한 의지력뿐만 아니라 동학의 시천주 수련에 의한 신앙심, 그리고 시대를 읽는 그의 철학이 자리 잡고 있다.

3) 박인호의 동학 이해와 철학

박인호는 동학경전을 읽고 10여 년의 독공수련을 통해서 사상적 기반을 다졌다. 물론 포덕천하의 실천을 통해서 당시의 시대적 모순을 해결하려는 실천과 불가분의 관계에 있다. 어떤 정신과 철학이 어려운 상황에서도 굴하지 않고 민중의 복지와 민족의 장래를 생각하고 실천하게 만들었는가? 우리는 일련의 자료를 통해서 그의 시대 인식과 철학이 형이상학적이면서도 공공성을 강조하는 윤리 규범임을 확인할 수 있다.

첫째, 천인합일의 생태적 세계관을 들 수 있다.

2구로 된 다음 시는 인간과 자연, 또는 개체와 보편의 살아 있는 통일 관계를 보여준다. 나는 개인으로서가 아니라 개인을 지양한 보편으로서 한울과 다른 것이 아니며, 한울도 보편으로서가 아니라 특수화된 개체로서는 개인이다. 개인이 자기 지양을 통해 보편화될 때 개인은 더 이상 개인이 아니고 한울과 같은 보편적인 존재가 되는 것이며, 한울도 개인과 분리된 추상적인 보편이 아니라 개체를 매개로 해서 특수화된 개체가 될 때 개인과 매개되는 것이다. 따라서 사람과 한울은 다르면서 같은 관계에 있다.

> 我非我也我是天, 天非天也天是我,
>
> 如斯知而修去, 萬理都在一胸中
>
> 나는 내가 아니고 한울이며, 한울은 한울이 아니고 나이니,
>
> 이 같은 것을 닦아 알면, 모든 이치가 내 가슴에 있는 것이다.[12]

또한 박인호 『수시집(壽時集)』 서문과 발문에서도 이러한 세계관을 알 수 있다. 수시집은 박인호의 시문 중에서 370여 편을 아들 박래홍이 편집하고 양한묵이 서문을 써서 출판된 시집이다. 1985년 〈취운회〉에서 영인본을 냈

으며 양한묵의 서문과 이관의 발문이 있는데, 특히 이관의 발문을 통해서 박인호의 철학을 생각해볼 수 있다.

〈발-李瓘〉

한울의 법칙은 無爲로써 壽를 삼고 천지의 운행은 쉬지 않으므로 壽하니, 사람은 진실로 한울을 몸삼아 道를 운용하는 것이니 壽 또한 天道일 따름이다. 우리 천도교의 대도주이신 춘암 선생께서는 한울의 영감을 이어받으시어 몸소 大道의 중임을 도맡으시었다. … 나에게 말미에 跋記하기를 권하니 내 생각건대 한울은 天壽로써 사람을 壽하게 하고 사람은 人壽로써 한울을 壽하게 하니 한울과 사람이 함께 아울러 壽하는 것이다. 실로 이것이 우리 천도교의 취지인 것이다. 이제 선생께서는 無爲의 德으로 不息의 工을 행하고 천인일체의 壽를 이루시어 그 시초를 窮究하시니 실로 이것은 선생께서 스스로 초치하신 경사이시다. 오호라! 선생님이시어! 우리 어찌 勉勵하여 선생님의 경사로써 자신의 경사를 삼지 아니 하리오. 대략 느낀 바의 뜻이 이와 같으니 詩의 어느 것이 낫고 어느 것이 拙하다라는 것은 내가 먼저 할 바가 아니다.[13]

한울의 법칙을 중단되지 않는 생명으로 해석하고 한울과 사람의 관계를 생명의 관계로 보았다. 한울은 천수로 사람을 수하고 사람은 인수로 한울 수하게 한다는 것은 한울과 사람은 서로를 살린다는 의미다. 다만 '한울은 한울의 생명으로, 사람은 사람의 생명으로'라는 존재방식이 다를 뿐이다. 양자를 매개하는 매개체는 생명이다. 수로써 양자를 매개한 것으로 해석한 것이 독특하다.

둘째, 사회적 공공성을 들 수 있다.

『동아일보』(1936.1.1)에 게재된 천도교 구파를 대표하는 인물인 권동진과의 대담은 천도교의 근대적 성격을 보여준다. 개인보다는 사회, 사심보다는 공덕심, 개인윤리보다는 사회윤리가 더욱 중요하다는 점을 강조하고 개방된 시대에 걸맞는 윤리 도덕과 사회규범을 제시하고 있다. 공덕심의 강조는 천도교의 근본 성격에 연유한다.

> 어느 민족이든지 그 사회를 구성하는 도덕률이 있거늘 우리에게 가장 빈약한 것이 이 공덕심이다. 현재와 같이 광범위한 사회, 민족, 다시 국제적 생활을 영위함에 있어서 더 한층 복잡한 사회에 있어서는 공덕심이야말로 실로 중요한 생활 요소이다. 이조 5백년간의 조선은 정치적으로 한 개의 국가를 형성하고 있으면서도 이상스럽게도 국가의 기초를 짓는 사회 도덕에 대해서는 너무나 등한시하였다. 원래 조선에서는 가족주의가 발달되어 효를 중심으로 한 사덕만은 최고로 진정되었으나 민족사회를 본위로 하는 공덕에는 조금도 관심을 갖지 못하였으니 우리 민족으로 하여금 쇠퇴하는 가장 중대한 원인이 여기에 있는 것으로 생각한다. 우리가 앞으로 한 개의 민족을 인류 사회에 그 존재를 지속하려면 무엇보다도 먼저 이 공덕의 보급과 실행에 힘써야 할 것이다.[14]

유교적 세계관에 대한 비판을 통해 개인윤리를 넘어선 사회윤리의 중요성을 강조하고 있다. 공덕심은 개인보다는 전체를 생각하는 도덕률을 말한다. 변화된 시대에 걸맞는 도덕률은 공덕심이라는 것이다. 그런데 유교 도덕은 개인윤리를 지나치게 중시한 나머지 사회 도덕을 등한시함으로써 우리 민족을 쇠퇴하게 만들었다.

셋째, 평등한 인간관계 규범을 들 수 있다.

1936년 8월 4일자에 기재된 일지에서는 하기 강좌에 출석하기 위하여 내방한 지방의 청년동맹원들에게 사람의 마음을 물의 이치에 비유하여 대인 관계의 중요성을 강조하였다.

> 물은 틈이 없다. 사람의 마음도 그와 같이 사이가 없다. 사람끼리 원수가 어디에 있느냐? 돌연히 말로만 떠들고 행하지 않는 관계니라. 그러기에 대신사의 말씀에 '他人細過勿論我心' 하라는 말씀을 하셨다.[15]

특히 인간관계를 물에 비유한 것이 독특하다. 천도교에서도 오관종규 중 청수봉전은 중요한 의례 중의 하나이다. 물은 정화의 역할을 한다. 물은 틈이 없다. 틈이란 나의 것와 너의 것, 시시비비의 마음을 말한다. 틈이 없다는 것은 각자위심의 마음이 아니라 동귀일체의 평등성을 말한다. 남의 허물까지 사실은 나의 허물로 인해서 발생한다. 물이 빈틈이 없듯이 사람 관계도 이기적인 마음이 아닌 공덕심으로 한다면 원만하게 된다는 것이다.

넷째, 신앙적 성실함을 들 수 있다.

천도교 교단에서는 박인호의 삶의 규범을 세 가지로 제시하였다.[16]

먼저, 한결같은 수도. 입도 후 10여 년간을 독공수련함으로써 종교인으로서 내적 수양을 했다는 점이다. 일상생활이 수도 생활과 다름없을 정도로 신앙생활과 종교 생활이 일치하였다. 대도주직의 승계와 신구파의 분열의 와중에서도 일관성을 지킬 수 있었던 힘이다.

다음으로, 가식없는 성실함. 수도 생활에서 성경신의 정신을 몸에 익힘으로써 진실함을 생활 규범으로 삼았다. "거짓말을 하지 말라. 거짓에 죽고 진실에 사느니라."는 말에서 그의 성실함을 확인할 수 있다. 오관종규의 마련, 보성학교와 동덕학교의 인수 및 교육 활동은 성실함이 바탕이 되었다.

마지막으로, 솔선수범하는 실천력. 광제창생, 포덕천하의 정신에 따라 내포 지역의 수많은 사람들을 포덕하였다. 광화문의 복합상소나, 보은 장내리의 신원운동 등은 이러한 솔선수범하는 실천력이 뒷받침되어야 한다.

아울러 민족주의적인 관점에서 박인호의 성품을 평가하기도 한다. 김한식은 춘암의 삶과 발자취를 민족주의 입장에서 세 가지로 평가하였다.[17]

첫째로 포용력이다. 그는 민족을 중심으로 포용력을 발휘하였다. 1910년 이후 일본의 무단정치에 항거하면서 사회 각 계층을 포용하려고 노력하였다. 그는 1919년 3월 1일 운동에서도 민족대표 48인 중 1인으로 기독교, 불교 등 종교계 대표들을 규합하여 거족적인 만세운동을 시도하였다. 6 · 10 만세운동이나 신간회 사건에서도 사회주의 계열까지 포함하는 민족적 단결을 도모하였다.

둘째로 지조 정신이다. 그는 자주독립을 향해 매수되거나 권력에 유혹됨이 없이 일관되게 자신을 지켰다는 점이다. 독립이 요원하고 일제의 위협과 유혹이 높아지는 상황에서도 민족의 이익을 위해 자신의 안위를 포기할 수 있다는 점이다.

셋째로 비폭력 수단에 관심을 가지고 문화교육의 진흥에 정진하였다.

그리고 춘암의 삶에 가장 영향을 준 것으로 환경적 요인과 만난 인물을 들고 있다. 춘암이 태어난 곳인 삽교읍 하포리는 물이 합쳐지는 지역으로 기름진 땅으로 농사짓기도 좋았으며 어업도 좋은 곳이었다. 그만큼 육로와 해로가 있어서 교통이 편리한 곳이었다. 이곳에서 수탈의 현상을 목격하면서 저항심을 갖게 되었다.

춘암이 만난 인물도 그의 삶에 영향을 끼쳤다. 해월과 의암이 결정적인 영향을 끼쳤다. 춘암은 이들의 영향을 받으면서 신앙심과 사회참여적 성격을 형성하였다. 이는 그의 환원 시까지 일관되게 이어지는 성격이다.[18] 해월의 사인여천의 정신과 따뜻한 인간미 그리고 의암의 지적인 풍모와 강직함

등은 춘암에게 일종의 롤모델로 작용했을 것이다. 춘암이 평생 시천주, 사
인여천, 수심정기의 동학의 신앙심을 간직하였고 독립운동과 민족문화운
동을 펼칠 수 있는 것은 이들 인물의 영향이 크게 작용한 것이다.

3. 박인호의 천도교 활동과 근대성

1905년 12월 1일 동학은 천도교로 개명되었다. 진보회와 통합한 일진회
의 친일 행위로 교단은 천도교로 이름을 바꾸고 본격적인 근대화 작업에 착
수하였다. 박인호는 손병희와 함께 교단의 근대화 작업에 실질적으로 관여
하면서 천도교대헌을 제정하였고, 1908년 1월 18일 대도주가 된 이후로 교
단의 조직 개편에 적극적으로 간여하였다. 주문·기념가·법문 등의 교단
의 기본적인 규칙을 새롭게 개편하였으며, 1918년에는 천도교에서 가장 중
요한 의례인 오관종규를 공포하였다.

박인호는 교단 정비뿐만 아니라 학교 인수와 교육 문화 운동에도 헌신하
였다. 교역자 양성을 위해 교리강습소를 설립하고, 동덕여학교와 보성학교
를 비롯한 일곱 개의 학교를 인수 및 경영하였다. 학교를 사회의 공기라고
한 교육철학이 근거하고 있다. 뿐만 아니라 3·1운동을 위한 자금을 지원하
고 재산 압수로 인한 재정의 어려움을 극복하기 위해 강계교구 모금운동을
지시하였다. 1926년 6·10만세운동과 1927년 신간회 활동에 지원을 아끼지
않은 등 민족운동을 주도·후원하였다. 마지막으로 병석에 있으면서도 일
본의 말살을 기도하는 멸왜기도운동을 전개하여 민족운동의 끈을 놓지 않
았다.

1) 박인호 동학 활동의 전환과 천도교 개명

동학의 천도교 개명은 박인호의 활동 방향에 중요한 전환점을 제공했다. 동학의 천도교로의 전환은 정교분리를 통해서 순수한 종교단체로 전환함으로써 종교의 자유를 실현하는 현도시대를 여는 계기가 되었다. 정부로부터 종교로서 공인을 받음으로써 쇠약해진 교단을 재정비하고 새로운 근대적 종교의 면모를 갖추어 재도약하기 위한 중요한 전환점이었다. 정교분리 원칙에 따라 정치 활동과 종교 활동을 분리하고 교단의 내실을 다지는 데에 치중하게 되었다. 박인호의 활동도 이러한 정교분리 원칙에 따라 교단 내의 활동이나 교육계몽운동으로 향하게 되었다.

따라서 천도교 개명을 통해 이전까지 탄압받아야 했던 동학이 종교의 자유를 내세워 천도교로 합법화함으로써, 정당하고 자유롭게 신앙 활동을 할 수 있었다는 점이다. 또한 동학이라는 학문을 통해 천도를 궁구하고 또 신앙하던 토속적인 신앙 집단이 매우 근대적인 교단, 곧 천도교단으로 탈바꿈했다는 사실이다.[19]

천도교라는 이름은 1905년 12월 1일 『제국신문』에 천도교 대도주 손병희의 명의로 대고천하하는 광고를 실음으로써 등장하였다. 동학을 천도교로 개명한 것은 동학경전인 『동경대전』의 「논학문」에 있는 "도는 비록 천도이지만, 학은 곧 동학이다."[20]라는 구절에 근거를 두고 있다. 윤석산은 천도교가 수운의 학인 동학과 도인 천도를 아우르는 말이며, 동학의 본의를 개화시대에 적용한 것으로, 동학과 천도교는 명칭의 차이일 뿐 본래적인 의미에는 변함이 없다는 것을 강조한다. 천도를 궁구하고 또 이에 이르는 학문이 동학이었으며, 나아가 동학을 통해 궁구한 천도·천리를 따라 사는 삶, 곧 한울님 가르침의 사회적·역사적 실천이었다. 이와 같은 수운의 '학'인 동학과 '도'인 천도를 아울러 '천도교', 즉 교로서 그 이름을 세상에 널리 펼친 것이 곧 1905년 12월 1일의 사건인 것이다. 따라서 옛 이름이 '동학'이고 오늘의 이름이 '천도교'라기보다는, '천도교'라는 명칭은 곧 동학과 천도를 아우른 이름이라고 해석하기도 한다.[21] 따라서 천도교라는 이름이 지닌 의미는, 곧 천도인 '도'와, '도'를 궁구하는 '학'을 포괄하며, 나아가 서양의 개념인 '종교'로서의 모습까지 갖추려는 데 있다.[22]

천도교로의 개명의 필요성은 교단 내에서는 이른바 은도시대를 끝내고 현도시대를 개척함으로써 근대적 체제를 갖춘 종교로 일신하는 데 있는 것처럼 보인다. 임형진은 천도교 선포의 의미를 세 가지로 제시하고 있다.

첫째, 동학의 부정적 이미지―동학혁명의 선례로 인한 반란 집단이라는 부정적 이미지와 일진회가 행한 친일적 행동의 반민족적 이미지 등으로 인한―를 씻고 이용구의 일진회에 머물고 있던 교도들을 효과적으로 수습할 수 있다는 것이다.[23]

둘째, 신앙의 자유는 세계적 통례이기 때문에 동학을 천도교라는 정식 종교 명칭으로 바꿈으로써 1860년 창도 이후 목표였던 현도를 통해 근대적 종교로 발전시킬 수 있다는 것이다.

셋째, 포교와 신앙의 자유라는 토대 위에서 비교적 자유롭게 구국 및 문화운동을 전개할 수 있다는 것, 특히 천도교가 순수 종교단체로서 사회변혁의 이념운동적 성격을 포기하는 것이 아니라 교정일치와 성신쌍전의 기본 입장을 견지하면서 사회 변혁을 지혜롭게 추구한다는 것이다. 비록 천도교로 개칭하더라도 동학 창립 이래로 천도교는 보국안민과 포덕천하, 광제창생을 추구하는 대원칙은 변함없었다.[24]

임형진은 동학의 천도교로의 개명이 현도시대를 여는 중요한 계기이며 이를 통해 동학이 근대적 종교로 정착했다는 점에서 긍정적으로 평가한다. 특히 그는 천도교의 이념성이 여전히 교정일치와 성신쌍전의 기본 입장을 견지하고 있다고 하면서, 그 근거로 천도교의 실천 이념인 보국안민, 포덕천하, 광제창생의 원칙이 바뀌지 않았다는 점을 들고 있다. 그럼에도 불구하고 손병희에 의한 동학의 천도교 선포와 동학의 근대화에 대한 평가가 긍정적인 것만 있는 것은 아니다.

예를 들어 고건호에 의하면, 동학의 교정쌍수와 천도교의 교정일치는 구분되어야 한다. 동학에서 종교와 정치, 성과 속, 성과 신은 구별되지 않는다. 반면에 천도교에서는 종교와 정치는 일치되지만, 서로 다른 차원의 일치이다. 즉 교회 내에서의 개인 구제와 교회 외곽 단체에서의 사회 개혁의 일치이다. 교정쌍수는 동학 내에서의 종교와 정치의 일치를 의미하고, 교정일치는 교회 내의 종교성과 교회 밖의 정치성의 일치를 의미한다. 천도교에서는 개인 구제와 사회 구제가 각기 다른 영역에서 이루어졌고, 이 다른 영역의 일치라는 점에서 외면상 일치이지만 내실은 일치가 아니라 개인 구제와 사회 개혁은 이원화되었다고 평가할 수 있다.[25]

동학 창도 당시의 후천개벽이 지향했던 教政雙修의 논리는 근대적 의미에서의 教政分離에 대칭되는 개념인 教政一致와 구별되어야 한다. 그 근거는 『동경대전』과 『용담유사』에서 후천개벽을 "도탄에 빠진 이 세상을 구제하기 위해서는 布德天下, 廣濟蒼生, 輔國安民함으로써 후천운수로 다시 개벽해내는 것"으로 반복적으로 강조하고 있는 데서 찾을 수 있다. 천도교로의 개신 이전인 개항 전기부터, 즉 동학 창도 당시부터 후천개벽론이 제시하고 있는 구체적인 실천의 방편에서는 이른바 종교운동과 사회운동을 엄밀히 구분하고 있지 않다. 오히려 양자가 긴밀히 연관되는 전반적인 사회개혁, 즉 정신개벽과 물질개벽, 개인구제와 사회구원이 일치되어 전개되는 총체적인 사회개벽의 논리였다. 이것은 천도교 시대에 적극적으로 모색되는 文明開化의 논리

와 구별된다.[26]

『천도교창건사』에 의하면 근대적 의미의 교정일치를 다음과 같이 규정하고 있다.

性身雙全의 理에 의하여 천도교는 전적 생활을 사람에게 교시하고 그 법리에 의하여 정치사와 도덕사는 인간문제의 근저에서 결코 분리하여 볼 것이 아니요, 유일의 人乃天 생활의 표현에서 그가 제도로서 나타날 때에는 政이 되고 그가 敎化로 나타날 때에는 敎가 된다 함이니, 그러므로 천도교는 세상을 새롭게 함에 있어 精神文化를 존중히 아는 동시에 물질적 제도를 중시하여 그 양자를 병행케 함을 敎政一致라 함이었다.[27]

천도교로의 개명으로 인한 시천주 신앙에서 인내천 종지로의 변화는 지금까지도 신앙 주체에 대한 많은 논란이 되고 있다. 또한 사회적으로도 동학 전통의 반일 민족주의 노선이 다분히 친일적 방향으로 전환되는 인식을 주기에 충분했다.[28] 그럼에도 불구하고 천도교로의 개명은 시대의 변화에 적응하기 위한 불가피한 선택이며 근대적인 합리적 종교로 발전하기 위한 계기였다고 볼 수 있다. 박인호는 이러한 과정에서 천도교 교단을 이끌 지도자가 되어 천도교의 근대화에 지대한 역할을 담당하였다.

특히 천도교로의 개명은 박인호의 동학 천도교 활동이 직접적인 정치 투쟁에서 문화운동으로 전환하는 계기가 되었다. 동학이 공인되지 못하고 숨어서 도를 펼치는 이른바 은도시대에서 벗어나 정부로부터 공인되어 합법적으로 도를 펼칠 수 있는 현도시대가 열렸으며, 그 이후 정치적 활동에서 교육 문화 활동으로 전환되는 문화운동 시대로 접어들었다. 동학사에서 세

번째 시기인 문화운동 시대의 중심적인 역할을 바로 박인호가 맡았던 것이다. 천도교 개편은 당시 일본에 체류하고 있었던 손병희에 의해 주도되었지만, 교단 개편 등을 통해서 이를 구체화시킨 인물은 박인호였다.

2) 교단의 개편과 근대성

1905년 천도교 개명 이후 박인호는 손병희와 함께 천도교대헌을 제정하는 것을 시작으로 교단 조직을 본격적으로 개편하기 시작하였다. 그러나 천도교 개명 이후 송병준의 출교 및 재정적 압박 등 여러 가지 어려운 상황에 직면하였다. 이듬해 1906년 박인호는 교장, 고문, 금융관장, 경도사의 직책을 맡아 교단의 어려운 상황을 극복하려고 노력하였다. 특히 교단의 정비를 위해 1년 동안 충청도에 내려가 포교 활동을 펼치면서 교당 건축 기금을 마련하는 활발한 활동을 펼쳤다.[29] 이러한 공을 인정받아 박인호는 1907년 12월 10일에 차도주가 되었고 1908년 1월 18일에는 대도주가 되었다. 손병희는 대도주의 자리를 사양한 박인호를 정직하며 성실하다고 평하면서 대도주의 선임은 천의(天意)에 의한 것이라고 밝혔다. 당시의 천도교의 어려운 상황을 극복하고 교단을 정비할 인물로 박인호를 발탁한 것이다.[30]

박인호는 대도주가 된 1908년부터 1918년까지 10년이라는 기간 동안 교단의 중심기구인 중앙총부가 천도교 신앙의 중심이 될 수 있도록 세 차례에 걸쳐 이전하였고, 지방에 교구를 설치하고 필요한 기구를 증설하는 등 많은 노력을 기울였다.[31] 교단 개편은 교당의 이전과 교구의 증설, 직책 임용과 관련한 조직 개편과, 교단의 주문·기념가·법문·각종 규칙과 관련된 규칙개편으로 이루어졌다.

대도주가 된 박인호가 교단 개편에서 제일 먼저 시도한 것이 교단의 체제 정비였다. 대도주 휘하에 교역자를 계층적으로 체계화하여 구체적이고 체계적인 신앙 체계를 세우고자 하였다. 계층 구조의 확립을 위하여 수운 · 해월 · 의암을 각각 대신사 · 신사 · 성사로 명칭하였고, 아울러 이를 기념하는 각종 기념일을 제정하였다.

가) 계층구조의 확립을 위하여 ①수운을 대신사로 ②해월을 신사로 ③의암을 성사로 추존하여 하이어라키(Hierachy)를 세웠다.

나) 교회를 중앙총부라 하여 남부 홍문동으로 이전하여 무거운 공기를 일신하였다가 3월에 대사동으로 이전하였다.

다) 장실을 만들어 의암을 모시고 좌봉도에 김명배를 임명하였다.

라) 중앙총부 고문에 오세창을

마) 전제관장에 김완규를

바) 금융관장에 윤구영을

사) 신도사에 라용환을

아) 법도사에 양한묵을

자) 전제관장에 이병호를 임명하였으며

차) 천지인 삼통 대계를 세워 종문 삼대 기념일도 삼으니 ① 4월 5일은 천일 ② 8월 14일은 지일 ③ 12월 24일은 인일로 정하고 ④ 3월 10일과 6월 2일은 기념일로 ⑤ 12월 1일을 교일기념일로 정하였다.[32]

이처럼 천도교라는 이름으로 현도를 한 후, 교단의 체제를 마련하면서, 천일, 지일, 인일, 교일 등의 이름과 함께 제정한 기념일은 '교인들의 유대 강화'와 '교세진작'이라는 면에서 효과적인 결과를 가져온다.[33] 교단의 계층적인 개편은 근대적인 신앙 체제를 확립하는 것이며, 각종 기념일 제정은 교인들의 결속을 의도하였다. 교단의 정비는 동학이 근대적 제도종교 조직의 역할과 활동을 시작했다는 것으로 근대적 조직 원리인 분업의 원리, 계층제의 원리, 통솔 범위의 원리, 명령 통일의 원리, 통합 조정의 원리를 실현하는 계기였다고 평가할 수 있다.[34]

이와 함께 주문, 기념가, 법문 등의 규칙 개편이 이루어졌다. 1909년에는 주문(神師靈氣我心定無窮造化今日至)을, 1909년 10월에는 기념가를, 1910년에는 축문의 일부 어구를 개정 반포하였다.[35] 또한 1911년 4월에는 교단의 가장 중요한 규칙인 사과(四科; 誠, 敬, 信, 法), 오관(五款; 呪文, 淸水, 侍日, 誠米, 祈禱)을 제정 반포하였다. 특히 오관은 천도교의 가장 중요한 의례 중의 하나로 천도교가 근대적 종교 형태를 갖추는 데 중요한 역할을 하였다. 그 중요한 시행 규칙은 다음과 같다.

1. 주문은 어느 때 어디서든지 항상 외워 한울님과 양위신사의 감응하시는 기운을 받아 사사로운 욕심과 망념된 생각을 버리게 함.

2. 청수는 매일 하오 9시에 받들어 집안 정결한 곳에 한 그릇으로 모시어 한울님과 스승님의 감응을 받아 포덕천하 광제창생할 것을 먼저 축원하고 그 밖에 다른 소원을 축원함이 가함.

3. 성미는 가내 식구를 위하여 영원한 수복을 비는 것이니 매양 밥쌀 중에서 매식구에 한 술씩 뜨되 지극한 정성으로 함.

4. 시일은 일요일마다 성화회에 참석하여 교인된 자격을 발표하는 것이니 아무쪼록 교당이나 전교실에 나가서 한울님과 스승님을 지성으로 생각하고 설교하는 말씀을 자세히 들으며 교리를 공부함.

5. 기도는 통상기도와 특별기도가 있는데 통상기도는 매시일 하오 9시에 청수와 정미 5합을 같이 봉전하고 신사주문 105회를 현송 또는 묵송하며, 특별기도는 7일, 21일, 49일, 105일 등 일정한 기간을 정해가지고 봉행하는 것

인데 총부에서 전체적으로 실시하는 절차에 의해서도 행하고 또는 한울님과 스승님의 감응을 받아 소원을 성취하기 위하여 각자 봉행하기도 한다.[36]

주문은 '시천주 조화정 영세불망 만사지(侍天主 造化定 永世不忘 萬事知)'를 무시로 외울 것, 청소는 가정에서 매일 저녁 9시에 모실 것, 성미는 아침과 저녁 밥을 지을 때 식구 수 대로 쌀 한 술씩 뜰 것, 시일식은 매주 일요일 오전 11시에 교당에 모여 기도하며 설교를 들을 것, 기도는 매일 저녁 9시에 가족들이 모여 청수와 정미를 받들고 신사 주문을 백다섯 번 묵송할 것 등이다.[37]

천도교는 처음부터 신앙심을 고취시키고 교인들을 결집시키려는 목적으로 종교 의례를 정하였다. 그런데 오관 중 청수, 심고, 주문은 동학 시대부터 종교적 의례 행위로 행해져 왔으며, 교단의 경제적 자산이 되는 성미(誠米)와 서양적인 종교 의례 집회인 시일성화식(侍日聖化式)이라는 제도가 첨가되었다. 이로써 청수, 기도, 주문, 성미, 시일 등의 오관(五款)을 확립하고 종교적 의례를 정례화하게 된다. 또한 1907년에는 천덕송(天德頌)을 발간하여 종교 의식을 내실화하였다.[38]

천도교의 오관 실행은 근대적 종교 체제로 그 의미가 크다. 김경재 교수는 그 의미를 다음과 같이 정리하고 있다.[39] 첫째, 주문 암송은 교인들의 사사로운 욕심을 버리게 하는 천도교의 종교심을 강화·입증한다. 둘째, 청수는 제천의식에서 정화수의 역할, 수운의 득도와 참형 시 청수봉전, 그리고 해월의 청수 일기 사용에 근거하며, 청수봉전은 정결성·투명성·유연성, 생명화육성·역동성·가변성·침투성·겸허성 등의 동아시아적 보편성을 갖는 종교심성을 길러준다. 셋째, 성미는 교단 운영의 토대를 형성하는 현실적 제도로서 동아시아적 농업 기반에서 나올 수 있는 탁월한 종교적 의식이다. 넷째, 시일은 일요일마다 행해지는 천도교인들의 정규 집회의 의미를 지니며, 다섯째, 기도 의식을 통상기도와 특별기도로 정례화한 것은 그동안 제도화되지 못한 종교 의식의 제도화라고 할 수 있다.

3) 교육 문화 운동

박인호는 교단의 정비를 어느 정도 마무리하고 언론 출판 활동과 교육기관 운영을 통해서 교육 문화 운동을 전개하였다. 『만세보』(1906년)와 『천도교회월보』(1910년) 등의 창간을 통해서 국민교육과 천도교의 교리 선전과 학술 보급을 추진하였다. 또한 교리강습소(1908년)를 통한 보통학교 수준의 교육을 실시하였으며, 보성학교의 인수(1910년)와 동덕여학교의 인수(1911년) 및 지원 등을 통해 체계적인 교육을 실시하였다. 박인호는 동덕여학교의 설립자로 취임하는 등 교육 문화 활동에 적극적이었다.

『만세보』는 일간지로 창간되어 1907년 폐간될 때까지 293호를 발행하였다. 그 목적은 국권회복의 의지와 개화사상을 고취하는 데 있었으며, 그 논조는 근대화를 추구하는 정치 개혁 운동의 전개와 대의제의 실현, 지방자치제의 실시, 인사 개혁으로 천거제의 폐지와 인물교체론이었다. 아울러 교서를 비롯한 교회의 종령, 공함, 각 교구의 성화회 상황 등을 게재함으로써 국권의 회복을 위한 국민의 자각과 개화사상 보급을 위한 국민계몽을 주장하는 등 천도교의 기관지로서의 역할을 다하였다.[40]

『천도교회월보』는 『만세보』를 이어 교리의 설명과 학술의 새로운 지식을 보급하고 제도를 알리는 것을 목적으로 창간하였으나, 초기에는 일반 교양 관련 논설이 많았다. 초기의 편집 체계는 교리부・학술부・기예부・물가부 등으로 구성되어 있고, 교리 이외에도 교육・지리・역사・물리・경제・농업 물가와 외국과의 무역 수출입 가격까지 다루고 있어 신지식을 보급하려는 목적이 있음을 알 수 있다. 『천도교회월보』는 압수, 수색, 발매 중지, 발행 중지 등으로 탄압을 받다가 멸왜기도운동의 발각으로 인하여 1935년 3월호(통권 315호)로 폐간되었다.[41]

언론 활동은 두 가지 점에서 근대적이다. 첫째는 정교 분리 정책에 의해 동학이 천도교로 개명함으로써 천도교가 지향하는 목적을 홍보하고 계도할 수 있는 효과적인 수단이다. 교리의 전파와 함께 각 교구의 소식뿐만 아니라 지식 보급을 통해서 교인들뿐만 아니라 국민들을 계몽할 수 있는 근대적인 소통의 수단이다. 둘째는 언론은 종교 활동과 사회 활동을 매개하는 역할을 한다. 믿음과 이론, 신앙과 이성을 언론 활동을 통해서 매개함으로써 천도교의 평등주의와 근대적인 개벽사상 그리고 인내천주의를 이성적으로 인식하게 함으로써 신앙에 접근하게 만든다. 즉 천도교가 민족종교와 이성종교로 성장할 수 있는 역할을 담당한 것이다.

박인호는 이러한 언론 활동뿐만 아니라 교역자 양성을 위해 지방에 교리강습소 등을 개설하여 교리와 일반교육을 보급하였다. 강습소에서는 교리뿐만 아니라 보통학교 수준의 일반교육을 실시하였으며 본과 3년, 특별과 2년, 속성과 3개월 과정으로 조선어·한문·일본어·산술·역사·이과·도서·농업·창가·체조 등을 가르쳤다.[42]

교육 문화 운동 중에서 가장 주목할 만한 부분은 보성학교(보성전문, 보성중학, 보성초등)와 동덕여학교 등을 인수하여 근대적인 교육을 체계적으로 진행했다는 점이다. 보성전문학교와 보성초등학교는 당시 교육계의 효시로 알려진 학교였으나, 경제적인 문제로 어려움을 겪게 되자 채무 청산으로 8천 원을 지불하였고, 보성 3교와 보성관, 보성사까지 인수하게 되었다.[43] 보성학교는 1923년 6월 졸업생이 600여 명에 재학생이 700여 명에 달하였지만, 3·1운동 이후 일제의 탄압에 의해 교단의 재정이 어려워져 학교 운영이 불가능하게 되었다. 결국 1924년에 조선불교교무원에 양도하게 되었다.[44] 동덕여학교 인수와 경영은 박인호의 여성 교육에 대한 열의를 알 수 있게 한다. 재정난에 빠진 동덕여학교를 인수하여 천도교 교주였던 박인호의 명의로 설립자를 변경하여 천도교에서 운영하게 되었다. 박인호가 설립자가 된 첫 해에 법률상업학교 졸업생 30여 명과 고등과정 졸업생 28명을 배출하였다. 여성 교육에 대한 관심을 가지고 입학을 독려하기도 했다.[45] 그러나 동덕여학교 역시 3·1운동 이후 재정 악화로 더 이상 경영을 담당할 수 없게 되어 1923년 경영권을 조동식에게 양도하게 된다.[46]

천도교는 보성학교와 동덕학교뿐만 아니라 용산에 있는 양덕학교와 마포의 삼호보성소학교 및 청파에 있는 문창학교, 대구의 교남학교, 일신학교의 7개 학교 등을 인수 운영하였으며, 청주에는 종학학교를 설립하고 용산 양영학교, 양덕학교, 전주 창동학교 등에는 보조금을 주는 등 육영사업을 활발하게 펼쳤다.[47] 그런데 박인호에 의하면 학교 인수는 단순히 재정난 탈피를 위해서가 아니라 사회의 공기로서 공적인 목적으로 진행되었다. 여기에서 박인호의 교육자로서의 교육철학을 엿볼 수 있다.

> 20년 전부터 천도교의 대표자인 관계로 교내 학교를 관리케 된 것을 비롯하여 경영 곤란에 빠진 사립학교를 10여 개를 건져 낸 것밖에는 별다른 사업이 없다. 앞으로 포부를 말한다면 학교의 사회의 公器인 만큼 개인의 독단적 관리를 떠나서 공공의 재단을 세우는 것이 가장 좋은 것으로 생각하여 이것을 실행하고 또 남에게 권하고 싶다.[48]

일찍이 교육의 공공성을 강조한 박인호의 교육철학 때문에 천도교단은 어려운 환경에서도 과감한 투자로 교육기관을 인수하고 교육 문화 활동을 활발히 전개할 수 있었다. 교리강습소를 비롯해 많은 교육기관에서 배출한 졸업생들 중 다수가 이후 3·1운동의 핵심 인물로 성장하였다. 이것은 모두 박인호의 교육철학 때문에 가능한 일이었으며, 이후 전개된 천도교 문화운동도 박인호의 이러한 교육철학과 실천에서 비롯되었다고 할 수 있다.

4. 박인호의 민족운동

1) 3·1운동의 지원과 강계교구 모금운동

박인호는 교육 문화 운동을 통해 뛰어난 인재들을 배출하였다. 교인들뿐만 아니라 일반인들을 대상으로 하는 계몽 교육 활동은 3·1운동에서는 자금 조달 등의 활동으로 이어져 민족운동에 중요한 역할을 하였다.

천도교는 3·1운동의 준비 과정에서 주도적인 역할을 하였다. 운동의 계획과 준비를 주도하였고, 각 종단과 학생 측을 포섭하여 통합시키는 일을 주선하였을 뿐만 아니라, 기독교 측에 거사자금을 조달하는 등 중추적인 역할을 하였는데, 그 중심에 박인호가 있었다. 천도교는 독립운동 전개 방식의 기본 원칙, 일원화에 따른 기독교와 불교계와의 제휴, 선언문의 제작과 배포 대중화에 따른 천도교인들의 동원, 독자적인 학생 측 운동의 규합 등을 수행하였다.[49]

준비 과정에서 기독교와 불교 그리고 천도교의 견해 차가 있어 이를 조정하여 의견을 일치하는 일이 중요한 과제로 대두하였다. 특히 천도교와 기독교는 상당한 거리감을 갖고 있었는데, 이러한 거리감을 불식하고 제휴를 할 수 있었던 것은 천도교에서 기독교 측에 제공한 거액의 운동 자금 때문이었다.[50] 박인호는 천도교 대도주로서 의암 손병희의 교시로 3·1운동에 직접 참가하지는 않았으나 봉기를 위한 운동자금을 세 차례에 걸쳐 6만 5천원을 지원하는 등 결정적인 역할을 하였다. 이 돈은 운동 비용 5천원, 성미금 3만

원, 교당의 건축비 3만원이었다.[51]

　손병희는 3·1운동 후 천도교단의 운영을 위하여 박인호를 마지막에 제외시켰다. 그리고 운동이 일어나기 바로 전날 손병희는 유시문을 통해 박인호에게 교단의 일을 전부 맡겼다.[52]

　　그대는 천도교를 주관하고 있는 사람으로 우리 교의 일은 모두 그대에게 맡겨져 있어 안심하고 있는데 조상은 4천 년 이래로 이 조선을 분묘의 땅으로 하고 있으니 이제 가만히 침묵하고 있을 수 없어서 나라를 위하여 진력하기로 하는 바 그대는 어디까지나 종교를 위하여 진력해 달라. 또 다수의 사람이 나를 따라 소동을 일으켜서는 안 되니 그때에는 교도를 감독하여 단속해 달라.[53]

　이것은 박인호로 하여금 3·1운동 후 자신을 대신해서 천도교의 중책을 맡아 교단을 더욱 발전시켜 나아가기를 당부한 것이다. 손병희가 민족대표를 선정할 때 박인호를 배제한 것은 독립선언 후에 교회에 파급될 영향을 염려한 것으로 교회를 지키기 위한 것이었다.[54] 또한 박인호는 1919년 2월 28일 『천도교회월보』의 편집원인 이종린, 사립 보성법률상업전문학교장 윤익선과 함께 독립선언의 경과를 담은 「조선독립신문」의 원고를 작성하였다.[55]

　3·1운동이 일어난 다음 날 박인호는 교도들에게 전날 일어난 운동에 대해 설명하면서 중앙총부의 지시가 있을 때까지 안심할 것을 당부하는 등 교단의 혼란을 막기 위해 역할을 다하였다.[56] 이는 손병희의 유시문을 따른 것으로 박인호의 빈틈없는 실천 의지를 보여준다. 또한 3·1운동의 결과 일본에 의해 교단의 재산이 압수되자, 강계교구 등지의 모금운동을 지시하였다.

그러나 결국 박인호는 독립운동 자금을 모금했다는 혐의로 3월 10일에 피검되어 1년 8개월간의 옥살이를 하였다.

2) 6·10만세운동과 신간회 활동

3·1운동이 조선의 자주독립 운동이라고 하는 정치 문제가 중심이었다면, 6·10만세운동은 상대적으로 경제문제가 중요한 쟁점이었다. 3·1운동 이후 조선의 토지는 거의 대부분이 일본에 실권이 있었으며, 미곡 증산 계획과 수리조합 계획 등으로 소작농은 물론 토지 소유자들도 몰락하는 등 당시의 사회는 극도의 경제적 궁핍 상태에 있었다. 이러한 이유로 민권운동의 방향이 정치적인 문제에서 경제적인 문제로 옮겨간 것은 자연스러운 현상이었다. "항산(恒産) 없는 항심(恒心) 없다"는 맹자의 말처럼 경제적인 문제가 인간의 1차적인 문제였으며, 서로 이념이 다른 천도교와 사회주의가 연합할 수 있었던 것도 경제적 궁핍이라는 공통분모가 있었기 때문에 가능했다.

6·10만세운동은 이러한 경제적 모순을 매개로 하여 이를 극복하기 위해서 이념이 다른 천도교와 조선공산당의 통일전선운동에 의해 전개된 것이었다. 1926년 6월 10일 조선 마지막 임금 순종의 장례식을 기하여 일어난 이 독립만세운동으로 이념을 초월한 연대의 가능성을 보여주었다. 양측의 연대 역할을 한 것은 고려공산당청년회 책임비서 권오설과 천도교청년동맹의 박래원이었다. 조선공산당은 권오설을 중심으로 지도부를 구성하고 투쟁 방법으로 첫째, 사회주의와 민족주의, 종교계와 청년계의 혁명분자를 망라하여 대한독립당을 조직할 것, 둘째, 대한독립당은 우선 6월 10일을 기하여 대대적인 시위운동을 실행할 것, 셋째, 시위운동의 방법은 장례 행렬이 지나는 연도에 시위대를 분산 배치하였다가 격고문 및 전단을 배포하여 독립만세를 고창할 것 등을 결정하였다.[57]

천도교 측에서는 박래원이 천도교 지도부의 승낙을 받는 등 활발하게 움직였다. 그는 만세 계획을 교단 지도부에 설명하고 자금 지원의 약속과 계획의 승낙을 받고, 청년동맹 간부들과 논의하여 공산당 측 제안을 승인하는데 성공하였다. 청년동맹이 공산당 측 제의를 받아들인 것은 첫째, 천도교 구파와 조선공산당이 민족협동전선을 이미 결성하였다는 것, 둘째, 자치의 실현을 위해 일대 시위가 필요하다는 인식을 같이 했다는 것, 셋째, 천도교 내에서 신파교회에 비해 열세에 놓여 있는 상황을 개선할 필요가 있다는 점을 들 수 있다.[58]

천도교 측에서는 만세운동에 사용할 격고문 인쇄뿐만 아니라 격문과 선전문의 지방 배포, 지방 교인들의 동원 등을 맡아 전국 지방에 배포하려는 계획을 세웠다. 그러나 1926년 6월에 일경의 가택수색 중 대한독립당 명의의 격고문 한 장이 발견되어 결국 6·10만세운동이 발각되고 말았다. 이로 인해 대대적인 검거 선풍이 일어났고, 박래원은 3년형을 받고 만기 출소하였으며, 조선공산당 권오설은 일제의 고문으로 옥사하였다.

비록 천도교와 박인호는 3·1운동으로 인한 피해와 신구파의 분열 등 교단 내부의 문제로 만세운동에 직접적으로 참가하지 못하였지만 자금 지원 등 간접적으로 참여했다는 것을 알 수 있다. 6·10만세운동이 천도교와 박인호의 지원 아래 이루어졌으며, 그 근거로는 박인호의 아들 박래홍이 박인호의 승낙을 받아 박래원의 활동을 적극 지원한 점, 격문에 사용한 도장을 박인호가 살고 있던 상춘원에 숨긴 사실, 자금 부족으로 격문을 배포하지 못할 때 권동진이 1만원을 요청하자 쾌히 승낙을 한 사실, 천도교대교당에 격문을 숨긴 사실 등을 들 수 있다.[59]

6·10만세운동은 비록 사건이 탄로되어 실패하였지만, 천도교 구파와 사회주의 진영이 함께 일본 제국주의의 정치적 탄압과 경제적 수탈에 맞서 조

선 민족이 3·1운동 이후에 전개한 대표적인 항일 운동이었다.[60] 이는 당시에 쓰여진 격고문에서 확인할 수 있는데("독립운동이란 환언하면 약소민족의 해방운동이고, 우리들 공산주의 운동도 무산계급의 해방운동에 귀결됨으로 해방운동이라는 점에서 일치하는 점이 있으므로….".),[61] 이는 민족주의 독립운동가와 공산주의자는 적대적인 관계가 아니라는 점을 보여주고 있다.

6·10만세운동의 실패를 경험한 후 국내 운동 세력들은 힘의 결집이 필요하다는 것을 절감하였다. 1926년 11월경 민족주의자와 사회주의자를 망라하여 사상과 파벌을 초월한 정치적 결사인 민족단일당 결성의 필요성이 제기되었으며, 그 결과로 그 다음해인 1927년 민족단일당인 신간회(新幹會, 1927-1931)를 결성하게 되었다.[62] 박인호는 권동진, 이종린, 박래홍, 박완, 이병헌을 준비 작업에 참여하게 하였을 뿐만 아니라 준비 자금을 부담하였다. 신간회 활동에 적극적이었던 것은 3·1운동의 실패에서 얻은 교훈이었던 민족운동 진영의 단결의 필요성 때문이었다. 신간회는 민족운동 진영이 계파나 이념을 초월하여 단일정당의 형태로 결집한 조직이었다.

신간회는 민족적·경제적·정치적 예속의 굴레를 벗어나며 타협주의를 배격하며, 언론·집회·결사·출판의 자유를 쟁취할 것, 청소년과 부인의 형평 운동 지원을 운동의 방향으로 삼았다. 또한 파벌주의와 족벌주의를 배격하고 재만·재일 동포의 문제와 국제주의도 표방하였다. 특히 민족적 정체성의 형성을 강조하였다.[63] 신간회는 비록 좌우 갈등과 일제 탄압으로 4년 만에 해체되긴 했지만 사상과 파벌을 초월한 정치결사체 성립의 가능성을 보여주었다. 6·10만세운동과 신간회는 천도교의 인간주의와 평등주의가 사회적 형태로 나타난 경우이다. 모두 교단 밖에서 이루어진 것으로 동학 천도교의 인간주의와 평등주의를 구현할 수 있는 좋은 기회이지만, 교단 내에서 이루어진 내밀한 신앙적 차원과는 달랐다. 신앙 활동과 사회 활동은 천도교의 근대적 제도 속에서는 분리된 형태로 나타났다. 멸왜기도운동은 정교 분리 원칙에 근거한 천도교의 색다른 민족운동이다.

3) 멸왜기도운동

박인호는 병석에 있으면서도 민족의 자주독립에 대한 열망을 한시도 놓지 않았다. 특히 교단의 안정을 도모하면서도 민족운동을 할 수 있는 내밀한 방법을 모색하였다. 그 방법이 바로 동학의 경전을 이용한 기도 운동이었다. 「안심가」에 나오는 기도문을 이용하여 왜적을 멸하기를 염원하는 방법이다. 종교적인 측면에서 볼 때 경전 속에 적대국의 멸망을 기원하는 구절이 있다는 것은 독특하다. 그만큼 동학이 성신쌍전, 교정쌍전의 정신에 입각하고 있는 대목이다. 다분히 안심입명하고 영적인 평화를 추구하고 구원을 소원하는 종교의 모습과는 달리 동학은 종교적이면서도 동시에 강한 사회 지향성을 가지고 있다는 점을 알 수 있다. 다시 말해 그러한 사회성이 교단 밖에서 나타나는 것이 아니라 바로 경전 속에서 나타난다는 것은 그만큼 동학이 영적이면서도 동시에 강한 사회성이 있음을 말해준다.

일제의 민족말살정책에 저항하고 일제의 멸망을 기원하는 멸왜기도운동을 천도교가 주도한 것은 그만큼 사회단체나 조직이 일본의 감시와 억압 속에 있음을 말해주기도 한다. 3·1운동, 6·10만세운동이나 신간회의 활동을 통해 배웠듯이 교단 밖의 사회운동은 대부분 실패하였고 그만큼 일제의 억압은 강하였다. 이런 상황에서 교단 내에서 할 수 있는 민족운동은 영적인 방향에서 찾을 수밖에 없었다. 일제는 중일전쟁을 일으키면서 국내의 사회단체들에 대한 억압을 강화하였다. 박인호는 교단 밖의 사회적 공간에서 펼 수 있는 운동은 매우 협소하고 실패할 가능성이 높다는 것을 간파하였다.

이러한 일제의 침략 전선 확장으로 우리 민족에 대한 탄압이 더욱 가중될 것을 예단한 박인호는 1936년 8월 14일 지일기념(해월 승통 기념일)을 기념해서 상경한 구파의 중요 연원 대표들을 불러 일제의 패망과 조국의 독립을 위해 멸왜기도운동을 전개하도록 비밀리에 지시했다. 그 방법은 경전의 「안심가」 문구를 인용하여, '무궁한 내 조화로 개같은 왜적놈을 일야간에 멸하고서 전지무궁 하여놓고 한(汗)의 원수까지 갚겠습니다.'라는 내용의 기도문을 아침 저녁 식고할 때는 물론 일상적으로 비밀리에 하도록 하였다.[64]

멸왜기도는 1938년 일경에 의해 발각되기 전까지 '식고문 계획', '특별 희사금 모집 계획', '특별기도 계획' 등 세 가지 계획으로 진행되었다.[65] 처음에 교도들이 가장 많은 황해도에서 시작되었지만, 경기·전남·충청 등 전국적으로 확대되었다. 1936년 8월 14일자 일지의 기록에 의하면, 춘암은 제73회 지일기념식에 참석하여 멸왜기도에 관하여 다음과 같이 말하였다.

> 安心歌 중 멸왜 심고를 스승께서는 전통적으로 실행하여 왔지마는 이제는 시기가 역하였음으로 일반 두목에게 ['무궁한 내 조화로 개같은 왜적 놈을… 야간에 멸하고서 전지무궁하여 놓고 대보단에 맹서하고서 汗의 원수까지 갚아 갚겠습니다.'] 라고 조석 심고에 지성으로 기도할 것을 넌지시 말하여 주라.[66]

그러나 박인호의 지시로 전국적으로 시행되던 멸왜기도운동은 1938년 2월 17일 최택선의 비밀 누설로 중단되었다. 전국적으로 검거 선풍이 일어났고 일본은 이 사건을 계기로 구파의 천도교교헌을 강제로 폐지시켰으며 중앙의 간부까지도 강제로 바꾸었다.[67] 멸왜기도 사건은 1938년 5월 1일 '천도교 구파 불온사건'이라는 제하로 일간신문 『조선일보』, 『동아일보』, 『매일신보』, 『부산일보』, 『대판매일조선판(大阪每日朝鮮版)』 등에 일제히 보도되었다.

1936년 8월 14일에 시작된 멸왜기도운동은 1938년 2월 17일 신천에서 발각되어 황해도를 비롯한 전국 각지에서 교인 수백 명이 검거되었다. 이 사건은 그때까지 대일 비타협노선을 견지해 오던 중앙교회로 하여금 대일 타협을 하지 않을 수 없는 계기를 만들었다. 결국 중앙교회에서는 대종사장 이종린으로 하여금 총독부 경무국장을 만나게 하여 천도교가 전쟁에 협력하겠다는 담판을 함으로써 5월 2일에 기소된 5명의 간부는 12일에 기소유예로 석방되고, 각 지방에서 검거된 교인들도 모두 석방이 되었다. 일제는 중앙교회로 하여금 4월 4일에는 전국 지방에서 모인 대표 80여 명이 참석한 교인대회를 개최케 하여 멸왜기도사건에 관련되어 구속된 5명을 출교 처분시키고, 또한 대헌을 폐지하고 皇都 宣布의 輪告를 발하게 하는 동시에 제4대교주 춘암상사를 인퇴시키게 하였다. 이후 중앙교회는 1940년 4월 신구파와 합동이 되고, 천도교는 일제의 식민지 파시즘 통치하에서의 혹독한 시련을 겪게 되었다.[68]

이 운동으로 말미암아 입게 된 천도교단의 타격은 심각하였다. 황해도·경기도·전라도·충청도 등에서 검거된 120여 명이 고문 후유증으로 사망하였으며, 검거된 천도교인의 석방을 위해서 일제와 타협을 선택했으며, 멸왜기도 사건과 관련된 5명을 출교하고 박인호를 인퇴시키게까지 하였다. 일제의 파시즘에 의해 천도교는 혹독한 시련을 겪게 되었다.

그럼에도 불구하고 멸왜기도운동은 다른 민족운동과는 달리 종교적인 차원의 민족운동이라는 점에서 의의가 크다. 특히 천도교가 근대적인 민족종교로서 내적인 신앙 의식뿐만 아니라 민족사적으로도 시대와 역사의식을 겸비하고 있다는 점에서 멸왜기도운동은 정신사적으로 그 의의가 크다. 박인호는 내적으로는 스승들의 가르침을 이어받아 일제 시기의 어려운 교단을 잘 이끌어 갔을 뿐만 아니라 외적으로는 민족운동으로 일관하였다. 신파의 일부가 현실과 타협하고 일제와 동조하여 반민족적인 행동을 보여준 경우도 있었지만, 박인호는 일관되게 자신의 신앙과 시대인식, 그리고 철학을 소중히 하여 단호한 의지로 격조 높은 삶을 살았다. 1940년 천도교 신·구파의 합동대회 개최 소식을 접하고서, 교단이 합동된다니 죽어도 여한이 없다는 말을 남기고 4월 30일 86세의 나이로 환원하였다.[69]

5. 결론

박인호는 어렸을 때부터 정직함과 다른 사람을 배려하는 도덕적 품성을 가진 인물이었다. 동학 입도 후 그는 내포 지역의 포덕 활동을 통해서 많은 사람들을 동학농민혁명에 가담하게 만들었으며 광화문 복합상소와 보은취회를 통해서 동학의 본체를 알리고 신원운동을 전개하였다. 신례원 전투와 관작리 전투를 승리로 이끄는 등 내포 지역 동학농민혁명을 주도하였다. 그는 오랫동안의 수련 생활을 통해서 영성 능력을 강화하였으며, "천인합일적·생태학적 세계관", "공공윤리"의 강조, 물과 같이 거침없는 "인간관계 규범", "정직" 등을 삶의 철학으로 삼고 평생 실천하였다. 그는 인내천을 종지로 삼았지만, 시천주의 내밀한 신앙생활도 잊지 않았다. 그가 대도주가 된 이후 환원할 때까지 한눈팔지 않고 일관된 길을 갈 수 있는 것도 광제창생, 포덕천하를 실천하기 위한 영성 수련을 게을리하지 않았기 때문이다.

1905년 동학이 천도교로 개편됨으로써 박인호는 천도교의 근대화를 촉진하는 데 매진하였다. 시천주와 인내천의 관계, 동학의 교정쌍전의 개념과 천도교의 교정일치의 관계 등 동학의 천도교로의 개명은 논란을 낳았다. 1908년 천도교의 제3대 교주인 손병희로부터 도통을 이어받아 박인호는 천도교의 제4대 교주가 되었다. 박인호는 천도교대헌을 제정하는 것을 시작으로 본격적으로 교단의 정비를 시작하여 중앙총부 이전이나 교구의 증편, 주문·기념가·법문·오관종규 등의 의례를 체계적으로 정리하였다. 특히 오관은 동학 시대부터 있었던 주문, 기도, 청수에 성미와 시일을 더하여 제정한 것이다. 성미는 교회의 재정을 마련하는 데 도움이 되었으며, 시일식은 근대적인 종교 의례의 형식을 갖추는 데 기여하였다. 교리강습소를 설립하여 다양한 분야의 교육을 하는 한편, 보성학교와 동덕여학교 등을 인수하여 체계적으로 교육 문화 운동을 전개하였다.

박인호는 3·1운동에 경제적 지원을 했으며 6·10만세운동과 신간회에 대해서도 재정적 지원을 하면서 참가하였다. 다양한 정치 이념과 분파를 넘어서 하나의 단일 정당을 추구했다는 점에서 박인호 사상의 포용성을 보여준다. 또한 멸왜기도운동도 교단 내 종교적 저항운동으로서 높은 정신적 가치를 지니고 있다.

이상의 논의에서 박인호의 동학 이해는 그 스펙트럼이 다채롭다는 것을 알 수 있다. 혁명가로서, 종교 지도자로서, 교육자로서, 또는 정치인으로서 다양한 모습을 통해 천도교의 근대화에 앞장섰다. 박인호의 동학 이해는 내포 지역의 동학농민혁명, 교단의 정비, 교육 문화 운동에 걸쳐 폭넓다.

첫째, 혁명가로서의 모습이다. 내포 지역 동학 포교 활동과 대접주로서 동학농민혁명에 참여함으로써 수탈받는 민중들의 고통과 함께한 그는 강한 의지와 실천력을 지닌 혁명가로 살아 왔다. 둘째, 동학의 천도교 개칭 이후 박인호는 종교 지도자로서 활동하였다. 천도교대헌을 제정하거나 오관과 같은 근대적인 종교 의례를 만듦으로써 천도교의 근대화에 지대한 공헌을 하는 한편, 멸왜기도운동을 통해서 조국의 자주독립운동에서도 주도적 역할을 하였다. 셋째, 교육자로서의 면모이다. 교단의 잡지를 발간하고 학교 인수·경영을 통해 근대적인 교육의 기회를 제공하였다. 특히 교육의 문제는 개인의 문제가 아니라 "공기(公器)"의 문제, 공공의 문제라는 인식은 매우 현대적인 교육 철학을 보여준다. 넷째, 정치가로서의 면모이다. 6·10만세운동이나 신간회 활동의 사례에서 알 수 있듯이, 이념과 견해가 다른 단체가 그 차이를 인정하고 자주독립이라는 하나의 목표에 모일 수 있었던 것은 포용력 있는 정치력 때문이다. 물론 박인호가 직접 참여한 것은 아니었지만 통합의 정신이 얼마나 중요한지를 알 수 있는 대목이다.

이처럼 박인호의 동학 이해는 그 폭이 넓다는 것을 알 수 있다. 더욱이 박인호는 동학농민혁명 이전에 동학의 제2대 교주인 해월 최시형을 만나 동학 입도 및 수련을 하였고, 제3대 교주인 의암 손병희로부터는 도통을 이어받고 천도교의 제4대 교주가 되었다. 박인호는 동학 시대와 천도교 시대를 함께 살았던 것이다. 그만큼 그의 생각과 사상은 그 스펙트럼이 다채로울 뿐만 아니라 깊이도 깊다. 구파·신파, 시천주·인내천, 동학·천도교, 교정쌍전·교정일치와 같은 이분법은 박인호의 폭넓은 동학의 스펙트럼에서는 해소되고 만다. 이것이 바로 박인호의 인품이며 인문정신이다. 동시에 오늘날 천도교가 처해 있는 난관을 극복할 수 있는 정신이다.

따라서 천도교의 근대적 성격은 교리 체계의 합리화일 뿐만 아니라 현실에서의 동학 이념의 구체적 구현이다. 예를 들면[70] 구파 측 정당인 천도교보국당의 당시(黨示)를 통해서 동학의 이념과 현실의 일치를 알 수 있다. ① 인내천(人乃天)주의의 교정일치 실현, ② 오심즉여심(吾心卽汝心)의 민족적 자주독립국가의 건설 ③ 동귀일체(同歸一體)의 세계적 평화의 수립 등이다. 근대성의 실현의 근거를 모두 동학 천도교의 신앙에서 찾고 있다. 천도교는 민족종교로서 민족의 자주독립을 갈망하였다.

그럼에도 불구하고 오늘날 천도교가 활기를 띠지 못하고 있는 원인은 무엇일까? 윤석산은 천도교단의 쇠망의 원인을 세 가지로 분석한다.

첫째, 교단 내적인 문제에서 현대적인 교리 해석 및 체계화, 또한 현대라는 오늘 우리 사회가 지닌 문제에 좀 더 구체적으로 대응할 수 있는 교화 방안을 체계적으로 마련하지 못하였다는 점을 든다. 특히 천도교는 그 교리의 면에서 '시천주', '동귀일체', '사인여천', '불연기연', '이천식천', '삼경' 등 매우 독자적인 사상을 갖추어, 현대사회가 지닌 문제점을 극복하고 새로운 국면으로 대안을 제기할 수 있는 가능성을 지니고 있다. 그럼에도 불구하고 이와 같은 교리를 체계화하고 또 현대사회에 부응하는 교화 방안으로 적용하지 못했다. 둘째, 사회적 측면에서도 천도교단이 추진해 왔던 교정쌍전(教政雙全)에 의한 교단의 사회적 활동에 대한 지속적인 추진력을 보존하지 못한 결과 교단의 교화 방안이나 사회 대응의 방안은 당대의 사회적 이슈로부터 동떨어져 갔고, 민중들의 인식으로부터도 멀어져 갔다. 셋째, 천도교에 대한 잘못된 인식이다. 천도교는 독자적인 사상을 가지고 있음에도 불구하고 이른바 식민사관에 의해 유불선, 무속, 기독교를 포함하는 혼합주의에 불과하다는 잘못된 견해가 자리 잡기 시작했다. 천도교에 대한 이러한 잘못된 인식이 천도교가 한국 사회에서 정체성을 확립하는 데 장애요소로 작용하였다.[71]

그렇다면 앞으로 천도교가 나아가야 할 방향은 무엇인가? 일반이 공감할 수 있는 독자적 교리 개발, 교리의 대중화와 현대화를 들 수 있다. 이를 통해 현대사회가 요구하는 사회적 이슈에 천착하여 교리와 사회적 문제를 연계할 수 있는 방안을 마련하고 이를 근거로 사회에 긍정적으로 적용할 수 있는 사회운동으로 전개할 필요가 있다.[72]

박인호의 동학 활동은 천도교의 쇄신을 위한 시사점을 던져 준다.

첫째, 언제나 현실 사회와 함께했다는 점이다. 현실과 유리되어 영적인 개인 신앙에 그치는 것이 아니라 종교가 부흥하기 위해서는 현실 문제와 호흡해야 한다는 것을 알 수 있다.

둘째, 현대사회가 요구하는 독자적인 교리 개발의 측면에서는 천도교의 근대화 과정에서 나타난 박인호의 동학 이해의 다양성에서 그 가능성을 발견할 수 있다. 시천주-양천주-인내천으로의 변화 과정에서 대중들이 진정으로 필요로 하는 것이 무엇인지를 파악하여 교화 방안을 개발해야 한다.

셋째, 교리의 대중화와 현대화의 측면에서는 박인호의 교육 문화 활동에서 보여준 것처럼 연구소와 교육기관을 마련하여 이에 대한 체계적인 연구와 교육을 진행해야 할 것이다.

동학 보국안민 정신의 의의와
한국 민주주의의 과제

김정호 _ 인하대학교 정치외교학과 교수

1. 들어가는 말

이 글은 동학에 나타난 보국안민(輔國安民) 정신의 내용과 의의를 밝히고 향후 한국 민주주의의 방향성을 제시하는 데 목적이 있다.

본문에 들어가기에 앞서 이 주제의 논지를 구체적으로 전개하는 데 필요하다고 생각되는 필자의 관점을 몇 가지로 나누어 밝히고자 한다.

우선 이른바 동학이라는 주제의 시기적 범위 문제이다. 일반적으로 우리는 '동학은 수운 최제우(水雲 崔濟愚)가 19세기 중반 당시 조선이 처한 내우외환의 위기상황과 서교(西敎=西學)의 발흥에 대응하기 위해 창도했으며, 1905년 의암 손병희(義菴 孫秉熙)에 의해 천도교(天道敎)로 개명된 민족종교'로 이해하고 있다. 따라서 엄밀히 말해 시기적 구분 없이 동학을 연구 주제로 삼을 경우 최소한 19세기 중반부터 동학이 천도교로 개명한 이후 활발한 국권회복과 대중계몽운동을 펼쳤던 20세기 초까지를 연구 범위로 삼아야 하는 것이 타당하다는 생각이다.

다음으로 동학에 관한 연구를 '보국안민'이라는 주제를 중심으로 했을 때, 동학은 이미 단순한 교리 중심의 종교를 넘어서 강한 '정치성'을 지니고 있는 것으로 파악해야 한다는 것이다. 즉 동학은 기본적으로 정치적 시각, 즉 정치사상적 측면에서 분석되어야 한다는 것이 필자의 판단이다. 일반적으로 정치사상은 '인간의 체계화된 정치적 사유 방식과 행위 양식'으로 정의할 수 있다. 그리고 그것은 특정 사상가(들)가 처한 당시의 정치사회적 문제를 해결하려는 목적 하에서 전개되는 특징[1]을 지니고 있다. 종교 사상으로 알려진 동학(사상) 역시 그러하다. '보국안민(輔國安民) 포덕천하(布德天下) 광제창생(廣濟蒼生)'이라는 동학 창도의 목적이나 '교정일치(敎政一致)'를 천도교의 특징으로 보았던 의암 손병희[2]에게서도 잘 나타나 있듯이 동학은 초기부터 정치적 성격을 강하게 내포하고 있었다. 동학을 '종교정치사상(宗敎政治思想)'[4]이라고 규정할 수 있는 이유가 여기에 있다.[3]

다른 한편 동학을 '인간의 체계화된 정치적 사유 방식과 행위 양식'으로 규정되는 정치사상적 시각에서만 본다면 그 연구 내용상의 범위는 상당히 제한적일 수밖에 없다. 즉 수운 최제우(水雲 崔濟愚, 1824-1864) - 해월 최시형(海月 崔時亨, 1827-1898) - 의암 손병희(義庵 孫秉熙, 1861-1922)로 이어지는 동학 전통의 사상적 발전 과정이나 특성[5]에 집중되는 경향을 가질 수밖에 없는 것이다.

그런데 우리에게는 이른바 '동학농민혁명운동기'라는 중요한 역사적 전환기가 있었다. 그리고 잘 알려진 바와 같이 동학의 사상적 근저가 농민혁명으로 승화되는 바로 그 지점의 정치적 지향성이나 주도 세력 등에 있어서 다양한 분기가 표출되었다. 이 때문에 동학과 농민혁명 운동의 실제적 연관성에 대한 장기간의 학문적 논쟁이 있었던 것도 사실이다. 그럼에도 일반적으로 특정 사상과 이를 토대로 전개된 혁명적 변혁운동이 항상 일관되고 예측 가능한 형태로 진행되는 것이 아님은 주지의 사실이다. 시대적 상황에 따라 운동의 주체·목표·양태가 변화함은 물론, 사상이 운동을 변화시키기도 하고 운동이 사상에 영향을 주기도 한다. 거기에는 흔히 어떤 계기가 작용하고 그 계기에 의해서 이전과는 질적으로 다른 형태를 보이기도 한다. 다른 한편 시대적 변화에도 불구하고 사상과 운동이 연계될 수 있는 것은 '변하지 않는' 그 어떤 것이 존재하기 때문이다. 그 변하지 않는 부분 또한 때에 따라 명확히 드러나기도 하고 때로는 잠재되어 있기도 한다.[6]

그 '변하지 않는' 것 중의 하나가 '보국안민'의 정신이라고 할 수 있다. 앞서 언급한 대로 동학 창도의 목적 중 첫 번째가 보국안민이었다. 그리고 그 보국안민의 정신은 최제우-최시형-손병희로 이어지는 동학 교단 지도자들의 사상과 행적은 물론, 전봉준(全琫準, 1855-1895)으로 대표되는 농민혁명 주도 세력들의 최후까지의 신념이었다. 나아가 일제에 의한 강제 병합 이후에 전개된 3·1운동과 이돈화(李敦化, 1884-?)와 김기전(金起瀍, 1894-?) 중심의 천도교 대중계몽 활동의 기본 목적이기도 했다. 이렇게 볼 때 종교정치사상과 사회변혁운동의 성격을 모두 포괄하는 동학에 있어 보국안민의 정신이 차지하는 중요성은 매우 크다 하겠다.

마지막 남은 문제는 '보국안민'의 정신과 '한국 민주주의 과제'의 연계성에 관한 것이다. 동학이 19~20세기 한국의 시대 상황을 반영한 것으로서 동시대의 문제를 직시하고 그것을 해결하려는 목적을 지닌 것임은 분명하다. 따라서 동학에서 제기된 문제의식과 실천 방법 그 자체로는 오늘과 미래의 '한국 민주주의'를 논하기가 어려운 것이 사실이다. 더욱이 '보국안민'이라는 용어 자체는 가치중립적이어서 '민주적이다' '아니다'를 구분하는 기준이 될 수 없다. 당시 한국 사회의 가장 보수적인 세력으로부터 가장 급진적인 세력까지 모두 보국안민을 목표로 했던 것이 사실이기 때문이다.

그렇다면 우리는 '동학이 주창한 보국안민'의 사상적 근저가 무엇이었고,

그 사상적 기저가 사회변혁을 위한 실천운동에 어떻게 투영되었나 하는 데 논의를 집중할 수밖에 없다. 즉 동학이 보국안민을 강조하고 실천하려 했다는 데 그치지 말고, 그 인식론적 토대로서의 인간관·사회관·국가관·세계관의 성격을 규명하는 것이 중요하다. 그리고 그것이 한국 민주주의의 사상적 발전에 어떤 공헌을 했고, 현재 및 미래 한국 사회의 여러 문제들을 해소하는 데 어떤 역할을 할 수 있을까를 고민해야 한다고 생각한다.

이러한 시각을 바탕으로 했을 때, 본 논문의 주제는 매우 광범위할 수밖에 없다. '보국안민'을 중심으로 하면서도 결국 동학과 이전 한국 개혁사상과의 관련성은 물론, 이후와의 연계성[7]이 모두 검토되어야 하기 때문이다. 그러나 지면의 한계상 본문에서는 전자(前者)는 다루지 않으려 한다. 단지 동학 보국안민 정신의 시기별 특성과 발전 과정에 주목하고자 한다. 이를 위해 동학사상과 동학농민혁명운동기, 그리고 3·1운동과 천도교 대중계몽운동기 등으로 시기를 구분하고, '변하지 않은' 동학의 보국안민 정신의 내용과 그 인식론적 토대를 살피고자 한다. 마지막으로 이를 바탕으로 한국 민주주의의 과제와 전망에 대한 필자의 견해를 미약하나마 제시하고자 한다.

2. 동학사상에 나타난 보국안민의 정신

전술한 바와 같이 수운 최제우는 동학 창도의 목적으로 보국안민(輔國安民) 포덕천하(布德天下) 광제창생(廣濟蒼生)을 제시했다. 그중에서도 보국안민은 그의 가장 주요한 문제의식이었으며 과제였다. 이는 최제우가 19세기 중반 당시 조선이 처한 대내적 혼란의 주된 요인이 무엇보다 서세동점(西勢東漸)에 의한 국가적 위기 상황에 있다고 보았기 때문이었다. 이는 『동경대전(東經大

全)』과 『용담유사(龍潭遺詞)』에서 표출한 당시의 현실에 대한 논의가 주로 종교로서의 서학(西學)의 침투와 일본 및 서구 열강의 동아시아 침탈에 대한 우려를 표현[8]하는 데 집중되었던 것에서 잘 드러나고 있다.

이에 반해 최제우는 안민(安民)을 중요하게 생각한 것은 사실이나[9], 주자학적 차별질서관에서 파생된 사회적 불평등이나 지배 계층의 피지배 계층에 대한 억압과 수탈에 대해서는 직접적인 언급을 거의 하지 않았다. 오히려 삼강오륜(三綱五倫)의 유교적 풍속이 쇠퇴하고 있음[10]을 표현함으로써 유학적 전통의 사회질서 자체를 시인하는 입장을 취했다. 이 점에서 최제우 시기 동학의 보국안민의 정신은 '보국'이 곧 '안민'을 담보하는 것으로 해석될 수 있으며, 그에게 '안민'은 '기존의 정치사회 질서 내에서 국가적 위기가 없는 상황을 만드는 것'이었다고 할 수 있다.

이처럼 최제우 활동 시기 외세의 침략에 대한 '보국'의 중요성이 강조된 반면 '안민' 개념의 질적 변화는 이루어지지 않았다. 그 변화가 실질적으로 시작된 것은 최시형에 이르러서이다.

최시형은 "우리나라에는 두 가지 큰 폐해가 있으니, 그 하나는 적서(嫡庶) 간의 차별이고 다른 하나는 반상(班常) 간의 차별이다. 적서를 차별하는 것은 가정이 망하는 근원이고, 반상을 차별하는 것은 국가가 망하는 근본이다."[11]라고 하여 대내적 차별 질서를 '안민'을 해치는 중요한 요소로 규정했다.

대내적 차별 질서에 대한 근본적 문제 제기는 인간 및 인간이 구성하고 있는 사회에 대한 새로운 인식의 변화를 전제하는 것이었다. 최시형은 그러한 새로운 인식의 출발점으로서 먼저 모든 인간이 삶(生=食)의 욕구를 지닌 동등체[12]라고 하면서, "사람이 곧 한울이요 한울이 곧 사람"[13]이라는 '인시천(人是天)'을 제시했다. 그에 따르면 사람이 한울인 이유는 한울이 사람을 낳고(生), 한울을 안에 모시는(侍天主)의 주체이기 때문이다. 최시형은 이에 대해 "세상의 사람은 모두 한울님이 낳았나니 한울 백성이니라."[14] 하고 또 "우리 사람이 태어난 것은 한울을 모신 영기(靈氣)로 태어난 것이요 우리 사람이 사는 것도 한울을 모신 영기로 사는 것이다."[15]라고 설명했다. 이처럼 모두 한울이 낳고 한울을 모시는 인간이기에 인간 사이에는 본연적 동등성이 존재한다. 따라서 현실의 모든 차별적 인식은 한울이 부여한 인간 본연의 존엄성을 해치는 것이며 반드시 극복되어야 하는 과제인 것이다.

'안민'의 전제로서 인간 본연의 동등성을 제시한 최시형은 그러한 동등성을 지닌 인간들이 국가사회 내에서 공동체적 번영과 안정을 누리기 위해서는 서로를 존중하고 배려하며 화합하고 협력하는 실천적 태도가 필요하다고 보았다. 구체적으로 최시형은 "집안 모든 사람을 공경하라. 며느리를 사랑하라. 노예를 자식같이 사랑하라."[16]고 하고 또 "일체 모든 사람을 한울로 인정하라. 손님이 오거든 한울님이 오셨다 하라. 어린아이를 때리지 마라. 이는 한울님을 치는 것이니라."[17]라는 말로써 가족 내부는 물론 사회적 관계 속에서 타인의 존엄성을 적극 존중하는 실천적 태도를 요구했다. 나아가 인간관계 속에서 상대방과 시비곡직(是非曲直)을 가리고 장단(長短)을 비교하기보다는 스스로 겸양(謙讓)의 태도를 취해 상대방을 바른 길로 가게 하는[18] 동시에 자신을 바로잡아 다른 사람과 화합할 수 있도록 하는 '정기화인(正己和人)'[19]이 중요하다고 했다. 또한 타인의 잘못을 일부러 드러내지 말고 그것을 용서할 것과 잘한 것을 칭찬에 주는 태도의 필요성[20]을 역설하기도 했다. 이와 함께 "누가 나에게 어른이 아니며 누가 나에게 스승이 아니랴. 나는 비록 부인과 어린 아이의 말이라도 배울 만한 것은 배우고 스승으로 모실만한 것은 스승으로 모시노라."[21]라는 표현으로 타인의 의견과 장점을 적극 수용하는 포용의 실천을 강조했다.

더불어 그는 "부부가 화순하면 한울이 반드시 감응하여 일 년 삼백육십 일을 하루아침같이 지내리라."[22]라고 하여 가장 기초적 사회단위인 가족 내에서의 부부 간 조화를 위한 실천적 지침을 제시하는 동시에 좀 더 큰 단위인 국가 내에서 구성원 간 협력을 위한 실천을 중요시했다. 구체적으로 그는 『해월신사법설(海月神師法說)』의 「삼재(三災)」에서 전란(戰亂)을 피하기 위해서는 평화공작(平和工作)이 필요하고 흉년에는 양식을 비축하는 것이 중요한데, 이는 무엇보다 구성원들이 단결하고 협력하여야 가능한 것[23]이라고 했다. 이와 관련하여 최시형은 "사람이 거저 놀고 있으면 한울님이 싫어하신다."[24]고 하여 근면과 검소의 실천적 태도를 요구하기도 했다. 개인적 차원의 문제로 볼 수도 있는 근면, 검소, 비축은 최시형에게서 이처럼 공동체의 평화와 행복을 위해 인간이 행해야 할 당위의 실천론으로 전개되었던 것이다.

이처럼 최시형에게 진정한 의미의 '안민'은 삶의 욕구 주체로서 인간 간 동등성에 기초한 풍요와 조화, 그리고 협력의 공동체 건설을 통해 이룩될 수 있는 것이며, 그 과정에서 인간 스스로의 부단한 실천적 노력이 선행되어야 하는 것이었다. 앞서 언급한 '안민' 개념의 질적 변화는 바로 그러한 특징을 지니고 있는 것이다.

동학의 3대 교주 손병희는 이와 같은 최시형의 보국안민의 논리를 기본적으로 유지하면서도 사회적 평등질서에서 한 걸음 나아가 군민관계(君民關係)의 평등성을 주장하는 데까지 이르렀다. 구체적으로 손병희는 "오늘의 우리 동양은 군(君)은 민(民)을 마치 노예같이 보며, 민은 군을 범(虎)처럼 두려워하고 있으니 이것은 사나운 정치(苛政)의 압제(壓制)[25]라고 할 수 있다."고 하여 좀 더 직접적으로 군민(君民) 간의 차별을 비판하면서 민(民)을 경시하는 정치 자체가 '안민'을 해치는 요인이라는 점을 지적했다. 더불어 '군주란

강자(强者)가 약자(弱者)를 괴롭히고 침탈하는 상황을 막기 위하여 다수가 추대하여 선택된 인간일 뿐[26]이라는 소위 군주추대론(君主推戴論)을 제시함으로써 군민관계의 본질적 평등성을 주장하기도 했다. 그리고 그것의 전제로서 최시형의 '인시천(人是天)' 개념을 '인내천(人乃天)'으로 발전시켰으며, "서로 사랑하고 도와주는 것이 큰 도(大道)이기 때문에 그것을 실천하면 반드시 그에 대한 하늘의 보답이 있을 것"[27]이라고 하여 최시형의 공동체적 실천론을 계승하기도 했다.

이상에서 간략히 살펴본 바와 같이 최제우―최시형―손병희로 이어지는 동학교단의 계보 속에서 나타난 보국안민의 정신은 당시 일본을 비롯한 서구열강의 이권 침탈로 야기된 위기에서 국가를 구하고자 하는 '보국'의 입장은 동일하였으나, 최시형과 손병희의 활동 시기에 이르러 기존 정치 사회 질서의 타파가 '안민'의 전제조건임을 인식하게 되었다는 특징을 지니고 있다. 그러한 인식에 기초하여 인간·사회·국가에 대한 새로운 형태의 논의가 전개됨으로써 결국 '안민' 개념의 질적 변화를 이룬 것으로 평가할 수 있다. '안민' 개념의 질적 변화에서 주목할 것은 동학사상이 제시한 실천론의 내용이었다. '안민'의 실천적 방법들은 누가 주는 것이라기보다는 인간 개개인의 부단한 노력과 의지를 통해 실행될 수 있는 것이었다. 그리고 그 지향점은 일체의 차별과 갈등을 해소하여 '동등성에 기초한 조화와 협력의 공동체적 발전'을 이루는 것이었다. 동학사상의 보국안민의 정신이 정치사회적 갈등과 대립, 극단적 개인주의, 인간 중심주의, 물질만능주의, 경쟁주의로 특징지어지는 오늘의 한국 사회의 제반 문제점들을 치유할 수 있는 의식적·실천적 대안으로서 가치를 지닌 것은 바로 이러한 부분이라 할 수 있을 것이다.

3. 동학농민혁명기의 보국안민 정신

동학사상에 나타난 보국안민의 정신이 '안민' 개념의 질적 변화를 보여준 것이었다면 동학농민혁명기의 보국안민의 정신은 그러한 질적 변화가 실제 사회변혁 운동에 투영되는 과정과 의미를 잘 나타낸 것이라고 할 수 있다. 이 절에서는 동학농민혁명운동의 전개 과정에 초점을 맞추기보다는 전봉준을 위시한 동학농민혁명운동 주도 세력들이 당시 발표한 각종 포고문 내용을 중심으로 동학사상의 보국안민의 정신이 어떻게 계승되었고, 그 의미는 무엇인지를 살펴보려 한다.

주지하다시피 동학농민혁명운동은 '1894년 음력 1월 고부봉기(古阜蜂起)를 시작으로 1895년 음력 1월 전북 완주의 대둔산(大屯山) 전투에서 패함으로써 막을 내린 반제국주의·반봉건의 대규모 농민혁명운동'이다. 강화도조약 체결 이후 노골화된 일본의 제국주의적 침탈과 봉건 관료층의 수탈이 직접적인 배경으로 작용했다. 전봉준[28]을 중심으로 한 농민 세력이 주축을 이루었고, 동학과의 인적·사상적 연계성에 토대를 두었다는 점에서 비록 미완이기는 했으나 '동학농민혁명운동'으로 지칭되는 근대 한국 역사상 가장 중요한 사건 중의 하나라 할 수 있다.

논문의 주제와 관련하여 동학농민혁명운동의 중요성은 초기 동학 창도의 목적에서 나타났으며, 이후 질적 변화를 보인 보국안민의 정신이 시종일관 동학농민혁명운동의 근저로 작용했다는 사실이다. 다른 점이 있다면 당시의 시대 상황과 대규모의 혁명운동이라는 측면에서 보국안민의 중요성이 좀 더 직설적이고 강하게 표출되었다는 것이라 할 수 있다.

이 점은 우선 전봉준이 1894년 1월 고부에서 봉기한 후 최초로 발표한 격문(檄文)[29]에 잘 드러나고 있다.

우리가 의(義)를 들어 이에 이름은 그 본의가 단단타(斷斷他)에 있지 아니하고 창생(蒼生)을 도탄의 중에서 건지고 국가를 반석의 우에다 두자 함이라. 안으로는 탐학(貪虐)한 관리의 머리를 버히고 밖으로는 횡포한 강적의 무리를 구축(驅逐)하자 함이다. 양반과 부호의 앞에 고통을 받는 민중들과 방백과 수령(守令)의 밑에 굴욕을 받는 소리(小吏)들은 우리와 같이 원한이 깊은 자라. 조금도 주저치 말고 이 시각으로 일어서라. 만일 기회를 이르면 후회하여도 믿지 못하니라.

갑오 정월 일

호남창의대장소 재백산(湖南倡義大將所 在白山)

위의 격문에 잘 나타나 있듯이 전봉준을 비롯한 혁명운동 세력들은 1894년 1월의 고부봉기가 탐관오리(貪官汚吏)의 척결과 일본 제국주의 세력의 배격을 통해 고통 받는 민중을 구원하고 국가를 바로 세우려는 데 목적을 두고 있음을 명확히 하고 있다. 물론 격문은 1892년 교조신원운동기(敎祖伸寃運動期)에 발표된 입의문(立義文)이나 소장(訴狀), 그리고 포고문(布告文)에 비해 종교적 측면의 논조는 강하지 않았다. 그러나 '보국안민'과 '광제창생'이라는 동학 창도의 목적을 전면에 내세웠다는 점과 당시 민중들이 당하는 고통을 매우 날카롭게 지적했다는 점은 혁명운동 세력들의 동학적 인식을 잘 보여주고 있다고 할 수 있다. 이러한 측면은 1894년 3월 전봉준·손화중·김개남 등이 공동으로 발표한 창의문(倡義文)[30]에도 이어지고 있다.

세상에서 사람을 귀하다 함은 인륜이라는 것이 있기 때문이다. 군신부자(君臣父子)는 인륜의 가장 큰 자라. 인군이 어질고 신하가 곧으며 아비가 사랑하고 아들이 효도한 후에야 국가가 무강(無疆)의 역(域)에 밎어가는 것이다.

동아성상(同我聖上)은 인효자애(仁孝慈愛)하고 신명성예(神明聖叡)한지라, 현량방정(賢良方正)한 신하가 있어 그 총명을 익찬(翼贊)할지면 요순지화(堯舜之化)와 문경지치(文景之治)를 가히 써 바랄지라. 금일에 인신(人臣)된 자 도보(圖報)를 생각지 않고 한갓 녹위(祿位)만 도적하여 총명을 옹폐(擁蔽)할 뿐이라. 충간(忠諫)의 선비를 요언(妖言)이라 이르고 정직한 사람을 비도(匪徒)라 하여 안으로는 보국(輔國)의 인재가 없고 밖으로는 학민(虐民)의 관리가 많다. 인민의 마음은 날로 변하여 들어서는 낙생(樂生)의 업(業)이 없고 나가서는 보신(保身)의 책(策)이 없다. 학정이 날로 자라고 원성이 끝지지 아니하여 군신 부자 상하의 분(分)이 문어지고 말았다. 소위 공경(公卿) 이하 방백수령(方伯守令)들은 국가의 위난(危難)을 생각지도 아니하고 다만 비기윤산(肥己潤産)에만 간절하여 전선(詮選)의 문을 돈벌이로 볼 뿐이며 응시의 장은 매매하는 저자와 같았다. 허다한 화뢰(貨賂)는 국고에 들어가지 못하고 다만 개인의 사장(私藏)을 채우고만 것이며 국가에는 적루(積累)의 빚이 있어도 청상(淸償)하기를 생각지 아니하고 교만하고 사치하고 음란하고 더러운 일만을 기탄없이 행하여 팔로(八路)가 어육(魚肉)이 되고 만민이 도탄에 들었다. 수재(守宰)의 탐학에 백성이 어찌 곤궁치 아니하랴. 백성은 국가의 근본이라. 근본이 쇠삭(衰削)하면 국가는 반드시 없어지는 것이다. 보국안민(輔國安民)의 책을 생각지 아니하고 고향집을 지으며 다만 제 몸만을 생각하여 국록만 없애는 것이 어찌 오른 일이랴. 우리들이 비록 재야의 유민(遺民)이나 군토(君土)를 먹고 군의(君依)를 입고 사는 자라, 어찌 참아 국가의 멸망을 앉아서 보겠느냐. 팔역(八域)이 동심(同心)하고 억조(億兆)가 순의(詢議)하여 이에 의기(義旗)를 들어 보국안민으로 사생(死生)의 맹서를 하노니 금일의 광경에 놀라지 말고 승평성화(昇平聖化)와 함께 들어가 살아 보기를 바라노라.

갑오 정월

호남창의소 전봉준(全琫準) · 손화중(孫和中) · 김개남(金開南) 등

위의 창의문에서도 동학 창도의 목적으로서 '보국안민'이 크게 강조되고 있다. 특히 "백성은 국가의 근본이라. 근본이 쇠삭(衰削)하면 국가는 반드시 없어지는 것이다."라는 부분은 동학의 '안민' 개념을 계승한 것이라고 볼 수 있다. 동시에 군주에 대한 신하로서의 도리를 전면에 내세운 것은 일면 대중의 동원과 지지를 유도하고 혁명의 정당성을 알리려는 의도라고 할 수 있다. 그러나 좀더 근본적으로 최제우 · 최시형과 마찬가지로 전봉준을 비롯한 동학농민혁명운동의 주도 세력들의 인식이 군주 체제 자체의 변동에까지는 이르지 못한 것을 보여주는 것으로서, 이는 동학 및 동학농민혁명운동의 공통적인 한계로 지적될 수 있을 것이다.

이 같은 연속성은 1894년 3월 하순 전봉준이 발표한 4대 명의(名義), 즉 "사람을 죽이지 말며 물건을 다치지 말라, 충효를 함께 갖춰 세상을 구하고 백성을 편안케 하라, 왜적을 몰아냄으로써 성인(聖人)의 도를 맑게 하라, 군대를 몰아 서울로 들어가 세도가문을 멸족시키고 기강을 크게 떨쳐 명분을 바르게 세움으로써 성인의 가르침을 따르라."[31]는 내용에도 잘 드러나 있다. 동학에 나타난 경천(敬天) · 경인(敬人) · 경물(敬物)의 삼경사상(三敬思想)이 '불살인(不殺人) 불살물(不殺物)'의 사상적 근원이라 볼 수 있으며 '제세안민(濟世安民)'은 '보국안민'이라는 동학 창도의 목적과 관련되어 있다. 반면 '충효쌍전(忠孝雙全)'과 '성도(聖道)', '대진기강(大振紀綱)', '입정명분(立定名分)' 등은 유교적 충효관 및 명분론의 측면이 여전히 남아 있었음을 보여주는 것이라 할 수 있다. 더욱이 1894년 5월 4일 전봉준이 전주성을 함락한 뒤 전라 관찰사에게 보낸 소청서인 소지문(訴志文)에 "탐관오리가 아무리 학정을 해도 정부에서는 못 들은 척하고 내버려 두어 백성들만 생명 재산을 보전하기 어렵기

때문에 탐관오리를 낱낱이 없애 버리자는 것이 무슨 죄가 있습니까?"[32]라는 혁명운동의 정당성에 대한 강한 주장과 함께 "대원군(大院君)을 받들어 국정을 감역케 하자는 것은 이에 합당하거늘 어찌하여 반역이라고 말하며 잡아 죽입니까?"라고 한 것은 새로운 정치체제의 구상 없는 기존 보수 정치인에 대한 의존이라는 동학농민혁명운동의 중요한 한계를 드러낸 것이라 평가할 수 있다.

그럼에도 불구하고 동학농민혁명군이 전라도 일대를 장악한 후 점령지에 집강소(執綱所)를 설치하고 직접 서정(庶政)을 행한 시기에 발표된 폐정개혁(弊政改革) 12개조[33]는 보국안민이라는 큰 틀에서 동학사상과 동학농민혁명운동의 연관성 및 가치를 매우 높게 평가할 수 있는 근거가 된다. 구체적 내용은 다음과 같다.

    ○도인(道人)과 정부와 사이에는 숙혐(宿嫌)을 탕척(蕩滌)하고 서정(庶政)을 협력할 것.

    ○탐관오리는 그 죄목을 사득(查得)하여 일일 엄징할 것.

    ○횡포한 부호배는 엄징할 것.

    ○불량한 유림과 양반배는 징습(懲習)할 것.

    ○노비 문서는 소거할 것.

    ○칠반천인의 대우는 개선하고 백정 두상에 평양립(平涼笠)은 탈거할 것.

    ○청춘과부는 개가를 허락할 것.

    ○무명 잡세는 일병물시(一幷勿施)할 것.

    ○관리 채용은 지벌을 타파하고 인재를 등용할 것.

    ○왜와 간통하는 자는 엄징(嚴懲)할 것.

    ○공사채를 물론하고 이왕의 것은 모두 물시(勿施)할 것.

○토지는 평균으로 분작케 할 것.[34]

위의 내용들은 최시형이 '안민'의 전제로서 제시했던 "우리나라에는 두 가지 큰 폐해가 있으니, 그 하나는 적서(嫡庶) 간의 차별이고 다른 하나는 반상(班常) 간의 차별이다. 적서를 차별하는 것은 가정이 망하는 근원이고, 반상을 차별하는 것은 국가가 망하는 근본이다."[35]라고 한 말과 "사람은 한울이라 평등이오 차별이 없나니 사람이 인위(人爲)로서 귀천(貴賤)을 분별(分別)함은 곧 천의(天意)에 어기는 것이니 제군(諸君)은 일절귀천(一切貴賤)의 차별을 철폐하야 선사(先師)의 뜻을 잇기로 맹서(盟誓)하라."[36]는 표현의 구체적 실천이라 할 수 있다. 특히 불량한 유림과 양반배에 대한 징습, 노비문서의 소각, 천민의 대우 개선, 청춘과부의 개가 허용, 토지의 평균분작 등의 내용은 동학사상에 나타난 보국안민 의식이 농민혁명기에 이르러 좀 더 발전했음을 보여주는 것이라 할 수 있다.

이를 통해 볼 때, 비록 동학농민혁명운동이 전봉준을 위시한 남접 세력들에 의해 주도된 측면이 강하나 보국안민이라는 혁명운동의 목적과 방향, 그리고 그것을 달성하기 위한 구체적 실천론은 동학사상과 전반적으로 그 맥을 같이하고 있었다고 평가할 수 있다.

4. 3·1운동과 천도교 대중계몽운동기의 보국안민의 정신

동학사상을 계승하면서 '보국안민'의 기치를 강하게 내세웠던 동학농민혁명운동은 아쉽게도 결국 미완의 혁명으로 막을 내렸다. 그러나 국가적 독립성 유지와 동등성에 기초한 평화로운 공동체의 발전을 의미하는 동학의 보국안민의 정신은 이후 국권 상실과 일본 제국주의의 식민지로 전락하는 암울한 역사적 상황 속에서도 3·1운동과 천도교 대중계몽운동을 통해 강건하게 계승·발전되었다.

잘 알려진 바와 같이 1905년 손병희에 의해 동학이 천도교로 개명된 것은 당시 동학이 처한 정치적 곤란을 타개하기 위한 고육책이었다. 개명(改名)하였다고는 하나 천도교의 기본 구조와 사상적 기초는 1860년 동학을 창도한 최제우나 2세 교조 최시형의 그것과 맥을 같이 하고 있었다. 여기에 1894년 발생한 동학농민혁명운동은 동학이 지닌 대중성과 조직 능력을 잘 보여준 것이었고, 이후 천도교의 대중계몽운동을 활성화시킬 수 있는 계기가 되었음이 분명하다.

다른 한편 동학농민혁명운동 이후 한국은 1905년 일본에 의한 외교권 박탈과 1910년 한일 강제 병합을 통해 일본의 식민지가 되었다. 따라서 대중을 대상으로 하는 계몽 활동은 매우 제한적일 수밖에 없었다.[37] 동시에 운동의 목표 역시 대중계몽 자체보다는 독립의 쟁취에 초점이 맞추어질 수밖에 없었다. 이것이 1910년대 천도교로 대표되는 한국의 계몽운동[38]이 전반적으로 활성화되지 못했던 이유라고 할 수 있다. 이러한 정체를 타파할 수 있었던 결정적 계기가 1919년의 3·1운동이었다. 강제병합 이후 최초의 대규모 독립 저항운동으로서, 3·1운동은 천도교를 중심으로 한국 내 제 세력들이 힘을 모아 일본의 식민지 지배에서 벗어나기 위해 전개한 비폭력 투쟁이었다. 그것을 기점으로 1920년대 천도교의 대중계몽운동이 본격적으로 전개되었던 것이다. 천도교 대중계몽운동을 살펴보기에 앞서 보국안민의 측면에서 동학과 3·1운동의 관련성을 잠시 짚고 넘어갈 필요가 있다.

앞서 논의한 바와 같이 동학은 보국안민을 실행하기 위한 전제로서 인간 간 동등성을 주장하면서 신세계 도래의 주체로서 인간의 의지와 실천적 노력을 특히 강조했다. 민족대표 33인이 발표한 「독립선언서(獨立宣言書)」 역시 한민족의 주체적 자각과 노력을 통한 독립의 확보와 국가 건설을 1차적 과제로 삼았다. 이는 다음과 같은 말로 표현되고 있다.

최대급무(最大急務)가 민족적 독립(民族的 獨立)을 확실(確實)케 함이니, 이천만각개(二千萬各個)가 인(人)마다 방촌(方寸)의 인(刃)을 회(懷)하고 인류통성(人類通性)과 시대양심(時代良心)이 정의(正義)의 군(軍)과 인도(人道)의 간과(干戈)로써 호원(護援)하는 금일(今日), 오인(吾人)은 진(進)하야 취(取)하매 하강(何强)을 좌(挫)치 못하랴.[39]

자기(自己)를 책려(策勵)하기에 급(急)한 오인(吾人)은 타(他)의 원우(怨尤)를 가(暇)치 못하노라. 금일(今日) 오인(吾人)의 소임(所任)은 다만 자기(自己)의 건설(建設)이 유(有)할 뿐이오, 결코 타(他)의 파괴(破壞)에 재(在)치 안이하도다. 엄숙(嚴肅)한 양심(良心)의 명령(命令)으로써 자가(自家)의 신운명(新運命)을 개척(開拓)함이요….[40]

위와 같이 시대적 변화에 따라 그 시야가 국가 내에서 세계로 확대되었다는 차이가 있고, 당시 만연한 서구 민족자결주의의 영향을 배제할 수 없다 하더라도 독립성과 평등성에 기초한 조화와 협력의 평화로운 공동체적 발전이 곧 보국안민을 달성하는 길이라는 동학의 정신이 3·1운동으로 이어지고 있음은 부인할 수 없다.

구체적으로 민족의 독립과 국가 건설이 타민족 또는 타국과의 새로운 경쟁과 갈등을 의미하는 것이 아니라 개체로서의 인류 전체의 자유로운 발전에 기초가 된다는 3·1운동의 정신은 상애(相愛)와 상조(相助), 즉 조화와 협력, 그리고 사랑을 통한 보국안민의 성취를 추구했던 동학의 실천론 및 사상적 목표와 그 맥을 같이 하고 있는 것이다. 「독립선언서」에서 전 인류의 공존동생권(共存同生權)을 주창[41]하면서 한민족의 독창성을 발휘하여 세계의 평화 조류에 기여할 것을 강조한 것[42]이나 한민족의 독립이 동양의 평화, 나아가 세계 평화 및 인류 행복에 필수적 요수임을 주장한 것[43] 등도 이를 잘 보여주고 있다.

그렇다면 3·1운동 이후 활성화된 천도교의 대중계몽운동은 보국안민의 내용과 실천 수단 및 방법 면에서 어떤 특성을 보였으며, 그 의미는 무엇인가? 다음에서는 이에 대해 논의하고자 한다.

20세기 초 천도교의 계몽운동은 봉건적 사고와 질서 관념에서 벗어나 근대적 지식을 바탕으로 국민대중의 주체적 자각 능력을 고취시켜 민족의 독립과 발전을 이룩하는 데 목적을 두었다. 그리고 그 실천 방안으로서 교육, 강연, 언론 및 출판 사업을 통한 적극적 계몽 활동을 전개했다. 여기에 더하여 동학과의 종교사상적 연관성이나 식민지배 하에서의 민족정신의 고양을 위한 한국적 전통과 문화·사상에 대한 보존 의식이 강했다는 특징을 지니고 있다.

이렇게 본다면 3·1운동기와 마찬가지로 국권이 상실되어 일제의 식민지로 전락한 상황에서 천도교 대중계몽운동기 '보국'의 의미는 기존의 '대외적 위기 상황에서 국가를 구원하는 것'에서 국가적 독립성을 회복하는 것'으로 전환되었다고 할 수 있다. 그리고 그에 따라 '안민'은 '대중적 자각 능력을 높여 국가 독립에 기여하는 것'으로 규정될 수 있을 것이다.

주목할 점은 '안민'의 가장 중요한 수단인 대중적 자각 능력의 향상에 있어 그 구체적 방법과 방향이 무엇이냐 하는 것이다. 그것의 내용과 성격에 따라 '변하지 않는'보국안민의 동학적 전통과 '발전적으로 변화한' 보국안민의 내용과 의미를 도출해 낼 수 있기 때문이다.

이와 관련하여 천도교 대중계몽운동은 가장 시급한 문제로서 당시 한국 사회에 뿌리 깊게 존재하는 봉건적 의식 및 행태의 근원인 유교적 전통에 대한 비판과 극복의 필요성을 제시했다. 천도교 계몽운동가들은 대내외적 위기에 대처하여 국가적 독립과 발전을 이룩할 수 있는 토대로서의 계몽된 대중을 형성하기 위해서는 우선적으로 잔존하는 전근대적(前近代的)인 가치 구조와 생활 방식을 변혁시켜야 한다는 점을 인식했다. 그리고 그러한 전근 대성의 근원이 장기간 동아시아 사회를 지배해 온 유교 이념임을 직시하고 강렬한 비판을 가했다.

유교 비판은 주로 천도교가 3·1운동 직후인 1920년 발행한 잡지 『개벽 (開闢)』을 통해 이루어졌으며, 천도교인 이돈화와 김기전이 그 핵심적 역할을 담당했다.[44]

먼저 이돈화는 창해거사(滄海居士)라는 필명으로 유교적 가족제도의 문제점을 통렬히 비판했다. 구체적으로 전통적인 가족제도를 (자유·평등의 주체인) 부인(婦人)의 인격을 무시하고, 청년자제(青年子弟) 등 개인의 인격적 발전을 무시하며, 나아가 민족의 발전을 저해하는 것으로 규정했다.[45]

김기전은 김소춘(金小春)·묘향산인(妙香山人)·기전(起瀍) 등의 다양한 필명을 사용하여 좀 더 강한 어조로 유교에 대해 직접적 비판을 가했다. 그는 우선 유교적 장유유서(長幼有序)가 어린 아이와 젊은이들의 인격 형성과 개성 해방을 저해하는 요소라는 점을 다음과 같이 지적했다.

條件條件히 말하자면 限이 없을 것이외다. 要約히 말하면 第一 幼年도 역시 사람이다. 二千萬 兄弟中의 一人이며 아니 世界 十六億萬人 中의 一人이며 將來의 큰 運命을 開拓할 일꾼의 一人이라. 하야 그의 人格을 認할 것이외다. 그리하야 그로 더불어 아무쪼록 際會하야 長幼 間에 열리는 따스한 새 길을 짓도록 할 것이외다. 이러한 精神을 長者된 우리가 各히 所有하면 長幼有序의 末弊로 起한 現下의 諸般惡習을 改하게 될 것이며, 半島의 數百萬 어린 男女는 仍習의 무서운 坑塹으로서 解放 될 것이외다. 近日 女子解放論이 盛行함에 不拘하고 兒童解放論이 왜 傳하지 못하였나이까.… 長幼有序는 그렇게 거룩한 말이 못되나이다. 그의 末弊는 특히 罪惡化 하였나이다. 斷然히 고칠 것이라 하나이다.[46]

김기전은 나아가 유가 경전에 나타난 구시대적 효(孝)의 관념을 비판하고 새 시대에 맞는 신효도주의(新孝道主義)의 실천적 내용을 다음과 같이 제시하기도 했다.

一, 子의 親에게 對한 孝의 程度는 天然으로 流出하는 그 感情의 攸命에 限하고 更히 他意義를 牽强附會함이 無케하라. 一, 父子間에 在하야는, 子가 그 父를 爲하고 그 父가 또 그 父를 爲하는 從來道德의 回顧主義를 去하고 그 父가 그 子를 위하고 그 子가 또 그 子를 위하는 現今道德의 理想主義를 取하라. 一, 親된 者는 그 子女가 自己의 掌中物이 아니고 完全한 人임을 認하며, 子된 者도 亦 自身은 他人의 者가되는 外에 獨立한 人이 된 것을 記할 것이라. 一, 親되는 者子 一子女를 生함과 共히 그 子女를 充分히 기르고 가르칠 義務를 必負하되 그 義務를 履行치 못할 境遇이면 寧히 子女의 産出을 回避할 道를 講할 것이며 또 親되는 者는 自身이 老衰하기 前에 小하야도 自身을 養할 資産을 有하야 그 子에게 扶養을 要求치 않도록 할 것이니, 그렇지 못하면 子가 또 그 子에게 對한 責을 盡치 못하게 됨으로써라.[47]

위의 인용문 중 특히 "부모는 자식을 자기의 소유물이 아니라 하나의 독립된 인격체로 보아야 하며, 자신이 노쇠하기 전에 노후를 스스로 준비함으로써 자식에게 부양의 의무를 지워서는 안 된다."는 내용은 인내천(人乃天) 사상의 발현으로서 시대를 앞서가는 매우 혁신적인 것이라 평가할 수 있을 것이다.

이와 함께 김기전은 중국 신문화운동의 이론가 오우(吳虞)의 유교비판론을 소개하는 한편 이를 바탕으로 유학과 유학의 차별적 특성에 대해 신랄한 비판을 가했다. 특히 글의 서두에서 그가 한 다음과 같은 말은 당시 천도교 대중계몽운동을 이끌었던 핵심 이론가들의 반유교주의적 인식을 잘 반영하는 것이라 할 수 있다.

> 實로 말이다. 나는 儒敎에 對한 생각을 하게 되면 어떻게 마음이 갑갑하고, 아니꼽고, 不快해서 견딜 수가 없다. 三綱이니 五倫이니 하야 사람과 사람의 사이를 至毒하게도 尊卑・上下・貴賤의 關係로써 얽매여 놓고, 다시 禮樂刑政으로써 그것의 實行을 保障하야 天下後世의 民衆으로 하여금 그 밖에 한 걸음을 벗어나지 못하게 한 그 經緯를 생각하면, 실로 可憎可憎한 일이다. 더욱이 우리 朝鮮 사람이 累百年來에 그놈의 思想에 저리우고 또 저리워서, 目下 當場에 生活의 破滅을 當하는 地境에도, 그 思想上의 束縛에서 뛰어나가지 못하는 생각을 하면, 즉 思想革命에서 蹦躇하는 생각을 하면, 누가 이에 對한 憎惡를 禁할 者이랴.[48]

물론 『개벽』에는 이와는 달리 유교개신론(儒敎改新論) 또는 유교개선론(儒敎改善論)의 입장에서 쓰여진 글[49]도 있었으나, 기본적으로 유교적 전통이 가져다 준 정치사회적 폐해를 지적하고 그것의 극복 필요성을 강하게 주장하는 내용들이 주를 이루었다.

이처럼 한국 천도교의 계몽운동은 봉건적 전통과의 단절 및 새로운 시대의 도래를 위한 대중적 자각의 필수요소로서 유교 비판을 수행했다. 그리고 그러한 인식에 기초한 다양한 실천적 대안을 적극적으로 제시했다.

실천적 계몽운동의 방향성을 제시한 것은 이돈화였다. 그는 1920년 당시의 현실을 '죽음'과 '결심' 중 하나를 선택해야 하는 '결심의 시대'로 규정하고, 신문화건설의 제일보로 지식열(知識熱), 제이보로 교육보급(教育普及), 제삼보로 농촌개량(農村改良), 제사보로 도시중심주의(都市中心主義), 제오보로 전문가(專門家) 양성, 제육보로 사상통일(思想統一)을 제시했다. 새로운 문화운동은 변해야 한다는 결심에서 시작하여 모든 대내적 역량의 통일과 융화를 목표로 진행되어야 함을 역설한 것이다.[50]

신문학운동의 필요성에 대한 김기전의 주장도 중요하다. 그는 장기간 지속되어 온 중국 중심의 고루한 사상과 문학에서 벗어나지 못하고 있는 조선의 현실을 강하게 비판함으로써 신문학 형성과 발전의 중요성을 우회적으로 피력했다.

> 우리는 只今 新文學을 討하며, 新文學을 말하며, 新思想을 論하도다. 그러나 그윽이 생각하면 이것이 언제부터의 現狀인가. 겨우 昨日부터가 아니면 今日부터이다. 아직도 多大數는 孔孟의 思想이 有한 外에 更히 他思想이 有함을 不知하며, 漢文이 有한 外에 更히 他國文이 有함을 不知하며, 따라서 文學이라고 하면 中國文學이 有한 外에 更히 他文學이 有함을 不知하나니, 是實로 他人에게 可聞치 못할 事이나 習慣이 人生의 第二天性을 作함이 事實임을 認하면 우리 多大數의 此現狀을 그렇게 怪하다 할 것 없도다.… 李氏朝鮮以來로 專혀 儒教에 置重함과 共히 우리의 思想과 文學은 純然 是 中國化하고 乃已하였으며 그 結果는 우리의 國民的 習性이 되기까지 至하였다.[51]

운동 초기의 이와 같은 문제의식에 의거 『개벽』을 중심으로 천도교 계몽운동으로서의 신문학운동이 전개되었다. 『개벽』은 비록 종합지의 성격을 지니고 있었으나 현진건(玄鎭健), 김동인(金東仁), 염상섭(廉想涉), 김팔봉(金八峰), 김억(金億), 김소월(金素月), 이상화(李相和), 주요한(朱耀翰), 오상순(吳相淳), 이은상(李殷相) 등 당대 최고 작가들의 100여 편의 소설과 500여 편의 시, 150여 편의 수필을 게재했고, 평균 8,000~9,000부, 최대 10,000부의 발행부수를 자랑함으로써 운동 주체로서의 역할을 충실히 수행했다. 이는 대표적 문예지였던 『창조』, 『폐허』, 『백조』에 실린 작품 수 및 발행부수와는 비교가 안 될 정도의 규모였다. 더욱이 『개벽』은 국내 문학작품의 게재뿐 아니라 외국의 사상과 문학의 소개에도 노력을 경주했다. 특히 여론 형성의 주도층인 청년층을 주된 독자층으로 삼았고, 전국적 출판·유통망을 지니고 있었기 때문에 그 대중적 영향력 또한 매우 클 수밖에 없었다.[52]

신문학운동과 더불어 여성해방운동, 청소년운동 역시 활발히 진행되었다. 천도교가 발간한 『학생』, 『신여성』, 『어린이』 등의 잡지는 운동의 핵심적 수단이었다. 그중에서도 『신여성』을 통한 여성해방운동은 일찍이 남녀차별의 해소를 '안민'의 전제로 인식했던 동학적 전통이 천도교 대중계몽운동에도 지속되고 있음을 보여주는 것이기도 했다. 이와 관련하여 먼저 이돈화는 다음과 같이 스스로의 각성을 통한 여성해방의 필요성을 강하게 역설했다.

여러분! 個性이라는 것은 別것 아닙니다. 여러분이 이제 것 해 온 모든 生의 欲, 속임 없는 生의 欲, 內的으로부터 要求하는 體面 없고 人事 없는 赤裸裸한 여러분 內心 가운데서 하고픈 일의 欲 그것입니다. 여러분! 世上이라는 것은 體面보고 人事보다가 여러분의 內的 要求인 이 個性의 自由를 막는 것입니다. 마치 庭園의 樹木을 園主가 보기 좋게 가위로 자르고 器械로 다듬어 自由의 成長을 막음과 같이 여러분이 內的으로 있는 個性은 世上이라는 園主가 自己의 使用하기 좋도록 함부로 잘라놓은 病的個性입니다. 여러분! 여러분이 現在에 가지고 있는 여러분 個性을 眞實한 것이라 믿었다간 큰 코 다칩니다. 여러분이 現在의 病的個性을 벗어버리고 깊이 內面에 묻혀있는 眞實한 本來性을 찾는 것이 이른바 新女性이라는 것입니다. 아니 新男性도 될 수 있으며 新人性도 될 수 있는 것입니다. 여러분! 이 新女性을 開拓하는 方法은 무엇일까요. 그것은 大段히 어려운 問題입니다. 不入虎穴이면 不得虎子라 하는 古人의 말과 같이 여러분이 新女性을 찾고자 하면 한 번 陷之死地의 지경에 이르지 않으면 안 됩니다. 달리 말하면 한 번 죽었다가 거듭나지 않으면 안 됩니다. 名譽心을 죽이고 體面을 죽이고 女性으로의 모든 羞心을 죽이고 赤裸裸하게 世上에 나서야 됩니다. 이것이 거듭나는 方法입니다. 「陷之死地後出生」이라는 것입니다.[53]

이와 함께 여성해방의 수단으로서 지속적인 여성 교육 및 여성의 사회적 지위 향상에 대한 관심과 적극적 실천을 강조하는 것도 『신여성』의 주된 주제였다. 김기전은 다음과 같이 말했다.

사람들아! 조선 사람들아! 사내만으로도 못 살고 사내만으로도 일하지 못할 조선 사람들아! 더욱이 사회민족을 위한다는 뜻 있는 사람아! 또는 실제에 입학 연령에 달한 딸을 두고 바로 금년 봄에 보통학교와 고등보통학교를 졸업한 딸은 둔 사람아! 당신들은 이에 대한 무슨 새 생각 새 계획이 있어야 할 것 아닌가. 자전차의 앞바퀴가 튼튼하다 하야 어찌 뒷바퀴의 흠진 것을 돌아보지 않을 수 있으며, 등을 것을 닦았다 하야 어찌 안면을 닦지 않을 수 있을

까. 우리는 집에 있으나 길에 나서나 가장 잘 눈에 띠는 것이 있나니 그것은 오직 사람이라는 것이며, 사람 속에는 男子가 있는 것과 같이 반드시 女子가 있으며, 女子가 있는 것과 같이 반드시 男子가 있다는 그것이다. 그런데 實際의 우리는 왜 그렇게 女子의 便을 등한히 보려하는지.[54]

김기전이 여학교의 부족 등 여성 교육의 현황에 대한 비판과 사회적 관심을 강조했다면, 김윤경(金允經)은 부인이 가져야 할 덕성으로서, 개인적으로는 자기 절제와 자기 도야(陶冶), 사회적으로는 타인의 권리에 대한 존중 및 타인의 결함에 대한 배려를 제시[55]하기도 했다. 김경재(金璟載)의 경우에는 다음과 같이 남녀평등권 및 여성의 사회적 지위 향상의 중요성을 피력했다.

過去에 있어 朝鮮의 女子란 社會的으로 何等의 存在가 없었다. 따라서 社會的으로 보아 아무 地位를 가지지 못했다.… 사람들은 絶對로 平等해야 한다. 이제 그런 소리는 벌써 낡아빠진 古談과 동일한 類로 世間에서 取扱하게 되었다. 같은 法律아래 같은 人權을 가지고 今에 새로이 사람은 絶對로 平等해야 한다는 酬酌이 무슨 어림없는 헛 수작 인가하고 自己의 無智와 沒覺으로 妄斷을 下하는 輕妄한 무리가 아직도 없지 않으나 勞動者對資本家 그렇게 큰 意味의 階級을 빼면 男子와 女子와의 계급에서 더 큰 것은 없을 것이며 그만큼 社會問題의 重大한 자리를 占領해야 할 것이다.[56]

신문학운동, 여성해방운동과 함께 천도교청년회와 천도교소년회의 계몽 활동 또한 중요한 의미를 지닌 것이었다.

"천도교청년회는 1920년 4월부터 약 1년간 총 34회의 강연 계획을 세우고,

163개의 시·군을 순회하면서 강연회를 실시하여 총 7만 4,000여 명의 청중을 동원했다. 연사로는 정도준, 이돈화, 김기전, 박달성, 이두성, 방정환, 박사직, 강인택 등이 활약했다.··· 천도교소년회는 창립 직후 방정환과 이돈화가 연사로 나서「내일을 위하여」,「10년 후의 조선을 잊지 말라」,「신조선과 소년회」라는 연제로 전국 순회강연을 실시했다. 1922년부터 5월 첫째 주 일요일을 '어린이날'로 제정하고 다채로운 행사를 펼쳐 소년운동과 어린이에 대한 민족적·사회적 관심을 불러일으켰다. 1923년 3월에는 방정환을 주간으로 월간잡지『어린이』를 창간해 언론을 통한 소년계몽에도 나섰다."[57]

이상과 같이 천도교의 대중계몽운동은 전통적 차별질서관의 완전한 극복 필요성과 모든 인간이 자유로운 동등체로서 공동체적 발전의 주역이 되어야 한다는 점을 대중이 자각하고 실천함으로써만이 국가적 독립과 발전의 성취, 즉 보국안민이 이루어질 수 있음을 강하게 역설했다. 이는 동학적 '안민'의 전제로서 제시된 인간 간 동등성 인정과 사회적 불평등 해소의 필요성이 천도교 대중계몽운동기에 이르러 인식론적 차원이 아니라 봉건적 전통 그 자체를 변화시키는 데까지 발전한 것으로 평가할 수 있다.

5. 맺는말

최제우가 동학을 창도한 1860년대부터 천도교의 대중계몽운동이 활발했던 1920년대까지 동학은 '보국안민'을 일관되게 주창했다. 이 시기 동학의 '보국안민'의 정신은 국가와 민족을 최우선으로 생각했던 동학적 전통의 면모를 잘 보여준 것이었다.

그러나 좀 더 중요한 점은 시대의 흐름에 따라 동학의 '보국안민'의 내용과 성격이 점차 발전되어 갔다는 사실이다. 창도 초기 '기존의 정치사회 질서 내에서 국가적 위기가 없는 상황을 만드는 것'을 의미했던 보국안민은 최시형 활동기에 이르러 '안민' 개념의 질적 변화를 경험했고, 그 전제는 기존의 차별적 정치사회 질서관의 변화였다. 동학농민혁명운동기에는 혁명운동의 목표로서 보국안민이 좀 더 강하고 직설적으로 강조되었으며, '안민'의 질적 변화를 좀 더 구체화할 수 있는 실천적 행위로서의 대규모 혁명운동과 방법론의 제시가 이루어졌다. 비록 혁명운동은 미완으로 막을 내렸으나 종교정치 사상으로서 그리고 사회변혁운동으로서 동학이 지닌 대중 동원의 능력과 불합리한 현실 타파의 지향성은 국권 상실과 일제 식민지로의 전락이라는 민족 최대의 위기상황에서 3·1운동과 천도교 대중계몽운동을 가능케 한 원동력이 되었다.

3·1운동은 '동등성에 기초한 조화롭고 평화로운 공동체 건설'이라는 동학의 보편적 '안민' 개념을 국가·세계로 확대시켰다는 의미를 지닌 것이다. 식민지로 전락한 상황에서 '안민'은 '국가적 독립성의 회복'이라는 '보국'이 전제되어야 가능한 것이었다. 그럼에도 일체의 갈등과 대결을 지양하고 각국, 각 민족의 자존성을 상호 존중하여 조화와 협력의 세계 공동체를 구성하자는 3·1운동의 이상은 동학의 보국안민 정신과 맥을 같이하는 것이었다.

3·1운동의 또 다른 의의는 국권 상실 이후 한동안 침체되었던 천도교 대중계몽운동을 활성화시키는 계기가 되었다는 점이다. 여전히 '국가적 독립성의 회복'이 지상과제였던 암울한 시기에 천도교 대중계몽운동가들은 봉건적 정치사회 질서의 완전한 탈피를 통한 대중적 자각 능력 향상이 보국안민의 가장 중요한 수단이 된다는 점을 정확히 인식했다. 이를 위해 유학적 정치사회 질서관에 대한 근본적인 문제제기와 강한 비판을 수행하는 동시

에 무차별과 상호 존중의 실천적 방법론을 제시하고자 노력했다. 동학과 천도교 사이의 종교적 관련성은 제외하고서라도, 천도교의 대중계몽운동이 제시한 '안민'의 전제와 실천적 방법론은 초기 동학에 나타난 '안민' 개념의 질적 변화가 어떻게 발전적으로 계승되었는지를 잘 보여주는 것이라 평가할 수 있다.

그러나 이처럼 귀중한 동학의 보국안민의 정신은 이후 한국 정치사에 긍정적으로 투영되지 못했다. 광복을 이룬 직후의 이념적 갈등과 한국전쟁, 남북 분단, 급속한 산업화와 근대화가 파생시킨 다양한 문제들, 그리고 여전히 남아 있는 각종 비민주적 요소들이 동학 보국안민 정신의 가치를 묻히게 했다. 그러면 과거와 현재를 반성하고 미래를 개척해야 할 과제를 안고 있는 우리는 무엇을 해야 할까? 필자는 민주주의의 확립과 통일을 대비해야 하는 우리의 입장에서 동학 보국안민 정신의 현재적 가치를 다음 네 가지로 요약하고자 한다.

첫째, 동학은 보국안민을 실현하기 위한 전제로서 사회 구성원 개개인, 나아가 각 민족 및 국가의 존엄성과 특성을 인정하는 개체 중심적(個體中心的) 사고를 표방했다. 미래지향적 민주주의와 민족주의의 올바른 방향이란 우선적으로 개인, 개별 국가 또는 개별 민족의 존엄성과 정체성을 확립하는 것에서 출발해야 한다. 그런데 개체 중심적 사고는 단순히 자기 자신, 자국 또는 자민족의 정체성만을 주장하는 것이 아니라, 타인 또는 타국, 타민족의 개체성을 상호 인정하는 좀 더 적극적인 자세를 지향하는 것이다. 동시에 그것은 개체가 구성하는 공동체의 평화적 발전을 궁극적 목적으로 하고 있다. 타인, 타국 또는 타민족의 장점을 상호 인정하고 활용하여 자신, 자국 또는 자민족의 발전을 이루고 그러한 발전이 공동체의 이익이 되어야 한다는 것이다. 이 점에서 동학의 보국안민의 정신이 제시한 개체 중심적 사고는 서양의 개인주의적 사고나 자민족중심적 사고와는 다른 것이다. 이것이 한국이 미래를 위해 지향해야 할 민주적 의식 함양의 첫 번째 방향인 것이다.

둘째, 동학의 보국안민 정신은 조화와 협력의 평화 공동체 건설의 중요성을 강조했다. 그리고 그것의 인식론적 토대로서 상대주의적 관점을 제시했다. 개체의 존엄성을 상호 인정하기 위해서는 자기 자신, 자국 또는 자민족의 전통과 가치만이 절대적이라는 태도에서 벗어나 가치의 상호 인정을 추구하는 상대주의적 태도가 필요하다. 항상 타인, 상대국가 또는 상대 민족의 입장에서 나 자신, 우리 국가, 우리 민족을 보는 자세를 가질 때 갈등과 배타, 독선이 아닌 평화와 협력, 그리고 개방과 존중의 공동체가 형성될 수 있기 때문이다. 여전히 강한 한국 사회에 내에서의 여러 차별적·갈등적·배타적 요소가 민주주의 정착에 어려움을 주고 있음을 감안하면 이러한 동학의 보국안민의 정신은 미래 한국 민주주의 발전을 담보하는 중요한 방향성을 제공할 수 있다고 생각된다.

셋째, 동학의 보국안민은 무엇보다 공동체의 풍요로운 삶의 유지와 발전을 목표로 설정했다. 동학의 보국안민의 전통적 흐름에서 나타난 중요한 특성이라면 개인이 속한 사회, 국가 또는 민족의 풍요로운 삶의 확보를 가장 기초적인 요소로 파악했다는 점이다. 개체성의 상호 인정과 상대관의 유지를 전제로 하는 풍요로운 삶은 갈등보다는 협력, 분열보다는 평화를 이끌 수 있는 중요한 요인이다. 따라서 한국 민주주의의 성패 역시 우리는 물론 우리가 속한 지역, 세계의 발전을 통해 좀 더 나은 삶의 질을 확보할 수 있느냐에 달려 있다 해도 과언이 아니다. 이 점에서 한국 민주주의의 지속적 발전을 담보하는 물질적 조건에 대한 동학적 논의는 큰 의미를 지니고 있는 것이다.

넷째, 동학은 보국안민을 이루기 위해서는 사회 내 구성원 모두가 스스로의 자질과 자각 능력을 키우며, 그것을 토대로 공동체적 발전을 위해 능동적으로 실천하고 참여하는 태도가 필요함을 역설했다. 한 국가의 원천적 힘은 결코 소수 엘리트에게서 나올 수 없다. 국민 대중의 자각과 지적 능력, 투철한 민주시민 의식, 미래지향적 사고방식으로부터 형성되는 것이다. 한국 민주주의의 발전을 위해 동학의 보국안민 정신에서 우리가 진정으로 얻을 수 있는 것은 바로 이러한 능동적 실천과 참여의 태도라 할 수 있다.

이와 같은 네 가지 방향은 동학의 보국안민 정신이 우리에게 준 중요한 가치이며, 우리뿐 아니라 인류에게 보편적으로 적용되어야 하고 또 적용될 수 있는 것이다. 동학적 가치의 세계화는 바로 이러한 방향으로 진행되어야 하는 것이다.

인문지리학적 관점에서 본
내포정신의 형성 과정

- 예산 지역을 중심으로

안외순 _ 한서대학교 국제관계학과 교수

1. 서론

필자는 동학학회로부터 '인문지리학적 관점에서 본 내포정신(內浦精神)의 형성 과정'을 고찰해 달라는 부탁을 받았다. 내포 지역은 충남 서북부 지역의 별칭으로 동학의 제4세 대도주 박인호(朴寅浩, 1855-1940)의 출생지이자 그의 지도하에 동학농민운동이 핵심적으로 전개되었던 곳 중의 하나이다. 따라서 내포 지역의 동학농민운동의 의의[1]를 종합적으로 고찰하는 자리에서 이 지역 동학운동 전개의 정신사적 배경을 살펴보려는 것이 학회의 의도일 것이다. 물론 이는 매우 당연한 문제의식이다. 다만 기존 연구 성과를 고려하건대[2] 내포 전체를 다루기에는 연구 범위가 너무 광범위한 면이 없지 않아 이 글에서는 그 1차적 작업으로 지역과 시기를 국한하고자 한다. 내포 중에서도 예산 지역을, 시기적으로는 동학과 가장 가까운 조선 시대로 대상을 한정하고자 한다.

특정 지역의 정신이나 풍속은 그 지형적 영향과 더불어 사실상 그 지역 인물들의 업적과 이를 기리는 후예들의 태도와 기풍을 통해서도 강하게 형성된다. 따라서 여기서는 먼저 예산과 예산이 중범위적으로 포함된 내포의 인문지리학적 성격을 살펴보되, 특히 예산 지역의 지명과 관련하여 그 정신 혹은 가치를 정리해 보고자 한다. 이어서 이러한 동학농민운동 전개 이전, 예산과 관련된 대표 인물들을 통해서 예산의 정신이 형성되는 과정에 대해 동학농민운동의 전개와 비교적 가까운 시기에 해당하는 조선 후기를 중심으로 살펴보기로 한다. 이를 위해 여기서는 대표적으로 17세기의 포저 조익, 18세기의 혜환 이용휴 일가, 19세기의 추사 김정희를 살펴볼 것이다. 마지막으로, 앞에서 검토한 예산의 인문지리학적 정신의 표상인 '절문(節文)'의 정신이 1890년대 이후 농민혁명 운동 및 국권 회복 운동에 투신하는 애국 충절의 정신으로 연결되고 있음을 간단히 언급하는 것으로 결론을 대신할 것이다.

2. 내포와 예산의 인문지리학

1) 내포(內浦)의 인문지리학

충청 서부 지역에서는, 일반인들에게는 낯선 지명이, 자주 회자되는 용어가 하나 있다. 이른바 '내포(內浦)'라는 지명이다. '내포천애(홍성군 공식 브랜드명)', '내포연구소(서산시 해미 소재의 한서대 부설연구소)', '내포타임즈(홍성지역신문)', '내포막걸리(예산군 덕산 막걸리)' 등등. 나아가 충남도청이 이 지역으로 이전하면서 신도청 소재 지역을 '내포신도시'라고 명칭하는 등, 마침내 특정 지역의 명칭으로 재탄생하기도 하였다. 충청도와 특별한 연고가 없던 필자가 직장 문제로 해당 지역으로 이주해 온 초기 이렇게 '내포'라는 말을 참으로 많이 들으면서, 이것이 지명인 것은 분명한데 그렇다고 명시적인 행정단위로는 잡히지 않는 것이어서 한동안 궁금했었다. 시간이 지나면서 필자는, 그것이 행정구역에는 없지만, 이 지역 사람들에게 행정단위로서의 군(郡)이나 시(市) 단위를 넘어서는 역사적/문화적 지역공동체 의식과 관념으로서 존재한다는 것을 인지하게 되었다. 이렇게 현실적인 행정구역의 경계를 넘어 면면이 이어져오는 '내포 사람', '내포인'으로서의 정체성을 가능하게 하는 '내포'는 어디이며, 어떤 특징을 지니고 있는가?

내포 지역은 오늘날의 지리적 행정명으로 보자면 대체로 당진시, 서산시, 아산시, 예산군, 홍성군, 내포신도시 관할 지역의 읍/면 고을이 해당된다. 이 지역 사람들은 서로 내포인(內浦人)으로서의 정체성을 가지고 있다.[3] 행정명이 통폐합되기 전의 조선 시대의 경우는 다음에서 보듯이 결성(홍성에 편입), 해미(서산에 편입), 태안, 서산, 면천(당진에 편입), 당진, 홍주(홍성으로 개칭), 덕산(예산에 편입), 예산,.신창(아산에 편입), 대흥(예산에 편입)과 보령[4]이 이곳이다.

> 그러나 바다 가까운 곳은 학질과 염병도 많다. 산천이 비록 평평하고 넓으나 수려한 맛이 적고, 구릉(丘陵)과 원습(原濕)이 비록 아름답고 고우나 천석(泉石)의 기이한 경치는 모자란데, 그중에서는 보령(保寧)의 산천이 가장 아름답다. 고을 서편에 수군절도사영(水軍節度使營)이 있고 그 안에 영보정이 있다. 호수와 산의 경치가 아름답고 확 트여서 명승지라 칭한다. 북쪽에는 결성(結成)·해미(海美)가 있고, 서쪽으로는 큰 포구[大浦] 너머로 안면도(安眠島)가 있으니, 이 3고을은 가야산의 서쪽에 위치한다. 또 북쪽에는 태안(泰安)과 서산(瑞山)이 있다. 강화(江華)와 남북으로 서로 바라보고 있으며, 작은 바다를 사이에 두고 떨어져 있다. 서산 동쪽은 면천(丏川)과 당진(唐津)이며, 동쪽으로 큰 포구[大浦]를 건너면 아산(牙山)이다. 북쪽으로 작은 바다를 사이에 두고 경

기의 남양(南陽) 및 화량과 비스듬히 마주하고 있다. 이 4고을은 가야산의 북쪽에 위치한다. 가야산의 동쪽은 홍주(洪州)와 덕산(德山)이다. 모두 유궁진(由宮津)의 서쪽에 있는데, 포구(浦) 동쪽의 예산(禮山), 신창(新昌)과 더불어 뱃길로 한양(漢陽)으로 통한다. 대흥(大興)은 곧 백제의 임존성(任存城)이다. 이 11고을은 모두 오서산의 북쪽에 있다.[5]

이러한 '내포' 공동체의 연혁은 최소한 고려 시대부터는 시작되었던 것 같다. 그것이 언제부터 사용되었는지는 알 수 없지만, 『고려사』에 주로 왜구가 '내포 지역에 침입하여 노략질을 하였다.'[6]는 등의 내용들이 보이는 것으로 보아 일찍이 고려 시대부터 이미 사용되고 있었음을 알 수 있다. 조선 시대에 들어와서도 '내포'라는 용어는 주로 실록에서 많이 보인다. 예를 들어, 선조대 비변사가 계를 올린 것 중에 "공주진관의 법이 잘 다스려질 경우 금강 일대는 근심할 것이 없을 것이며, 홍주진관의 법이 잘 다스려질 경우 내포나 연해 등지를 모두 방어할 수 있으니, 이것이 바로 일은 간단하고 공은 많은 것임을 말하지 않아도 알 수 있는 것입니다."[7]라는 예 등이 그것이다.

그렇다면 어떤 역사적 문화적 정체성을 가지고 있기에, 행정구역에도 없는 지명을 자신들의 공동체를 규정하는 포괄적인 단위로 의식하는가?

충청 서북부 지역민들이 행정구역을 초월해 나름의 '내포인'으로서의 지역적 공동체 의식을 가지고 있는 이유는 '내포'라는 지역 규모로 묶일 때가 가장 이상적인 경제적 삶을 누리는 것이 가능하기 때문이었을 것이다. 실제로 필자도 수년 전부터 내포 지역에 거주하면서 느낀 점이기도 한데, 그것은 바로 '내포 지역' 단위로 확장해서 볼 때 이곳은 산과 바다, 평야가 모두 갖추어져 있어서, 이 안에서 지역민들이 농업, 어업, 임업을 통한 의식주를 자족적으로 해결할 수 있는 구조였던 것이다. 교통이 지금처럼 발달하지 못했던 전근대사회에서 경제적으로 자급자족적 구조라는 내포의 지리경제적 성격은 무엇보다도 자연적인 '내포 지역'이 형성될 수 있었던 가장 큰 요인이었을 것이다. 이러한 지역적 장점은 조선 시대 최고 지리학자였던 이중환(李重煥)의 『택리지(擇里志)』에서도 잘 나타나 있다.

> 충청도에서는 내포(內浦)가 가장 좋다. 공주(公州)에서 서북쪽으로 200리쯤에 가야산(伽倻山)이 있다. 서쪽은 큰 바다이고, 북쪽은 경기의 바닷가 고을과 큰 못[大澤] 하나를 사이에 두고 있으니, 서해(西海)가 쑥 들어온 곳이다. 동쪽은 큰 들판[大野]이고, 들판 가운데는 큰 포구[大浦] 하나가 있으니 이름이 '유궁진(由宮津)'으로, 밀물이 들어오지 않으면 배를 이용할 수 없고, 남쪽으로 오서산에 막혀 있는데 가야산으로부터 온 맥으로, 동남쪽으로 공주(公州)하고만 통한다. 이 가야산의 앞뒤로 있는 10개 고을을 모두 내포라 한다.
> 지세(地勢)가 외진 모퉁이에 멀리 떨어져 있고 또 큰 길목이 아니어서 임진(壬辰)과 병자(丙子)의 두 차례 난리도 이곳까지는 미치지 않았다. 땅이 기름지고 평평한데다가 생선과 소금이 매우 흔하여 부자가 많고 여러 대를 이어 사는 사대부(士大夫) 집이 많다.[8]

이렇게, 이중환은 '내포'를 바다와 산과 평야가 모두 갖추어져 있는데다가 땅이 기름지고 평평하여, 충청도에서 가장 살기 좋은 곳으로 꼽았던 것이다. 이러한 평가는 지금까지도 이어지고 있다. "내포는 농사와 과일이 잘 될 뿐만 아니라 안면도·완도의 조기잡이, 간월도의 어리굴젓이 상징하는 바다의 풍요가 있다."[9] 바로 이러한 지리경제적 이점이 행정적인 구획을 넘어 자연스럽게 '내포 지역'이라는 자연적 지역 공동체를 형성하게 했을 것이다.

이 내포 각 지역의 공통점은 특히 바다를 끼고 있고 바닷물이 역류하여 많은 포구(浦口)가 발달되었다. 따라서 해운(海運)이 편리하여 일찍부터 조운로(漕運路)가 발달했다. 전라도 법성창(法成倉)에서 출발한 조운선(漕運船)이 보령 앞바다를 거쳐 태안의 안흥량(安興梁)과 당진을 거치게 되어 있었다. 그런데 안흥량은 암초가 많고 조류가 빨라 선박의 통행이 어려웠다. 그리하여 배가 전복되는 경우가 많았다. 이에 고려 1134년(인종 12)과 1391년(공양왕 3)에 천수만과 가로림만 사이에 조거(漕渠)를 뚫으려다가 실패했다. 중종조(中宗朝)에는 의항 운하가 굴착되어 일시 사용되기도 했다. 인조조(仁祖朝)에도 안면곶을 끊어 안면도를 섬으로 만들면서 백사수도(白砂水道)를 완성하기도 했다. 그 결과 안면도의 내해에서 직접 배가 서해로 나갈 수 있어서 200여 리를 도는 뱃길을 단축할 수 있었다.

반면에 육로 교통은 금북산맥(錦北山脈)에 막혀 주요 역로(驛路)에서 비켜나 있었다. 그러나 가야산을 제외하고는 높은 산이 없어 외지기는 하지만 육로 교통도 그리 불편한 것은 아니었다.[10] 이러한 지리적 이점 덕분에 한두 개 고을로는 불완전한 10개 고을이 합치면 부족한 부분이 없는 나름 완결의 경제생활 공동체가 되는 것이다. 때문에 "이 고장 사람들은 사는 행정구역이 서로 달라도 마치 옆 마을 사람처럼 느끼는 친근한 동향의식을 갖고 있으니"[11] 이른바 '내포 사람들'로서의 정체성을 가지고 있었던 것이다

'내포'의 사전적 의미는 '바다에서 내륙으로 깊숙이 들어온 만(灣)에 들어선 포구(浦口)'를 의미하고, 순수한 우리말로는 '안 개'라고 한다.[12] 가야산을 정점으로 사방을 둘러싼 충남 서북부 지역은 이와 같은 '안 개', 곧 '내포'가 많이 포진해 있다. 그래서 이 지역권을 예부터 '내포 지역'이라고 한다.

2) 예산의 인문지리학

내포 중에서도 동쪽을 차지하는 예산은 '내포'가 유래된 지역으로서 내포의 핵심 지역의 하나이다. 내포 지역은 사실 산으로는 가야산을 중심으로, 포구로는 예산 삽교천의 상류인 유궁진으로부터 시작되기 때문이다. 이는 다음에서 보듯이 근대 최고의 조선학 학자 최남선의 말에서도 잘 증명된다.

> 내포(內浦)라 함은 충청도(忠淸道) 서남(西南) 모퉁이의 가야산맥(伽倻山脈)을 둘러싸고 있는 여러 고을들을 오늘날 삽교천의 상류, 유궁진(由宮津)[13]의 안쪽에 있다 해서 이르는 말이다.(필자가 현대어로 다소 수정함)[14]

현재의 예산은 본래 백제의 오산현(烏山縣)이었다. 신라 제35대 경덕왕 때 고산(孤山)으로 변경, 임성군(任城郡)[大興]에 속한 현(縣)이었다가 고려 태조 2년(919)에 현재와 같은 예산(禮山)의 명칭을 처음으로 획득했다.[15] 이후 고려 제8대 현종 9년(1018)에 천안부(天安府)에 속했다가 조선의 제3대 왕 태종 13년(1413)에 다시 예산은 현감 고을이 되었다.[16] 그 후 몇 차례의 변경을 거쳐 현재의 구성을 갖추게 되었다. 현재 예산은 예산읍과 삽교읍의 2개 읍과 대술면, 신양면, 광시면, 대흥면, 응봉면, 덕산면, 봉산면, 고덕면, 신암면, 오가면의 10개면으로 구성되어 있다. 이 가운데 덕산과 대흥은 조선 시대만 하더라도 예산과 같은 현감이 있던 고을이었으나 1914년 예산군으로 통합되었다.[17] 그래서 앞에서 소개했던 『택리지(擇里志)』에서는 내포 고을 10곳으로 예산과 함께 두 곳이 소개되어 있었던 것이다.

충청 서북부 지역의 별칭인 '내포'에서 동쪽에 위치하는 예산군은 이 내포 지역에서 가장 평평한 평야를 구성하고 있다. 비옥한 평야에서 나오는 벼농사의 소출이 많은데다가 산이라고 해야 '비산비야(非山非野)' 지형의 낮은 구릉의 형태라 대부분 과수원으로 활용되고 있다. 그러므로 홍성과 더불어 물산이 풍부하여 대를 이은 부자가 많고, 충절의 사대부 또한 많다. 이는 예산의 지리적 조건이, 비록 지방임에도 불구하고 중앙의 정치 및 국가 생활 전반의 소식을 쉽게 접할 수 있는 사통팔달의 지리적 조건이라는 점도 한몫한 것임을 알 수 있다.

이제 '예산(禮山)'의 명칭에 따른 '예산'의 어원적 의미와 정신을 살펴보기로 한다. '예산'이란 말 그대로 '예(禮)의 메', 곧 '예의 터전'이라는 말일 터이다. 예의 한자적 자의 자체는 다음과 같다. 『설문해자(說文解字)』 예부(禮部)에서 '예(禮)'를 "예(禮)는 행하는 것으로 신을 섬겨 복을 받으려는 것이다. 시(示)와 풍(豊)의 합성어로 풍(豊)은 또한 소리이다."[18]라고 하고, 시부(示部)편에서 "시(示)는 하늘에서 내리는 것으로, 길과 흉이 나타나므로, 사람에게 보이는 것이다. … 하늘의 양상을 관측하여 시절의 변화를 관찰하고, 계시로 신을 섬긴다."[19]라고 하여, 시(示)란 하늘에서 인간에게 길흉을 보이는 것을 의미하였다. 따라서 예(禮)라는 글자는 시(示)와 례(豊)으로 이루어진 형성자(形聲字)로, 시(示)는 "하늘이 계시하는 것"을, 례는 "제기(豆) 위에 과일을 담아 놓은 모양"을 뜻한다. 즉 '제기 위에 제물을 담아 하늘에 제사를 지내면 하늘은 이에 응답을 보인다.'는 의미가 내포되어 있다.

이처럼 예의 기원이 제사에서 비롯되었다는 것은 결국 그것이 인간의 보편적인 인성에 따른 것으로, 『예기』「방기(坊記)」편에 예의 시작을 "예란 사람의 정리에서 나와 규정화되고 민중의 삶에 녹아들어 있다."[20]라고 설명하고 있다. 또 『사기』「예서(禮書)」에는 "인정으로 말미암아 예가 제정되고, 인성에 의거하여 형식화되었다."[21]고 하고, 「문상(問喪)」편에는 "이는 효자의 뜻이요, 인정의 실제요, 예의의 기준이다. 하늘에서 떨어진 것도 아니며, 땅에서 나온 것도 아니며, 인정일 뿐이다."[22]라고 하여, 예가 사람의 보편 정서의 기초 위에 형성되었음을 알 수 있다. 그리하여 이것은 모든 인간의 일상사를 가장 알맞게 규제하는 자율적이 규범으로 확장된다. 『예기(禮記)』「곡례(曲禮)」는 예를 다음과 같이 설명한다.

예란 가깝고 먼 관계를 정하고, 혐의를 판결하며, 같고 다른 것을 나누고, 옳고 그른 것을 분명히 한다. … 도덕·인의는 예가 아니면 이룰 수 없고, 교훈과 풍속교정도 예가 아니면 갖추어질 수 없고, 분쟁과 송사를 판결할 수 없고, 군신상하 부자형제도 예가 아니면 정할 수 없고, 학업과 스승을 섬김도 예 아니면 가까울 수 없고, 조례와 군대를 다스림과 관직에 나아가 법을 시행하는 것도 예가 아니면 위엄이 행해지지 않는다. 천지신명에 비는 것과 제사 귀신을 섬기는 것도 예가 아니면 정성이 아니고 장중하지도 않다. 그러므로 군자는 받들고 결단하여 시행하고 물러나는 모든 일에 분명한 예로 대처해야 한다.[23]

이 내용은 특히 예의 정치·사회적 기능을 잘 밝히고 있다. 상하 질서, 시비 판단, 도덕 윤리와 그 교육·예적·정령, 제사와 축제 등 모든 정치 행위의 준칙이 된다. 이와 같이 고대에 모든 삶이 예로 진행 처리되니, 심지어 예의 개념이 우주 질서의 인식에까지 확대 적용되었다.[24]

요컨대 '예(禮)'란 그 철학적 의미를 한 단어로 집약하자면 궁극적으로 '절문(節文)'이라 할 수 있다. 곧 '주어진 상황에 가장 알맞게 하여(=節) 빛나는 상태(=文)'이다. 다시 말하면 '매 상황마다 최고선(最高善)을 실천하여 가장 빛나는 상태'가 '예(禮)'가 실천된 상황인 것이다.

이렇게 보자면 결국 '예산(禮山)'이라는 지명이 담고 있는 가치는 '모든 상황마다 최고선을 지향하는 고장이 되고자 하는 것'이라고 하겠다. 곧 공자가 말한 '형식과 내용이 가장 알맞게 조화를 이루는 상황', 곧 '문질빈빈(文質彬彬)'인 것이다.

다음 장들에서는 특히 조선 시대에 예산 지역에서 이러한 절문 정신을 실천해 온 대표적 지성과 그 내용을 살펴보기로 한다. 물론 예산 지역의 이러한 뛰어나 선현들의 절문 정신은 이후에는 다시 지역의 후예인 예산인들의 절문 정신을 형성하는 데 영향을 미치기 마련이다.

3. 신양에 영면한 포저 조익의 민생정치 정신

예산군 신양면 신양리에는 포저(浦渚) 조익[趙翼. 1579(선조 12)~1655(효종 6)]의 묘가 있다. 포저의 경우 처음부터 예산이 연고지는 아니었다. 그는 원래 서울 창선방(昌善坊), 지금의 동대문구 창신동 일대에서 태어나 이곳에서 14세까지 자랐다. 또 선향(先鄕)도 경기도 광주(廣州) 구포(鷗浦)로 현재 화성(華城) 매송(梅松) 야목(野牧)리이다. 그런 그가 내포 및 예산과 인연을 맺은 것은 그가 현실 정치의 부패 앞에서 정치 세계를 포기하고 은둔의 길을 택했을 때, 그리고 영원한 영면의 세계로 운명을 달리한 이후였다.

포저는 조선 중기, 특히 인조대부터 효종대의 정치를 담당했던 대표적인 정치가이자 사상가였다. 조선 중기의 대표적인 학자이자 정치가인 우암 송시열이 비문을 짓고 우암과 쌍벽을 이루던 동춘당 송준길이 글씨를 쓸 정도로 포저는 학문적·경륜적 위상이 높았다. 그는 평생을 특히 민생정치와 국방 강화, 도덕 학문 연마에 바쳤다. 자는 비경(飛卿), 호가 포저(浦渚)·존재(存齋)라고도 했던 포저가 내포(內浦)와 인연을 맺은 것은 광해군 5년(1613) 연흥부원군 김제남과 영창대군 이왕의가 무고로 살해되고 인목대비에 대한 폐모론이 일 때였다. 당시 정치의 큰 파란을 몰고 왔던 '폐모살제(廢母殺弟)'의 패륜이 진행되자 포저는 서울의 집까지 팔고 선향으로 낙향했다가 5년 후인 광해군 10년(1618)에 서울과 더 먼 곳인 신창(新昌) 도고산(道高山)²⁵ 밑으로 이사와 살면서 세상과 단절하면서부터였다. 신창은 현재 행정적으로 아산에 속하는 곳이지만 내포의 북동쪽에 위치하는 곳으로 예산과 바로 이웃하는 고을이다. 포저가 이곳에서 사는 동안 광해군 정권에서 수차례 포저를 관직에 불렀으나 일체 응하지 않고 오직 학문을 연찬하고 의리를 강론하는 일에 헌신하였다. 대신 이 시기 온축된 역량은 후일 인조반정 이후 정치에 임하였을 때 진정한 민생정치를 펼치는 계기가 되었다.

또 이 시기의 포저가 내포와 인연을 맺은 것이 결국 그의 사후 예산과의 인연으로 이어졌던 것이다. 효종(孝宗) 6년인 1655년 77세를 일기로 별세하자 내포의 한 지역인 대흥현 동화산에 안장했다가 현종 13년에 도고산 동쪽 기슭에 이장했으며, 다시 숙종 16년(1690) 현재의 백석촌 천동, 곧 현 예산군 신양군 신양리에 부인과 함께 합장하였던 것이다.²⁶ 이후 지금까지 근 420여 년 동안 포저는 예산의 품에서 영면을 취하면서, 예산의 후예들과 함께, 예산을 찾는 또 다른 후예들을 맞이하면서 그의 민생의 대민복지 정치이념의 정신을 꾸준히 전해주고 있는 것이다.

광해군의 실정으로 은둔을 실천, 학문에만 전념하던 포저는 인조반정(仁祖反正) 초기 정치 개혁을 요구하는 목소리에 힘입어 인사권을 담당하는 핵심 실무직인 이조(吏曹) 좌랑(佐郎) 직을 시작으로 다시 관직생활을 시작하면서 내포(內浦)에서 은거해 있는 동안 온축했던 역량을 경세 과정에서 혼신을 다해 실천하였다.²⁷ 포저는 이후 선혜청당 낭청, 승정원 승지, 예조판서 등을 거쳐 성균관 대제학, 우의정, 좌의정에까지 이르게 된다. 물론 높은 관직을 역임했다는 것이 중요한 것이 아니라 그 중요 관직으로 그가 시행한 정책이 모두 실용적이고 민생정치를 관철하고자 일관했다는 것에 주목할 필요가 있다. 포저의 민생정치의 실현은 세 가지로 압축될 수 있다. 세법 개혁을 통한 구민정책, 군정 개혁을 통한 양병정책, 그리고 고과 개혁을 통한 인재정책이 그것이다.[28] 이 가운데 지면상 여기서는 민생과 직결되는 전자 두 가지만 소개하기로 한다.

첫째, 민생복지 정책으로는 세법 개혁을 통한 구민정책(救民政策)으로 대동법의 확대 시행을 강력히 주장하여 관철시켰다. 흔히 대동법이라고 하면 우리는 김육(金堉)만 알고 있지만 포저는 당시 김육, 이원익과 함께 조선 중기 대동법 시행의 핵심적인 역할을 하였던 것이다. 포저는 영의정 이원익이 선혜청 도제조가 되면서 그의 추천으로 재성선혜청 실무인 낭청이 되었다. 이에 대동법 실무를 전담하게 되었는데, 그는 대동법(大同法)을 삼대의 법과 맞먹는 선법이라고 간주, 온갖 어려움을 뚫고 결국은 경기도에만 시행하고 반대에 부딪혔던 대동법을 충청, 전라, 경상, 강원도 등 조선의 중부 이남 지역 전체에 확대 실시하였다. 그는 당시의 방납제식 세법이 백성들의 걱정거리이므로 전국이 똑같이 곡물로 세금을 납부하도록 하는 대동법을 다음과 같이 제안 · 실시했다.

> 우리나라는 理財에 법도가 없습니다. 田税제도는 1結당 下等은 4두, 中等은 6두씩을 내게 하는데 모두 하등전이고, 중등전은 매우 적습니다. 1결의 땅에는 볍씨 30~40두를 심을 만한 땅이니, 土沃하고 흉년든 해에는 더러 10~20석에 밑돌 때도 있습니다. 그러므로 보통논 평년작으로 계산하면 1결에 4두씩 받는 것은 바로 40분의 1 내지 50분의 1에 불과하니 너무 가볍다 할 수 있습니다. 그런데 各司에서 쓰는 여러 가지 물품을 여러 고을에 배정하여 結税를 내는 백성들로 하여금 납부하도록 하고 있으니 이른바 '貢物'입니다. 게다가 또 本道의 監營 · 兵營 · 水營 그리고 本邑에서 쓰는 것들을 모두 백성에게

서 취하여 씁니다. 土産物을 취하여 쓰는 것이니 어려움이 없을 듯합니다. 그러나 배정한 것이 더러는 토산물이 아니며 또 토산물이라 하더라도 백성들이 곧 스스로 납부할 수 있는 것은 아닙니다. 그리하여 반드시 防納하는 사람이 있게 됩니다. 그런데 줄을 타고 청탁하여 代納하게 되면 매양 몇 갑절 되는 가격을 징수합니다. 그리고 농민들은 오직 穀物을 생산할 뿐, 다른 물품에 이르러서는 비록 土産이라 하더라도 그들이 낼 수 없는 것이 많습니다. 이런 공물의 폐단이 백성의 患難이 됩니다. 各道 各官의 여러 가지 수요도 모두 백성에게서 징수하여 씁니다. 그런데 貪官汚吏들이 줄을 타고 侵漁하여 취하는 것이 헤아릴 수 없으니 징수에 법도가 없다고 할 수 있습니다.[29]

둘째, 군정(軍政)을 개혁함으로써 국가 안보와 민생 해결을 동시에 해결하고자 하였다. 포저가 볼 때 백성들을 괴롭히는 두 번째 악정(惡政)은 군정(軍丁), 곧 병역(兵役)의 폐단이었다. 그는 군정 개혁 사상을 대표적으로 담고 있는 「변통군제의상차(變通軍制擬上箚)」에 의하면, 당시 조선은 '군대가 없는 나라'였다. 그만큼 병력이 허약했고, 국가라고 할 수 없는 지경이었다. 이에 군병력의 증강이 필요한데, 문제는 그릇된 정책으로 이것이 개혁되지 못하고 있다고 하였다. 특히 종모법과 승려, 양반 제도로 인한 군역 회피와 호패법의 잘못된 운영 등으로 군역 인력이 절대적으로 부족하므로 이를 개혁해야 한다고 하였다. 특히 그는 양인들에게만 병역의무를 지우는 것에 대해 반대하면서 양반들도 똑같이 군포(軍布)를 내도록함으로써 병역의 의무를 균등화하고자 하였다.

우리나라의 현실은 군포를 전혀 징수하지 못하면 절반을 감해 주고, 거기서 발생하는 부족분을 외방 각읍의 품관으로 있는 서얼에게 1필씩 내게 한다. 그러나 이들이게만 부과하면 반드시 원망이 있을 것이다. 삼공(三公) 이하 백관(百官)들도 내고 유생(儒生)과 생원(生員) 진사(進士)도 내도록 해야 한다.[30]

뿐만 아니라 백성들의 민생을 외면하는 호패 제도를 개혁해야 한다고 주장하였다. 그의 개혁의 방향은 오직 민생이 전부였다.

> 왕도정치는 백성을 잘 보살펴 고통을 없애주면 저절로 떠나지 않게 된다. 그러나 견딜 수 없을 만큼 고통을 받는다면 도망만이 살 길인 것이다. 백성들로 하여금 이러한 극한 상황에 이르지 않도록 해주지는 못할망정 도망조차 못 가도록 하는 것은 그들을 죽이는 행위일 뿐이다. 孔孟의 말씀은 위에서 백성을 돌보지 않아 도망하게 하는 것을 비난했지 그들이 도망가는 것을 금지하지 않았다고 비난하시지는 않았다. 그리고 호패를 잃은 자를 有罪라 했는데, 그것은 먹고 살기 위하여 분주하게 돌아다녀야 하는 백성들에게 죄를 하나 더 추가하는 것일 뿐이다. 또 告奸者(告發人)에게는 그의 군역을 면제해 준다는 조항은 백성을 좋은 길로 인도하는 것이 못된다. 호패법을 어기는 사람은 바로 곤궁한 愚民으로 궁박하기 때문에 거짓 행위를 하는 것으로 실정을 생각하면 딱한 자들이지 누구나 公憤하는 亂臣賊子는 아니다. 그런데 혹은 斬刑에 처하고 혹은 邊方으로 보내며, 범죄자를 고발한 자에게는 상을 준다면 고자질이 成風할 것이고 그리 되면 백성들은 갈 곳이 없게 되니 결국은 모여서 도적이 되기 쉽다.[31]

이와 같이 맹자의 왕도정치의 시작이라는 양민정치(養民政治)를 방불하는 포저의 민생정치에 대한 신념은 확고하였다. 대외정책에 있어서도 그 방향의 초점이 무엇보다도 '생민(生民)' 곧 백성을 살리는 데 있었다. 요컨대 병자

호란을 전후한 시점에서 그는 척화(斥和)와 화친(和親)을 각각 구사하였는데, 그 준거는 어디까지나 구국(救國)과 생민(生民)에 있었던 것이다.[32]

포저가 민생을 중시했다고 해서 이론에 부족했던 것은 결코 아니었다. 그의 유교적 민생정치의 실천은 『곤지록(困知錄)』, 『중용주해(中庸註解)』, 『대학주해(大學註解)』, 『서경천설(書經淺說)』 등의 탁월한 저술에서 보듯이 높은 그의 유교적 조예에서 나온 것이었다. 실제 그는 당대 성리학의 대가(大家)였다. 조선 주자학의 영수로 불리는 우암(尤庵) 송시열(宋時烈) 같은 이가 퇴계(退溪) 이황(李滉)과 율곡(栗谷) 이이(李珥) 선생을 기술하는 반열에 함께 놓을 정도였다.[33] 요컨대 이러한 유학의 경서에 대한 깊은 조예 위에 그의 민생정치에 대한 경륜을 펼 수 있었던 것이다.

포저가 본디부터 예산 출신이 아니라고 해서 결코 예산의 정신사 형성에 끼친 영향이 적다고 할 수는 없다. 광해조가 끝남과 더불어 정계에 복귀하는 젊은 포저가 개혁 정치를 구상하고 연마했던 것이 바로 이 낙향 시절 내포 은거의 영향이었고, 정계나 학계에 미친 그의 위상 덕분에 포저가 영면한 예산 묘소는 늘 사대부나 지식인들의 발길이 끊이지 않는 곳이었기 때문이다. 마치 포천 출신 면암 최익현이 대마도에서 순국한 후 묘소가 예산에 있는 동안 면암의 묘소를 찾는 이들이 면암과 예산을 동일시하는 것처럼, 한국인들에게 상하이 홍쿠공원 하면 윤봉길 의사를 떠올리듯이, 그렇게 포저 정신은 예산과 하나가 되어 갔던 것이다.

4. 덕산·고덕과 성호좌파 혜환 이용휴 일가의 자유 사상

예산군의 덕산·고덕 일대는 성호좌파(星湖左派) 학통의 본부라고 해도 과언이 아니다. 이른바 이용휴(李用休), 이병휴(李秉休), 이가환(李家煥), 이삼환(李

森煥), 이철환(李哲煥), 이재위(李載威) 등이 그들이다. 이들은 모두 조선의 근기 남인(近畿南人) 실학(實學) 혹은 경세치용(經世致用) 학파의 비조(鼻祖)인 성호(星湖) 이익(李瀷, 1681-1763)의 조카 내지는 종손들로서, 성호로부터 직접 학문을 배우되 안정복, 신후담 등이 온건적인 성호우파라면 이들은 연암 박지원식 문학(이용휴), 수학·천문학에의 경도(이철환), 탈주자학(이병휴) 및 천주학 입문 (이가환)을 탐구하는 등 재야에서 학문과 사상 활동의 자유를 추구하였다. 실학의 집대성자 다산(茶山) 정약용(丁若鏞) 선생은 이들 이용휴가가 성호의 학문을 다음과 같이 전문화하여 계승하였다고 요약한 바 있다.

정산(貞山) 이병휴는 역경(易經)과 삼례(三禮)을, 만경(萬頃) 이맹휴는 경제(經濟)와 실용(實用)을, 혜환(惠寰) 이용휴는 문자학(文字學)을, 장천(長川) 이철환은 박물학을, 木牧재(木齋) 이삼환은 예학(禮學)을, 섬촌(剡村) 이구환은 경제실용학(經濟實用學)을 계승하였다.[34]

당시로서는 유교든 천주학에 대해서든 가장 진보적인 입장을 추구하였고, 이 점에서 이들은 사실 조선 후기 '자유 정신의 상징'이라고 하겠다.[35]

혜환 이용휴(1708-1782)는 친가나 외가 모두 덕산면이고 후일 고덕면에서 살았다. 진사시에 합격하였으나 이미 조부 이잠(李潛)의 숙청을 목도한 바 있기에 성호와 마찬가지로 평생을 재야학자로 생활하였다. 문학(文學)으로 문명(文名)을 떨쳤고, 음운학(音韻學)·병학(兵學)·농학(農學)에도 조예가 깊었다. 고덕에 살면서 뱃길로 안산(案山) 성포리에 있는 스승이자 숙부인 성호 이익(李瀷)와 왕래하면서 학문에 몰두했다.

특히 백성들과 하층민에 대한 생각이 남달랐다. 그리하여 『해서개자(海西丐者)』라는 하층민에 관한 전(傳)이자 한문소설도 썼다. 이 소설은 거지[丐

걸)와 묻고 답하는 내용이다. 황해도 시골의 한 거지와의 대화를 통하여 명리(名利)를 버리고 자연에 의탁하여 천수(天壽)를 누리는 고고한 선비와, 비록 가산을 탕진하여 거지 신세가 되었으나 집안의 문벌을 과장하지 않고 참된 바탕을 잃지 않고 살아가는 거지의 품성을 그린 작품이다. 천민을 주인공으로 놓고 오히려 지배 계층을 힐난하는 점에서 '남인 연암 박지원'이라고 할 만했고, 이러한 혜환의 문학적 풍자는 형식이나 주제 면에서 매우 독창적인 것으로 당시에도 정평이 나 있었다.

> 이 작은 방에서 몸을 돌려 앉으면 방위가 바뀌고 명암이 달라지는 법, 구도
> (求道)라는 것은 생각을 바꾸는 것이 아니겠는가? 생각을 바꾸면 모든 것이 달
> 라진다. 사람이 배를 타고 강물을 따라 내려가면 자기 자신이 멀어지는 것은
> 깨닫지 못하고 보이는 풍경이 달라지는 것만을 기억하는 것과 같다. … 나무
> 나 바위는 그저 오래 살기나 할 뿐이라 하늘이 행사하는 일에 아무런 참견을
> 하지 않고, 물고기는 오래 살면 살수록 신령한 힘을 갖는다. 인간은 그와는
> 달라서 나이 들어 혈기가 쇠잔하면 지각이 혼미해지기 일쑤고, 어떤 자는 그
> 동안 해온 일을 망치고 그동안 쌓아온 덕을 덜기까지 한다. 이 때문에 하늘이
> 수명을 주는 것을 아끼는 것이 아닐까?[36]

요컨대 그의 문학은 주자학적 권위와 구속을 부정하면서 문학을 부귀영화의 수단이 아니라 순수문학의 가치로서 추구한 것으로 평가 받았다. 이렇게 문인의 사명과 창작하는 방법을 진지하게 고민한 혜환은 『탄만집』, 『혜환시초(惠寰詩抄)』, 『혜환잡저(惠寰雜著)』 등의 저서를 남기면서 30여 년을 문장가로서 남인계 문권의 대표 역할을 하였다.[37]

정산(貞山) 이병휴(李秉休. 1710-1776)는 혜환 이용휴의 동생으로 성호좌파

의 실질적인 좌장격이다. 성호의 친형이자 기사환국(己巳換局) 후 경종(景宗)의 보호를 청하는 소를 올렸다가 처형당한 이잠의 양자로 들어갔고, 스스로는 삼환을 양자로 들였다. "주자학은 결함을 지닌 불완전한 것이므로 당연히 뒷사람이 그 결함을 변론해 완성해 가야 한다."거나 주자의 『대학장구』를 배격하고 『고본대학』의 체재를 타당한 것으로 이해한 점, 도덕적인 이치에 대해서는 누구나 선천적으로 알 수 있으므로 격물치지(格物致知)와 같은 지(知)에 관한 공부는 필요없고 행(行)에 관한 공부인 성의(誠意)를 제1공부로 삼아야 한다고 주장한 점, 심(心)의 성(性)을 지선(至善)으로 해석한 점 등 가장 과격한 학문적 입장을 취하였다. 문하생으로 양명학자인 이기양(李基讓), 권철신(權哲身)·권일신(權日身) 형제와 한정운(韓鼎運), 조카 이가환(李家煥) 등이 있다. 또 이병휴의 학문은 이가환을 통해서 정약전(丁若銓), 이벽(李檗), 이승훈(李承薰) 등에게 전파되어 후일 서양 과학기술과 천주교 수용에 주도적인 역할을 담당할 정도로 급진적 성격을 띤 것이었다.[38]

한편 역시 혜환 이용휴의 아들이자 이병휴의 조카인 금대(金帶) 이가환(李家煥. 1742-1801) 역시 고덕 출신이다. 성호의 종손이자 제자 가운데 드물게 관계(官界)에 진출하여 성균관 대사성, 형조판서까지 역임하는 등 개혁군주 정조(正祖)로부터 매우 큰 신임을 받는 학자 관료였다. 채제공(蔡濟恭)의 후계자로 남인의 영수가 될 것으로 기대가 되었으나 갑작스런 정조의 승하와 함께 그의 운명도 바뀌었다. 천주교인이란 이유로 1801년 신유사옥(辛酉邪獄) 때 처형되었다. 그 역시 성호학파답게, 그리고 가풍에 따라 유교 경전만이 아니라 조선의 역사·풍속·인물·문학에 두루 밝았다. 뿐만 아니라 그는 조선 사회가 금하던 천주교를 신실하게 탐구하였으니, 조선인 최초로 스스로 성경을 공부한 다음 북경(北京)으로 프랑스 신부를 찾아가 자진해서 세례를 받았던 이승훈(李承薰)의 외숙이기도 하다. 1784년 생질인 이승훈이 북경에서 돌아오고 동료 학자들이 서학(西學)에 관심을 가졌을 때, 천주교에 대한 학문상의 관심과 우려로 이벽(李蘗)과 논쟁을 벌이다가 반대로 스스로가 설득당하여 천주교인이 되었다. 이후 그는 정약전 등 초기 천주교 신자들과 독실하게 교류하였다. 이벽으로부터 서학 입문서 및 『성년광익(聖年廣益)』 등을 빌려 읽고, 제자들에게 스스로 열심히 전도하는 독실한 신도가 되었다. 그러나 1791년 진산사건으로 시국이 시끄러워지자 교리 연구를 중단하고, 광주부윤(廣州府尹)으로서 천주교를 탄압하였다. 그 뒤 성균관 대사성 · 개성유수 · 형조판서까지 지내는 등 천주교와 손을 끊는 것 같았지만 1795년 주문모(周文謨) 신부의 입국 사건에 연루되어 충주목사로 좌천되었다. 하지만 그 후 다시 천주교를 연구해 1801년 이승훈 · 권철신 등과 함께 순교(殉教)하였다. 정조로부터 '정학사(貞學士)'라 호칭될 만큼 대학자였으며, 특히 천문학과 수학에 정통해 스스로 "내가 죽으면 이 나라에 수학의 맥이 끊어질 것이다."라고 할 만큼 조선을 대표하는 수학자이기도 하였다.[39]

목재(木齋) 이삼환(1729-1814) 역시 성호의 손자 이구환(李九煥)과 함께 성호에게 수학하면서 부친 이병휴의 학문을 전수했고, 이철환은 아들 이재위와 함께 자연과학서 『물보(物譜)』를 지었다. 『물보』는 1802년 우리나라 사람들이 사물 명칭에 소홀하다고 보아 이를 경계하여 지은 것으로, 만물을 천생만물(天生萬物)과 인위만사(人爲萬事)로 구분하여 상 · 하 2편으로 나누고, 상편은 초목 · 벌레와 어류 · 조류 등과 식물에 관해서, 하편은 인간의 신체와 도덕, 기계 등에 대해 28목을 설정하여 기록하되 한자와 국어 품명을 동시에 써놓아 근대 국어 및 방언사 연구에 귀중한 자료로서의 가치를 인정받고 있다.[40]

이와 같이 성호좌파의 본부인 덕산 · 고덕의 이용휴 일가는 성호처럼 재야에 머물면서 급진적으로 자유롭게 학문에 정진하였다. 그 결과 하층민 위주의 문학 · 잡학으로밖에 인정되지 않던 수학을 주목하거나 사학(邪學)으로 위험시되던 천주학을 탐구하는 것 등이 이들의 주류 분야였다. 이 점에서 이들은 조선 18세기 '자유 정신의 상징'이었다고 하겠다. 이러한 이용휴 일가는 개인이 아니라 집안 및 이 지역 일대 사람들과 관련되어 있어 예산 정신 형성에 직접적인 영향력이 매우 컸다고 하겠다. 예컨대 후일 이 지역에서 천주교도 관련 순교자들이 많이 배출된 점, 반대로 여기서 반대하여 동학의 기치에 적극 가담한 점 등이 어느 쪽이든 이용휴 일가의 영향력과 무관하지 않은 것이라고 하겠다.

5. 신암면의 추사 김정희의 글로컬 정신

예산군 신암면은 한국 최고의 서예가이자 고증학자, 금석학자, 그리고 19세기를 대표하는 사상가의 한 명이기도 한 추사(秋史)[41] 김정희(金正喜, 1786~1856)가 태어나 자란 고택(古宅)과 가묘(家廟)가 있는 곳이다. 덕분에 신암면은 예산인들뿐만 아니라 예산을 찾는 많은 이들에게 민족적 자긍심을 심어주는 대표적인 명소가 되었다. 그만큼 추사의 위상이 높다는 말이다. 사실 그는 당시 조선뿐만 아니라 청(淸)이나 일본(日本)에서도 관련 세계에서는 널리 문명(文名)을 떨쳤다는 점에서 조선 글로컬리제이션(Glocalization)[42]의 비조(鼻祖)라고 하겠다. 이는 당시 추사가 '청국통(淸國通)'으로 불릴 만큼 청의 문물과 소식의 전달자이면서도 동시에 그 자신 예술과 사상·학문에서 조선 전통의 것과 국제적인 것의 조화 위에 자신의 독창적 세계를 끌어냈다는 평가 덕분에 가능한 명성이었다.

추사는 집안도 명문대가 출신이었고 자신 스스로도 불세출의 재주를 지닌 인물이었다. 고조부 김흥경은 영의정을 역임하였고, 증조부 김한신은 영조(英祖)의 둘째 딸 화순옹주(和順翁主)와 결혼한 부마 신분이었다. 이조, 공조,

형조판서 등 고위관직자였던 생부 김노경(金魯敬)을 따라 20대 때 이미 청나라를 다녀올 정도로 부유하게 자랐고, 이런 남다른 환경하에서 그 자신이 지닌 걸출한 재주로 일생 동안 조선의 일인자는 물론 청국에서도 최고의 실력자들로부터 인정을 받고 교류하는 삶을 살았다.

하지만 그의 정치적 삶은 순탄치 않았고, 급기야 인생 후반기 대부분을 유배 생활로 보낼 수밖에 없었다. 1819년(순조 19년) 문과 급제 이래 암행어사, 예조 참의, 검교, 대교, 시강원 보덕 등 승승장구하는 듯하였으나 안동김씨의 집권과 함께 추사 집안에 가화(家禍)가 몰아쳤다. 1830년 생부가 윤상도(尹商度)의 옥사의 배후 조종 혐의로 고금도(古今島)에 유배되면서 그의 인생도 고초의 연속이었다. 1836년 병조참판, 성균관 대사성 등을 역임한 것도 잠깐 안동김씨의 재집권으로 그는 자신과 연관도 없는 윤상도의 옥에 연루되어 1840년부터 9년간 제주도 유배 생활을 하였고, 1851년에는 친구 영의정권돈인(權敦仁)의 일에 연루되어 또다시 함경도 북청에 2년간 유배되었다. 이후 아버지의 묘소가 있는 경기도 과천(果川)에 은거하면서 학문과 예술, 불교에 더욱 정진하는 것으로 생을 마쳤다.[43]

위에서 보았듯이 추사의 인생 후반은 끊임없는 정치적 견제에 희생되어 유배 생활로 점철되었다. 하지만 다산도 그랬듯이, 그의 불우했던 정치 인생 과정에서도 추사는 불멸의 학문과 예술세계의 업적을 남기게 되었고, 그 덕분에 수 세기를 지난 지금도 영원히 민족의 가슴에 살아 있는 것이다. 그의 삶과 업적의 성격을 정리하면 다음과 같다.

첫째, 무엇보다도 추사는 글씨면 글씨, 금석학이면 금석학 등 관련 분야에서 조선을 넘어선 '국제화'의 실천자였다. 청나라에 갔을 때만 일시적으로 청의 이름난 학자들과 교류하는 것이 아니라 평생을, 심지어 제주도 유배 시절조차도 이들과 서신을 통해 학문적 · 예술적 교류의 끈을 놓지 않았다. 1935년 일본인 '조선학연구자'[44]였던 후지츠카 치카시(藤塚隣)는 추사에 관한 연구로 동경대 박사학위를 받았다.

> "조선 500년 역사상 보기 드문 英物 阮堂 金正喜가 출현하여 燕에 들어가서 翁覃溪, 阮芸臺 등 두 經師를 알게 되고, 여러 名賢들과 왕래하여 淸朝 학문의 核心을 잡아 귀국하자 조선의 학계는 '實事求是'의 학문에로 빠른 진전을 보여 오백 년 내 보지 못하였던 새로운 一面을 나타내게 되었다." "淸朝文化의 핵심을 파악하고, 經學의 깊은 곳까지 이르고, 새로이 淸의 實事求是의 학문을 朝鮮에 창명하여 宋明 末疏의 폐단에 빠진 편협하고 枯稿한 陋風에 巨彈을 던져 奕奕한 하나의 면을 전개한 위대한 學績으로서의 阮堂은 확실히 제일인자'라는 평가를 들었다.[45]

추사는 탁월한 총명성 위에 북학파(北學派)의 일인자인 박제가(朴齊家)의 제자가 되어 청(淸)의 고증학(考證學)을 접하였다. 24세가 되던 해 동지부사였던 생부의 청국 사신길에 동행하여 청국을 방문, 당대 최고의 고증학자이자 서예가였던 옹방강(翁方綱), 완원(阮元) 같은 이들과 교류하여 '해동제일통유(海東第一通儒)'라는 명성을 얻었다. 귀국 후에도, 심지어 긴 유배 생활 중에도 늘 서신이나 인편을 통해 이들과 학문적 · 인간적 교류를 하면서 '청국통(淸國通)'이라는 별명을 얻을 만큼 국제적 수준의 인식을 놓지 않기 위해 노력하였다.

둘째, 이러한 국제적인 감각 위에 조선적인 것, 스스로의 세계를 잃지 않는 로컬리티(locality), 곧 지역성을 잘 조화시켰다. 이를 통해 그는 명실공히 '시 · 서 · 화 일치'의 '통예(通藝)의 거장'이라는 명칭도 확보할 수 있었다. 서예의 경우, 어릴 때부터도 특히 천재적인 예술성을 인정받던 추사는 청에서 옹방강과 완원으로부터 금석문의 감식법을 배우고, 옹방강의 서체뿐만 아니라 연원을 거슬러 올라간 조맹부(趙孟頫)・소동파(蘇東坡)・안진경(顔眞卿) 등의 여러 서체, 더 소급하여 한(漢)・위(魏) 시대의 예서체에 서도(書道)의 근본이 있다고 보았다. 이후 그의 서체는 지금까지와는 전혀 다른 세계를 열게 되었다. 즉 추사는 중국과 조선의 모든 서체의 장점을 밑바탕으로 해서 자신만의 독창적인 길을 창출(創出)하였다. 이른바 '서투른 듯 하면서도 맑고 고아한(졸박청고拙樸淸高) 추사체(秋史體)'가 탄생하게 되었던 것이다.[46] 화풍(畵風) 역시 철저히 소식(蘇軾) 이래의 시・서・화 일치의 문인 취향을 계승하되, 조선적 전통을 가미, 서권기(書卷氣)와 문자향(文字香)을 주장하면서 기법(技法)보다는 심의(心意)를 중시하는 문인화풍을 중시하였다. 그 결과 고담(枯淡)하고 간결한 필선(筆線)으로 심의(心意)를 노출하는 문기(文氣) 있는 그림을 그렸다는 평가를 받았다. 이러한 그의 화풍은 조희룡(趙熙龍), 허유(許維), 홍선대원군 이하응(李昰應), 전기(田琦), 권돈인 등 당대 제1의 서화가들에게 영향을 주었다. 현재 주지하는 바와 같이 추사의 「세한도(歲寒圖)」는 국보이고, 「모질도(耄耋圖)」, 「부작란도(不作蘭圖)」 등도 현전하는 국보급 작품들로 평가받고 있다.[47]

셋째, 위에서 살펴본 추사의 국제적이면서도 조선적인, 그리하여 조선을 넘어 국제적으로 인정받는 예술 작품이 나올 수 있었던 저변에는 그의 '실사구시(實事求是)' 정신에 입각한 학문이 존재한다. 추사는 이른바 '실사구시학파'의 수장이다. 그는 옹방강의 '한송불분론(漢宋不分論)'을 따르면서 고증론과 의리론의 절충론을 주장하고, 나아가 유명한 「실사구시설(實事求是說)」을 확립하였다.

『漢書』 河間獻王傳에 이르기를, '실사구시(實事求是)'라고 하였다. 이 말이야말로 학문을 하는 가장 중요한 도이다. 만약 일로써 실제하지 않고[48] 空疎한 방법만을 편하게 여긴다면, 그리고 옳음을 추구하지 않고 선입견만을 위주로 한다면, 그것은 성현의 도에 背馳되지 않는 것이 없을 것이다.[49]

19세기 전반 학문 경향이 의리주의와 훈고학 쪽으로 나뉘어 상호 비판적 시각을 보이자 추사는 '학문하는 방법에는 실사(實事)와 구시(求是)가 모두 필요하다'고 하면서 주자학과 실학의 소통을 주장하였다. 그의 '실사'는 한학(漢學)의 훈고학적 실증주의를, '구시'는 송학(宋學), 곧 주자학의 의리학적 도덕주의를 지칭하는 것으로 각각 실학과 주자학의 학문적 경향을 대변하는 것이었는데, 추사는 양자의 겸전(兼全)을 주장하였다. 학문에는 엄밀한 과학주의가 필요한데, 문제는 그것의 목표는 어디까지나 인류의 보편적 행복을 추구하는 도덕론에 기초해야 한다는 점에서 추사의 이러한 실사구시의 학풍은 영원히 유효한 보편명제라고 하겠다.

요컨대 추사는 조선 후기를 대표하는 글로벌하면서도 로컬한, 이른바 글로컬 지성인 자체였다. '청국통'이라는 별명을 가질 만큼 중국 및 대외 관계 전문가이면서 '조선적'인 것을 구현하여 당대에는 청나라에 이른바 '한류(韓流)'를 심는가 하면,[50] 일제시대에는 그의 작품을 흠모하여 평생 추사의 일생과 작품을 지키는 데 일생을 바친 일본인이 존재할 정도의 업적을 남겼다.[51] 추사는 예산뿐만 아니라 우리 한국 민족문화의 거성이었다.

6. 결론

지금까지 조선 시대에도 '충청도에서 가장 살기 좋다'던 내포 지역, 그중에서도 그 시발점에 위치한 예산(禮山) 정신의 형성 과정에 대해 인문지리학적 관점에서 고찰하였다. 2장에서는 내포 지역의 범위와 지리적 이점, 이에 따른 인문적 풍토에 대해 개략적으로 살펴보았다. '내포'란 예산의 유궁진 포구에서 시작하여 충남의 가야산을 빙 둘러싼 조선 시대 10개 고을, 현 고을의 통폐합이 이루어진 곳으로 현재의 '예산, 당진, 서산, 태안, 홍성' 지역을 일컬으며, 이들 나름의 정체성을 가지고 있음을 살펴보았다. 이어서 그 핵심 지역의 하나로 예산(禮山)에 대해 유래와 지명을 중심으로 고찰하면서 '예(禮)'란 본래 '절문(節文)', 곧 '모든 상황마다 최고선을 지향하는 것'임도 살펴보았다. 따라서 '예산'이란 곧 '모든 상황에서 최고선을 지향하는 터'라는 의미임도 지적하였다. 3장부터 5장까지는 이러한 예산의 '절문' 정신이 실제로 인문적으로 형성되는 과정을 고찰하였다. 그것을 17세기 조선의 '민생 정치'를 위해 정치 개혁에 헌신했던 포저 조익, 18세기 조선 '자유 정신'의 대표적 인물들인 혜환 이용휴 일가, 19세기 조선 '글로컬리제이션(Glocalization)'의 대명사라 할 수 있는 추사 김정희를 통해 살펴보았다.

이들의 정신은 모두 자기 분야에서 당대 최고봉의 위상을 점하는 것이었고, 후일 후손들로 하여금 지역의 모범이 되면서 '상황에서 최고선을 지향해야 한다는 다짐의 나침반'이 되었을 것이다. 하여 조선 말기 국가가 주권을 강탈당하는 상황을 만나자 예산 출신 인물들 가운데 국가의 국권 회복을 위해 헌신한 애국충절들이 유독 많았던 것도 우연이 아닌 것이다. 국권 침탈의 상황에서 한민족에게 '최고선을 지향'하는 '절문'은 당연히 '국권 회복을 위한 분투'였던 것이다. 예컨대 순국(殉國) 충절(忠節)만 들더라도, 윤봉길 (尹奉吉, 1908~1932, 덕산면 시량리 출신) 의사는 물론 1895년 민비시해사건을 규탄하면서 낙향한 후 줄곧 국권회복을 돕다가 순국한 이남규(李南珪, 1855-1907, 대술면 상항리) 선생, 대한광복회 충청지부장을 역임하면서 독립운동을 하다 순국한 김한종(金漢鍾, 1883-1921. 광시면 신홍리) 등이 그들이다. 또 천도교 제4세 대도주였던 박인호(朴寅浩. 1855(철종 6)~1940. 덕산면 출신)는 이러한 예산 지역의 절문 정신의 전통을 '동학(東學)'에 가담·주도하고 헌신하며 계승했던 것이라고 할 수 있다. 그리고 예산의 인물들이 이렇게 국가와 민족의 삶을 외면하지 않고 시대마다 '절문'의 업적을 남길 수 있었던 것은 선조들의 정신 전통을 계승하는 것뿐만 아니라 중앙의 국가 정치 생활을 쉽게 접할 수 있는 사통팔달의 지리적 조건도 한몫을 한 것이라고 하겠다.

아래로부터의 혁명과 반제국주의를 슬로건으로 했던 동학의 경우 부패한 지배 체제를 부정하는 것은 물론 신분제 해방을 논했던 만큼, 양반 지배 체제 시대 지식인들의 사유를 중심으로 살펴본 이 글이 일견 모순된다고 생각될 수도 있겠다. 하지만 '집강소 체제'에서 보듯이 동학은 무정부주의 등의 '지배 체제 일반'을 부정하는 것이 아니었고, 부패한 양반체제를 부정하였다. 무조건적 서양을 부정한 것이 아니라 조선을 침략하는 서양과 왜를 부정한 것이었다. 무조건 기독교를 부정한 것이 아니라 유불도는 물론 기독교의 일정 교리까지도 수용한 동학이었다. 곧 이렇게 볼 때 동학 정신은 자랑스러운 선조들의 정신을 계승한 위에 타락한 현실을 개혁 혹은 변혁하는 운동 혹은 혁명 혹은 전쟁이었던 것이다. 이것은 분명 평등을 추구하는 조익의 민생정신, 천주교와 자연과학·척사학(斥邪學)을 넘나드는 이용휴 일가의 자유 정신, 김정희의 국제적이면서도 지역적인 고유성을 보호하는 글로컬 정신과 통하는 것이다.

예산 동학농민혁명 자료

시

관작리에 울려 퍼지던 그 함성을 기억하려 합니다

김 영 서 시인

아름답게 사는 사람은
평소에 기억나지 않습니다.
올곧은 사람은 일상에서 소외됩니다.
이름을 내세우지 않는 사람은
억압자의 이름에 묻힙니다.
당신이 그렇습니다.

100년 전의 일입니다
갑오년 겨울 초입 무명옷 걸치고
언 땅을 밟으며 모여들어
피를 뿌린 농민군이 있었습니다.
농민의 이름으로 당신을 기억하겠습니다.
눈망울 살뜰한 식구들 남겨 두고 이 자리에서 죽어갔습니다.
식구들의 마음으로 당신을 기억하겠습니다.
여기는 관작리 득지기입니다.

오늘, 당신의 이름을 다시는 잊지 않기 위해
단단한 돌에 당신의 역사를 새깁니다.
빈부로 나누어진 세상을
남북으로 갈라진 역사를
왜군의 소총을 죽창으로 맞서던 비장함으로
유회군의 칼날을 온몸으로 막아서던 함성으로
관작리 득지기에 묻혀있던 이름을 불러내어
통곡의 세월을 끝장내려 합니다.

당신들이 참혹하게 죽어가며 지켜낸 세상에
우리가 살아서 이 자리에 있습니다.
이곳에서 울려 퍼지던 함성을 결코 잊지 않겠습니다.
여기는 예산의 관작리입니다.

동학농민군 이동로 및 전투 상황도

예산 동학농민혁명 약사

1883. 3. 18 : 춘암 박인호 동학 입도

1892.~1894 : 예포대접주 상암 박희인 서산·태안 동학 전래 및 포교 활동

1894. 2. 15 : 고덕지역 동학농민군 주도로 내포 최초 "덕산봉기" 발발

    4. 9 : 운산 원벌봉기

    7. 10 : 대흥군수, 동학교인 상투 단죄 및 장살사건

  7~8월 : 예산 및 내포 전 지역 농민 전쟁 준 전시 상태 돌입

    8. 7 : 대흥 유림 세력 호서 최초로 "대흥유회소" 창설

    9. 12 : 대흥군수 동학농민군 진정시키기 위해 연회를 베풀고 국태공(흥선대원군)의 교유
문 낭독

    9. 18 : 일본군 갑오 정권에 동학농민군 진압 협조 최후 통첩

해월 최시형 전 동학농민군 기포명령 내림

    9. 30 : 기포명령 "교유문" 예산 도착, 덕의포 대접주 박인호 내포 전지역 기포 명령 내
림. 농민군 진압하기 위해 관군 소관 백락완의 장위영부대 대흥 관아에 주둔

10. 1~10 : 농민군 지도자 최병헌 이진해 고운학 최동신 이종고 김명배 주도로 고덕 "구만
리 기포" 발발

예포대접주 박희인의 주도로 "예산기포" 발발

삽교 성리에 혁명본부 "예포대도소" 설치

태안·서산 관아 습격 점령(태안군수 신백희, 서산군수 박정기, 태안방어사 김경제, 관속인 등
처형)

   10. 3 : 예산 덕산 해미 온양 관아 무기고 탈취

  10월 초 : 순영의 영병군관 구완희 부대 대흥 관아 주둔

   10. 7 : 대흥 관아 습격 점령

   10. 8 : 광천시장 전투

   10. 9 : 충청감사 박제순이 덕산군수 김병완을 무기 빼앗긴 죄로 파출

  10. 11 : 홍주목사 이승우 혁명본부 "예포대도소" 습격, 농민군 패퇴

10. 13 : 충청감사 박제순이 결성현감 박기붕을 병부 견탈죄로 파출

10. 17 : 대흥 군수 농민군 방어 목적으로 오진(五陳)설치

10. 20 : 서울 진격 전봉준 통문 덕포, 예포에 도달

10. 21 : 목천 세성산 전투

10. 22 : 내포 지역 농민군 운산 여미벌에 총 결집

10. 24 : 면천 승전곡 전투 승전(일본군 패퇴)

10. 25~26 : 농민군 고덕 구만리 주둔. 오가 역탑리로 농민군 이동

　　　　　북상하기 위해 신례원 관작리 3만여 명 집결

10. 27 : 관작리 전투(농민군 대승). 예산군 관아 점령. 덕산역촌으로 농민군 이동

10. 28 : 홍주성 전투 시작

10. 29 : 대흥 유회군 6천여 명 홍주성 남문 앞 집결, 농민군 홍주성 전투 패퇴

11. 1 : 대흥군수 관아로 복귀, 덕산 고덕 합덕 면천 지역 농민군 덕산 주둔

　　　　예산 신창 온양 지역 농민군 오가 역탑리 주둔

11. 5 : 진압군 죽산부사장위영 부영관 이두황 부대 예산 입성

　　　　농민군 잔여세력 초토화시킴

11. 6 : 장위영 영관 이두황 부대 덕산군 입성

11. 7 : 해미성 전투(농민군 패퇴)

11. 8 : 서산 매현 전투(농민군 최후 격전지)

11. 11 : 이두황 부대 대흥읍에서 농민군 19명 체포

11. 12 : 일본군 인천수비대(齊藤부대) 태안·서산 지역 잔여 농민군 수색하여 수백여 명

　　　　참살

11. 15 : 일본군 인천수비대(山村부대) 태안·서산지역 농민군 색출 체포

11. 16 : 체포된 농민군 태안백화산 교장바위에서 처형

11. 18 : 일본군 인천수비대 덕산에서 인천으로 철수

12. 6 : 대흥군수 오진(五陳)철거, 유회군 해산

12. 23 : 순무영(巡撫營), 충청도 도접주 농민군 지도자 안교선(安敎善) 효시

예산동학농민혁명 유적지

관작리 전적지 [예산읍 관작리 288-9]

1894년 10월 27일(음) 내포 지역 2만여 동학농민군이 한양 진격을 위해 관작리에 집결, 관군과 전투를 벌여 동학군이 대승한 유적지이다. 2009년부터 동학기념공원 조성사업을 추진하고 있다.

예산 관아 터 [예산읍 예산리 군청. 예산초등학교]

1894년 10월 27일 관작리 전투 승전 후 곧바로 예산 관아를 점령하였다.

예산 지역 상암 박덕칠이 이끄는 '예포농민군'이 1894년 10월 7일(음) 밤 대흥 관아를 점령하였다. 이로써 홍주목을 제외한 내포 지역 관아가 대부분 동학농민군 수중에 들어갔다. 관아 옆, 고부군수 조병갑의 고향집도 동학군이 장악하고 불질렀다.

대흥 관아 터 [예산군 대흥면 동서리]

예포대도소 터 [삽교읍 성1리]

1894년 9월 그믐 내포 지역 동학 기포 후 동학 지휘본부. 옛 덕산군 장촌면소 자리였다. 10월 11일 홍주 관군의 기습으로 동학군이 패퇴하고 관군이 불태워 버렸다.

동학군 지도자 춘암 박인호 유허지 [삽교읍 하포1리]

하포리 춘암 박인호 집에서 9월 그믐날 쇠종을 쳐 기포 명령을 내림으로써 내포 동학농민혁명으로 확산되었다. 박인호는 덕의대접주로 내포 지역 동학군을 규합해 성리에 예포대도소를 설치하고 면천 승전곡 전투, 관작리 전투 등 여러 전투를 직접 지휘했다. 동학 재건 후 천도교 4세 대도주로 교단을 이끌며 독립운동을 펼쳤다.

동학군 지도자 문장로 묘 [광시면 장신리]

문장로는 예포의 기포령에 따라 태안 북부지역인 원북면 방갈리 기포를 주도하고, 태안 관아를 점령하였다. 이후 동학군 이끌고 승전곡 전투, 관작리 전투, 홍주성 전투 참여하고 패전 후 예산 탄중리에 정착했다.

동학군이 사용한 우물[삽교읍 송산리]

관작전투 후 동학군은 1894년 10월 27일 이곳 송산리 역리 일대에 주둔했다. 동학군은 동학 창도자 수운 최제우 탄신일인 10월 28일 이곳에서 기도제를 지내고 다음날 홍주성으로 진격했으나 일본군의 우세한 화력에 무수한 희생자를 남기고 불행하게도 좌절되고 말았다.

동학군 주둔지 [삽교읍 역리]

일본군과 항쟁을 결심한 내포 지역 3만여 동학군은 1894년 10월 26일 '관작리 전투'에서 승리하고 당초의 한양 진격 계획을 바꿔 곧바로 예산 관아를 점령했다. 사기충천한 동학군은 '天不變道易不變'이란 대장기를 앞세워 오가를 거쳐 홍주성을 점령하기 위해 이곳 역리(옛 덕산군 대조지면 역촌리) 雁峙 송산리 일대에 주둔했다.

대한제국 판사 오용묵(吳容默, 1854~1929) 묘 [오가면 내량리]

오용묵은 동학혁명 지도자 전봉준과 손화중을 처형 판결에 참여한 주임판사이다.

주요 사료

조석헌 역사 북접일지 1호

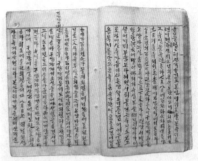

1908년 11월에 정리한 〈초고본〉과 이를 1931년에 정리한 〈개정본〉이 있다. 조석헌 역사는 1894년부터 1918년까지 필자(조석헌)가 경험한 사실을 정리한 것으로 주로 서산, 태안 10월 기포와 관작 전투 및 여러 전투 내용과 1895년 이후 천도교 2세 교조 해월 최시형의 도피 과정, 동학 지도부의 동학 재건 활동, 1906년 이후 내포 지역의 천도교 활동을 기록했다. 특히, 1895년 이후 해월 최시형의 도피 과정은 어느 기록보다도 자세하게 기록되어 있으며 굳건한 연원 계통을 통한 북접 동학군의 핵심 활동 지역이었음을 알 수 있다. 1973년 손자 조병철이 효자리에 거주하면서 초가집 지붕을 개량할 때 용구새 사이에서 발견했다.

조석헌 역사 북접일지 2호
『천도교교회사 초고』

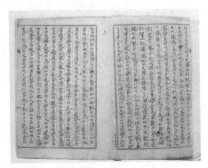

1931년 재정리한 〈개정본〉 (16.5×22.8×1.4cm)

1920년 천도교청년교리강연부에서 교리 강의안으로 작성된 것으로, 덕의대접주 박인호가 예산

을 비롯한 내포 전 지역에 기포령을 내린 사실과 특히 옛 덕산군 동면 지역인 구만리, 용리에서

동학농민혁명 기포가 일어났다는 내용이 수록되어 있다.

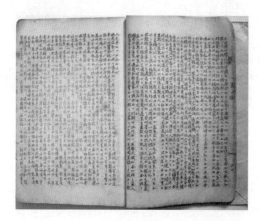

진압군 사료

임성동고록

옛 대흥군 지역 동학군을 진압하는 데 참여한 유회군 이름을 수록한 책. 대흥군수 이창세의 주
도로 작성되었으며 본관 및 출신지, 유회군 직위 등을 기록하였다.

대흥지역 유림들이 동학농민군을 진압하기 위해 창설한 「대흥도
회소大興都會所」 도장. 임성동고록에 찍혀 있다.

계은일생역사(溪隱一生歷史, 17.0×24.8cm)

예산군 봉산면 효교리 출신 계은 이정태(李鼎泰) 선생이 쓴 자신의 일대기 기록이다.(1920년) 본이 완산이며 3대에 걸쳐 살아오다 선생 나이 11살 때 동학농민혁명이 발발하여 동학군의 습격으로 재물을 빼앗기고 집이 불타 버려 이듬해 당곡리로 이거했다는 내용이 수록되어 있다. 당시 동학군이 양반 사족을 응징했던 사건을 엿볼 수 있는 사료이다.

호연초토사 이승우 영세불망비(좌)와 대흥군수 이창세 애민청덕비(우)[대흥면 동서리]

대흥군수 이창세는 동학군의 홍주성 전투 패퇴 후 동학군 진압을 마무리하고 이듬해 을미년에 홍주목사 이승우의 토벌 공적을 수록한 영세불망비와 자신의 공적을 적은 애민청덕비를 나란히 건립했다.

안희중(安熙中1844~1917) 선생 생가[광시면 운산리 459]

대흥유림을 대표했으며 동학농민혁명 당시 일남면 면정으로 유회군을 조직하여 동학군 진압에 주도적인 역할을 했다. 후일 『임성경난기』를 써 『임성동고록』에 수록했다.

순무선봉진 장위영 영관 겸 죽산부사 이두황 부대의 내포 지역 동학군 진압 과정

회인 출발(10월 17일) – 공주 부강점 유숙(10월 17일) – 연기 봉암동 주둔(10월 18일) – 목천세성산 전투(10월 21일) – 연기 도착(10월 26일)-4개 소대 – 광정 출발(10월 29일)-순무선봉진 명령에 따라 예산, 합덕지역 동학군 진압 – 온양 주둔(11월 3일) – 신창 주둔(11월 4일) – 오가역탑리 주둔(11월 5일) – 덕산읍 주둔(11월 6일) – 해미 읍성 기습토벌(11월 7일)-2소대 – 서산매현 토벌(11월 8일)-1개중대병력 – 해미 읍성 귀환(11월 9일) – 홍주성 주둔((11월 9일) – 공주 유구 주둔(11월 11일) – 공주 이인 주둔(11월 14일) – 노성 주둔(11월 16일)

일본군 후비보병 제6연대 제6중대장 山村忠正 부대의 내포 지역 동학군 진압 과정

서로군 천안 집결(10월 17일)- 87명. 소위1. 경군 – 아산 주둔(10월 19일) – 예산 주둔(10월 22일) – 신례원, 합덕 거쳐 면천성 주둔(10월 23일) – 면천 승전곡 전투(10월 24일)-아까마쯔 고쿠보(赤松國封) 소위 홍주성으로 패퇴(10월 25일) – 서로군 일부 공주로 진격 – 齋藤소위 부대 서산, 태안 동학군 토벌(11월 12~13)-홍주 주둔(11월 17일) – 山村대위 부대 해미에서 동학군 토벌·압송(11월 14일)-서산으로 진군 – 덕산에서 인천으로 돌아감(11월 18일)

주석

내포 일대의 갑오년 상황과 동학농민군의 봉기 : 신영우

** 이 논문은 2012년도 충북대학교 학술연구지원사업의 연구비 지원에 의하여 연구되었음
(This work was supported by the research grant of the Chungbuk National University
in 2012).

1 『備邊司謄錄』영조 23년(1737) 9월 5일. "右議政 宋寅明이 入侍하여 賑恤所를 설치한 고
을에는 守令이 가족을 거느리고 다니는 예를 폐지하였으므로 內浦 18邑도 이와 같이
하는 문제에 대해 논의함."

2 이 글의 날짜는 양력으로 통일한다. 양력보다 약 한 달 빠른 음력 날짜는 계절이 파악 안
되는 단점이 있다. 내포 일대의 봉기는 10월 30일 태안에서 시작하였고, 승전곡 전투
는 11월 21일, 홍주성 전투는 11월 25일, 해미성 전투는 12월 3일, 공주 우금치 전투는
12월 4~5일에 벌어졌다. 단 각주는 자료에 나온 음력을 그대로 썼고, 『駐韓日本公使館
記錄』에 나온 일본 기록도 양력을 그대로 썼다.

3 내포 일대의 동학 조직이 7월까지 활동하던 모습은 면천에 유배 생활을 하던 雲養 金允
植(1835~1922)의 『續陰晴史』에 의해 알려졌다. 김윤식이 외무대신으로 복귀한 뒤 일
본공사와 교섭하는 업무를 맡았을 때 동학농민군 세력이 강력했던 내포에 일본군을
보내서 진압해 달라고 요청한다.

4 내포 지역의 동학농민군 봉기에 관한 연구는 표영삼, 「충청 서부 지역 동학혁명」, 『교
리교사연구』5, 2000과 이진영, 「忠淸道 內浦地域의 동학농민전쟁 전개양상과 특성」,
『동학연구』14 · 15집, 2003; 박성묵, 『禮山東學革命史』, 예산동학농민혁명기념사업
회, 2007; 성주현, 「박인호계의 동학혁명과 그 이후 동향」, 『동학학보』17호, 2009; 채
길순, 「충청남도 서북지역의 동학혁명사연구」, 『동학학보』17호, 2009가 있다.

5 이 글에서 새로 소개하는 자료가 『甲午軍政實記』이다. 충청감영과 내포의 군현에서 도
순무영에 올린 보고문이 담겨 있다.

6 洪鍾植 구술, 春坡 기록, 「동학란 실화」, 이 자료는 『신인간』34호, 1929에 실렸던 것인데
외솔회 편, 『나라사랑』15, 녹두장군 전봉준 특집호, 1974에 轉載되었다.

7 『國譯 荷齋日記』二, 1894년 8월 22일; 신영우, 「1894년 북접농민군의 충주 황산 집결과
괴산전투」, 『한국근현대사연구』55집, 2010.

8 「동학란 실화」, 동학 교주 최시형의 有無相資 지침이 미친 영향을 보여준다.

9 신영우, 「19세기 영남 김산의 양반지주층과 향내 사정」, 『동방학지』70, 63~70, 1991.

10 朴晶東, 『侍天教宗繹史』, 第二編下 第十章 爲師訟冤, 侍天教本部, 1915. "首先出力 傾
貲蕩産者 實係矜憐 至若在家徘徊 只求飽煖者 寧獨安心 必須有無相資 不使彼離"

11 『昌山后人 曺錫憲歷史』甲午 9月. 여기서는 禮山 本包가 가진 위상을 전하고 있다.

12 『駐韓日本公使館記錄』1권, 一. 全羅民擾報告 宮闕內騷擾의 件 一 (25) 東學黨에 관한
報告 [別紙 6] 仁川港 河野商廛雇員 新居歡次郎.

13 『駐韓日本公使館記錄』2, 二 京城 釜山 仁川 元山機密來信, 기밀 제5호 (31) 民亂의 情
況에 관한 淸國軍艦 平遠號 艦長 直話報告의 件. 청국 무관 徐國峻은 홍계훈과 동행해
서 당시 전라도 일대의 동정을 염탐하기도 했다.

14 林聲主編,『甲午戰爭圖志』, 遼寧人民出版社 刊, 本志 第1章 戰爭的爆發, 82~86;川崎三郎,『日淸海戰史』, 春陽堂 刊, 1895, 200쪽. 1895년 2월 여순 요새지가 점령되었을 때 平遠號는 金州灣에서 항복하여 일본 해군에 나포된다.

15 林聲主編, 위 책, 本志 第3章 海戰, 164~201.

16『錦藩集略』別啓, 1894년 6월 26일. 江自康(1838~1896)은 湘軍 仁字營 統領으로서 7월 27일 聶士成 지원군으로 성환에 행군하였고, 평양전에서 공을 세웠다. 그리고 압록강 방수와 虎山과 摩天嶺 전투에도 참여하였다.(林聲主編, 위 책)

17『駐韓日本公使館記錄』1권, 三. 全羅民擾報告 宮闕內騷擾의 件 三 (3)袁世凱가 統署를 거쳐 議政府로 보낸 照會.

18『錦藩集略』別啓, 1894년 6월 27일.

19『駐韓日本公使館記錄』2, 二. 京城 ·釜山·仁川·元山機密來信 (35) 武藏艦 豊島 부근 視察報告.

20『洪陽紀事』6월 28일. "멀리서 일본 兵船 2척이 앞바다에 닻을 내리는 것을 보았다. 작은 배 1척이 조수를 타고 빠르게 아산 백석포로 향했는데, 해변에서 그것을 보는 자들이 모두 의심을 하고 겁을 먹었다."

21『洪陽紀事』6월 24일. "영접사의 답장을 받고 한양의 變故에 대해 상세히 들었다. 영접사가 원수 섭사성에게 군대를 북쪽으로 전진하도록 요청하여 成歡驛에 이르렀는데, 한양으로부터 電報가 와서 중지하고 성환에 지금 주둔하고 있다고 하였다."

22『洪陽紀事』6월 23일. "邑隷가 한양에서 돌아와 소식을 전했는데, 21일에 대궐 안에 變亂이 있었다고 하였다. 그 말을 듣고 매우 두려워서 영접사에게 사람을 보내 소식을 알아보게 하였다."

23 Constantin von Hanneken(漢納根, 1855~1925)은 독일 귀족 출신 육군 대위로서 리훙장 북양대신에게 고용되어 淮軍 교관으로 일하다가 텐진무비학당(天津武備學堂) 설치 후 그 교관이 되어 뤼순항과 따롄만을 설계하였고, 위하이웨이 포대를 만드는데 기여하였다. 1894년 청일 간의 대립 형세를 조선에 가서 파악하기 위해 리훙장에게 요청하여 영국 수송선 코우싱호에 탑승했다가 격침되는 모든 과정을 목격했다.
http://zh.wikipedia.org/wiki/%E6%B1%89%E7%BA%B3%E6%A0%B9

24『駐韓日本公使館記錄』3권, 四. 東學亂과 淸日關係 三 (8) 英國商船 高陞號 擊沈事件

25『錦藩集略』別啓, 甲午六月二十五日.

26『續陰晴史』"又聞日兵船 遇華兵船於大山前洋 放砲破船 華人死者數百名 得生者 僅二十餘人 此搆兵之始也"

27 大島義昌(1850~1926)는 일본군 仙台鎭台參謀長, 東京鎭台參謀長 등을 거쳐 1891년 보병 제9여단장이 되었다. 1894년에는 제9혼성여단장으로 서울에 들어온 후 7월 23일 새벽 경복궁을 기습하고 장위영 등 경군 병영을 점거해 무장해제를 감행했다. 이어 여단 병역을 지휘해서 충청도 성환에서 청군을 공격 격퇴시키고 평양의 청군을 공격하는데 앞장섰다. 1898년에는 제3사단장이 되었고, 노일전쟁에도 참전했다.

28 長岡外史,『新日本の鹿島立』, 小林川流堂, 116~117, 1920.

29 성환에서 패배한 청국군은 공주 관관 신욱의 안내를 받아서 청주와 충주를 지나 강원도로 우회하여 평양으로 이동하였다.(『錦藩集略』)

30『錦藩集略』別啓, 甲午七月初三日.

31『避難錄』. 공주 대교 김씨가의 일원이 쓴 1894년 7월부터 1895년 3월까지 9개월 간의

기록이다.

32 『錦藩集略』別啓, 甲午七月初三日.

33 위 자료.

34 『續陰晴史』"過機池時 見牙山避亂婦女十餘 蒼黃而過 聞牙山淸兵敗散後 日兵入據 民情恟懼避亂者相續 且淸兵敗亡者 皆變着我國衣冠 奔走過沔邑言 日兵尾追 耘夫田婦 驚走登山 松坪竹洞皆然"

35 『洪陽紀事』7월 4일.

36 『錦藩集略』, 別甘, 公州鴻山恩津儒會所.

37 위 자료, 別甘, 諭示 扶餘儒生千基一.

38 위 자료, 別甘, 諭示恩津儒會所.

39 홍성찬, 「1894년 집강소 설포하의 향촌사정-부여 대방면 일대를 중심으로-」, 『동방학지』39, 1983; 신영우, 「1894년 1894년 영남 예천의 농민군과 보수집강소」, 『동방학지』44, 1984; 신영우, 「1894년 영남 상주의 농민군과 소모영」, 『동방학지』51집 52집, 1985.

40 『錦藩集略』, 別啓, 甲午七月初七日. 창의인으로 명단이 나온 인물은 "도약장 정인량, 약장 任圭鎬 黃河一 李觀榮 金在顯, 이방 李商準"이다. 임규호 황하일 이관영 등 대접주가 포함된 명단이었다.

41 위 자료, 別啓 甲午七月初七日.

42 『南遊隨錄』, 1894년 7월 1일.

43 위 자료, 1894년 7월 5일.

44 운양 김윤식의 면천 유배기록인 『續陰晴史』 3월 기록에 근거한 내포 동학의 양력 4월 봉기설(이진영, 「충청도 내포 지역의 동학농민전쟁 전개양상과 특성」, 『동학연구』14·15집)은 봉기라는 용어 사용이 적절하지 않아 보인다. 동학도들은 1893년 보은집회 이래 각지에서 모이고 흩어지기를 반복했기 때문에 '백여 명'의 활동을 봉기라고 보고 1894년 전라도의 무장기포와 전국에서 벌어진 가을 재봉기와 같은 개념으로 평가할 수 없다. 홍종식의 「동학란 실화」, (『나라사랑』제15집, 1974, 172~177)에서도 원벌 집회를 소개하고 '정말 기포는 10월 1일(양력 10월 29일)이라고 밝힌 것을 수용해야 한다.

45 『錦藩集略』, 甲午八月初五日.

46 위 자료, 甲午八月初五日.

47 이 사건은 부산에 있던 일본 총영사 무로타 요시아야(室田義文)가 그 개황을 일본 외무부에 보고하기도 했다.(『駐韓日本公使館記錄』1권, 二. 全羅民擾報告 宮闕內騷擾의 件 二 (2) [金海民亂 槪況]

48 『高宗實錄』, 1894년 6월 28일.

49 위 자료, 1894년 7월 15일.

50 위 자료, 1894년 7월 17일.

51 위 자료, 1894년 7월 26일.

52 『駐韓日本公使館記錄』5권, 四. 機密諸方往 一 (8) 忠淸道 東學黨에 관한 彙報.

53 위 자료, 1권, 五. 東學黨에 關한 件 附巡査派遣의 件 二 (26) 忠淸道東學黨巨魁人名錄. 여기서 내포의 거괴로 나오는 인물은 은진 廉相元, 면천 李花三, 서산 李昌九, 홍주 金永弼, 아산 安敎善, 결성 千大哲, 온양 方化鏞, 서천 秋鏞聲, 예산 朴德七, 덕산 朴龍結이다.

54 『洪陽紀事』, 갑오 8월 6일.

55 『避難錄』, 예산의 박도일은 朴寅浩를 가리키는데 道一은 字이다.

56 위 자료.

57 위 자료.

58 『昌山后人 曺錫憲歷史』 9월.

59 『洪陽紀事』 갑오 9월 14일.

60 「충청도관찰사장계」, 1894년 12월 12일.

61 『艮齋先生文集』 別編卷之一, 題跋, 題泰安忠節錄.

62 『高宗實錄』 1894년 10월 11일.

63 동학농민군은 무장봉기 이후에 사용할 수 있는 용어이다. 따라서 지역에 따라 적용하는 시점이 다를 수 있다. 1894년 봄이나 심지어 1893년까지 동학농민군으로 사용하는 경우가 있으나 적절하지 않다. 내포 일대는 무장봉기한 10월 말부터 동학농민군이라는 표현이 가능할 것이다.

64 『昌山后人 曺錫憲歷史』 10월.

65 『나라사랑』 제15집, 1974, 172~177쪽.

66 李勝宇(1841~1914)는 文學과 才智가 있는 진사로 인정받아 대신 李裕元의 추천으로 홍릉참봉으로 관직을 시작해서 1882년 증광별시 문과에 급제한 후 요직을 거치게 된다.(『備邊司謄錄』 1870년 3월 19일, 「大臣들이 薦擧한 文學과 재능이 있는 生進幼學을 別單으로 작성해 들인다는 議政府의 啓와 그 別單」,)『조선신사대동보』에는 이승우의 官歷이 상세히 기재되어 있다.

67 『洪陽紀事』 7월 기사.

68 위 자료, 7월 12일 기사.

69 위 자료, 7월 6일 기사.

70 『各司謄錄』 근대편, 各部請議書存案18,「충청남도 보령군내 폐지한 前 水營 장소에 오천군을 신설하는 것에 관한 청의서」.

71 『甲午軍政實記』 1894년 10월.

72 위 자료.

73 위 자료. 11월 20일(음력 10월 23일)에는 더 늘어나서 21개 군현이 무기를 빼앗겼다고 보고하고 있다.

74 『兩湖右先鋒日記』 1894년 9월 10일;『日省錄』 1894년 9월 10일.

75 위 자료, 1894년 9월 29일자. "議政府啓言卽伏見京畿監司 申獻求狀本啓下者則 安城郡 匪徒 聚黨奪去軍器及商貨 該郡守不卽赴任 馴致猖獗 其罪狀令廟堂稟處爲辭矣 該倅旣 帶京兵 有何疑畏不赴 致此匪擾極爲駭歎 安城郡守成夏永罷黜 其代經理廳領官 洪運變 差下 使之除朝辭馳往代 領其兵剋日剿捕事 請分付允之"

76 『高宗實錄』 1894년 9월 28일자.

77 『주한일본공사관기록』 1, 四. 東學黨에 關한 件 附巡査派遣의 件 (31) 湖西東學徒로 인한 日本軍 支援要請, 별지.

78 杉村濬(1848~1906)은 1880년 부산영사관에 부임해서 서울공사관 서기관까지 13년에 걸쳐 있으며 임오군란, 갑신정변, 경복궁 점령, 청일전쟁, 을미사변 등 침략 일선에서 하수인 역할을 했던 인물이다.

79 『구한국외교문서』 3, 日案 서기 1894년, 3251. 天安洪州等地日兵派遣關文의 發交.

80 후비보병 제19대대는 시고쿠(四國)의 에히메, 가가와, 도쿠시마, 고치 4개 현에서 모집한 병사로 구성되었다. 井上勝生, 日本軍最初のヅェノサイド作戰, 2013(『東學農民戰爭と日本』, 高文硏 수록)

81 일본군은 제2군이 새로 편성되면서 제1군 병참지휘부가 개편되었다. 1894년 10월 보병제8여단장을 지낸 후쿠하라 토요노리(福原豊功) 소장이 남부병참감으로 임명되었으나 전선 가까운 전진기지인 황해도 어은동으로 11월에 이전한 뒤 인천과 부산을 오가며 근무한 병참감 이토 중좌가 동학농민군 진압 책임을 맡고 있었다.

82 히로시마대본영에서 전쟁을 통괄 지휘한 참모차장 가와카미 소로쿠(川上操六) 중장이 병참총감을 겸하고 있었다. 제1군과 제2군은 육군의 원로인 야마가타 아리토모(山縣有朋) 대장과 오오야마 이와오(大山巖) 대장이 사령관을 맡아 지휘를 하였고, 전선까지 병참과 통신 등은 병참총감 가와카미 소로쿠 중장이 직할하였다. 따라서 동학농민군을 진압한 일본군 최고책임자는 가와카미 소로쿠 중장이었다.

83 메이지유신의 원훈이면서 일본 정계의 거두 중 하나인 이노우에 가오루가 공사 직책으로 조선에 온 것은 조선침략과 청일전쟁을 현장에서 이끌거나 지원하기 위한 목적이 있었다.

84 이중 제1중대 1개소대를 빼내서 경부철도 부설 예정지 조사를 위해 파견한 철로실측대 호위를 맡겼다.

85 그러므로 동학농민군이 각지에서 만나게 되는 진압군은 일본군 증파병력인 셈이었다. 경군 지휘권을 장악한 미나미 소좌는 행군하여 거치는 곳마다 지방관조차 동학농민군 진압을 이유로 함부로 다루었고, 각 병영의 병사들까지 지휘권을 행사하였다.

86 신영우, 「1894년 영남 상주의 농민군과 소모영」, 『동방학지』 51집 52집, 1985의 관련 부분 참조.

87 李勝宇는 전라감사로 승진하고(『高宗實錄』 1894년 9월 23일자), 홍주목사는 趙載觀이 새로 임명되어 소모사에 선임되었으나 홍주 백성이 이승우를 仍任해달라고 간청하여 떠나지 못했다.

88 『高宗實錄』 1894년 9월 29일자.

89 『梅泉野錄』 제2권, 高宗 31년 甲午(1894년) ⑥.

90 『高宗實錄』 1894년 10월 6일. 고종의 문집인 『珠淵集』에는 이승우에게 내린 諭書가 실려 있다. "一自匪徒倡亂 湖緞之間 妖氣四布 城邑圖落 在在殘破 未聞有一人能捍禦者 惟嗣洪州牧使兼招討使李勝宇 處寇賊之衝 能以衆心爲城 率屬吏民 屢推狂鋒 使湖左右數十邑 依之若長城 厥功茂著 予甚嘉之 自今事平之前 道內各鎭邑兵 不待符信 相機徵發 約束大小 吏民其有用命不用命者 量行賞罰 如有功能可以收用於軍前者 承制授官 追後登聞 所管軍務幷 以便宜從事玆 特授以諭書斧鉞爾 其祗領 勿孤予委寄之意"

91 『高宗實錄』 1894년 10월 11일. 안성군수에서 파직된 경리청 영관 成夏泳은 청주성으로 직행해서 동학의 근거지를 초토화하는데 공을 세웠다. 그러자 空官 상태인 서산에 성하영을 보내 경군을 인솔해 가도록 한 것이다.

92 『駐韓日本公使館記錄』 1권, 五. 東學黨에 關한 件 附巡査派遣의 件 二 (2) 仁川日軍과 江華兵 合勢出擊要請 및 日本軍要請에 대한 回答 1) 仁川日軍과 江華兵 合勢出擊要請.

93 『沔陽行遺日記』, 1894년 10월 12일.

94 위자료, 1894년 10월 18일.

1 이 시기는 세계사에 있어서 가장 치열한 제국주의 시대였다. 1840년대에 영국을 시작으로 1880년대에는 프랑스와 독일이 식민지 쟁탈전에 뛰어 들었고, 1890년대에서 1900년까지는 이탈리아와 미국이 식민지 확보를 위해 아시아와 아프리카로 진출하였다. 이에 따라 1880년대에서 1890년대에 걸쳐 대부분의 아프리카 대륙이 서구 제국주의 국가에 흡수되어 갔고, 아시아에서도 버마, 말레이시아, 파키스탄, 인도, 필리핀 등이 영국, 프랑스, 미국 등의 서구 열강의 식민지로 전락했다.

2 성주현, 「박인호계의 동학혁명 활동과 그 이후 동향」, 『동학과 동학혁명의 재인식』, 국학자료원, 2010, 341쪽.

3 오페르트는 중국에 머물고 있던 프랑스 선교사 페롱의 제안에 따라 남연군의 묘를 도굴하여 이를 이용해 조선 정부에 통상교섭을 요구하기로 하였다. 1868년 4월 초 도굴단을 구성, 상하이를 출발하여 충청남도 홍주군 행담도에 정박하였고 덕산군 구만포에 상륙하여 러시아인이라고 사칭하고 덕산 관아를 습격, 약탈한 뒤, 덕산군에 있는 남연군의 묘를 도굴하였다. 그는 퇴조시간을 이용해 철수, 서해안을 따라 북상하다가 인천 영종진에 이르러 조선 정부에 통상교섭을 요구하였으나 조선수비군과 충돌하여 2명의 사상자를 내고 퇴각, 상하이로 퇴각했다. 이 사건으로 홍선대원군은 쇄국양이정책과 천주교탄압을 한층 강화하였다.

4 한국역사연구회 편, 『한국사강의』 제2판 색인 증보판, (서울: 한울아카데미, 1989), 203-208쪽 참조.

5 당시 사회상을 황현의 『매천야록』에 의하면 '10만냥이 있어야 과거 급제하고 감사자리 하나에도 2만냥이 있어야 하는데 그나마 안동김씨만 가능하다.'고 적고 있다. 황현, 『매천야록』(국사편찬위원회, 1996).

6 전정의 문란은 은결(대장에 실리지 않은 전답에 징세하는 것), 진결(진황전에 징세하는 것), 전세 문란에 따른 면세지의 증가 등이다.

7 군정의 문란은 족징(도망자, 사망자의 체납분을 친족에게 물리는 것), 동징(동리사람에게 공동 부담시키는 것), 강년채(60이 넘은 자에게도 고의로 나이를 줄여 군포징수), 마감채(병역 의무자에게 일시불로 받는 면역군포), 황구첨정(유아를 장정으로 기재해 부과하는 것), 백골징포(죽은 자에게 부과하는 것) 등이 있었다.

8 환곡의 문란은 반작(허위 작부로 출납을 속이는 것), 가분(저축하여야 할 부분을 대출하는 것), 허류(창고에 없는 실물을 있는 듯이 함), 입본(풍년과 흉년 등을 미리 예견하고 미곡시세를 정해 대전으로 사취하는 것), 증고(상사가 명한 공정액보다 고가로 매출하는 것), 탄정(흉년에 무리로 징수하여 연말 증가의 분을 사취하는 것) 등이다.

9 홍수의 피해는 심각하여 1729년의 경우 함경도에서만 1000여 명이 사망하기도 하였으며, 1832년에는 293명의 인명 손실이 있었다. 또 1845년에는 500여 명의 사망자가 발생하였다. 조선 후기 수재보다 더 큰 피해를 준 것은 한발로 17세기 중엽부터 19세기 중엽 동안 규모가 큰 기근이 모두 52회에 달한다. 1672년의 경우 아사자의 수가 18,950여명에 이르며, 1733년 기근 때에는 13,113명의 아사자가 발생하였다. 그리고 1763년의 기근에서도 729명의 아사자가 나타나고 있다. 이러한 피해는 전국적일 때도 있었고 일부 지방에 국한된 경우도 있었다. 조광, 「19세기 민란의 사회경제적 배경」, 진덕규(외) 『19세기 한국전통사회의 변모와 민중의식』, 일지사, 1999, 185-189쪽.

10 이 같은 경향은 구제활동이 축소된 19세기에 들어와서 농업의 발전과 수리시설의 확충
이라는 측면도 생각할 수 있을 것이나, 계속된 피해로 보아 그 근본적인 원인으로는 세
도정치 등장 이후 국가재정이 파탄 상태에 있었다는 사실을 들 수 있을 것이다. 조광,
상계논문, 194-195쪽.

11 농민의 몰락과 함께 국가재정의 고갈을 가져온 삼정의 문란은 많은 문제점의 인식과
함께 개선을 위한 움직임이 전개되지 않을 수 없었다. 즉, 18세기 중엽 이후 실학자들
은 토지제도의 개혁을 통한 조세제도의 정비문제를 제기했다.(김용섭, 『한국근대 농
업사 연구』상, 서울:일조각, 1984), 2-200쪽. 이들은 당시 농촌의 현실을 직시하고 농본
주의 조선조 경제체제에 있어서 토지제도의 중요성을 인식함으로써 토지제도의 개혁
안을 제시했던 것이다. 특히 반계 유형원은 조선조의 만악의 근원은 토지제도의 모순
에서 비롯되고 있다며 토지제도의 전면적인 개정을 주장하기도 했다.(유형원, 『반계
수록』, 서울:삼성출판사, 1977) 그러나 이러한 실학자의 주장은 탁상공론의 수준에서
끝나고 말았다. 이것이 실학자들의 개혁노선의 한계이기도 하다.

12 김정기, 「자본주의 열강의 이권침탈연구」, 『역사비평』, 1990 가을, 83-84쪽.

13 신용하, 『한국 근대사회의 구조와 변동』, 서울:일지사, 1994, 32-38쪽 참조.

14 내포의 기준이 되는 浦는 삽교천의 由宮津으로 오늘날의 삽교천과 무한천이 만나는 지
점이다. 그러나 예산 지역을 중심으로 사용된 내포는 작은 규모로부터 비롯된 것으로
보인다. 『與地圖書』에서 도로를 설명하는 가운데 "無限川路에서 德山界까지 12리인
데, 곧 내포로 가는 大路이다"라고 하였다, 현재에도 삽교읍 하포리에는 포내, 내포, 개
안 등의 지명이 있다.

15 「양반의 연수인 충청지대」, 『개벽』, 1924년, 4월호, 109쪽.

16 지주전호제(地主佃戶制)란 전호라 하는 지주에게 토지를 빌려 경작하는 지기 봉건사
회 및 자본주의 사회에서 자신이 소유한 토지를 남에게 빌려주고 그 농민들이 생산한
것의 절반, 또는 그 이상을 받아내는 제도인데 국가에서 세를 걷어 관리들에게 월급을
주는 관수관급제가 사라지고 대신 등장한 것이 지주전호제이다. 가장 큰 특징은 양반
의 토지 집중을 통한 소유이다.

17 이하는 박성묵, "내포 지역 동학농민혁명과 춘암 박인호", 동학민족통일회, 『꺼지지 않
는 들불 동학』, 2009 참조.

18 세곡의 징수 · 운송 · 수납을 관리하는 책임자로서 전운사를 두어 충청도, 전라도, 경상
도의 세곡, 즉 전세 · 대동미뿐만 아니라 각종 명목의 잡세미도 거두어 서울로 운송하
게 하였다. 전운사 밑에 감관(監官), 포구의 배주인 등이 가렴주구함으로써 농민혁명
당시 전운사의 혁파를 주장했다. 납접에서 집강소를 통해 탐관오리의 징계를 주관할
때 당시 전운사였던 조필영은 순천부사 이수홍, 전라좌수사 김철규 등이 동학농민군
에게 체포되어 곤장을 맞았으며, 여산부사 김원식은 피살되었다. 전운사는 갑오개혁
으로 세금이 금납화되면서 혁파되었다. 당시 이들의 횡포가 어쩌나 극심했는지 "공세
창 전운사는 평양감사 부럽지 않다"라는 말이 있었을 정도였다. 박성묵(예산동학혁명
기념사업회), 『예산동학혁명사』, 화담, 2007, 78쪽.

19 안희중(安熙中1844~1917)은 위정척사 사상을 지닌 전통적인 유림 집안 출신으로 을미,
병오의병전투를 주도한, 유림 세력에게 사상적 영향을 주었던 인물로 보여진다. 위의
책 참조.

20 황현, 이민수 역, 『동학난(동비기략초안)』, 을유문화사, 1985, 122-123쪽.

21 임한주, 「洪陽紀事」, 『독립운동사자료집』 제2집, 독립운동사편찬위원회, 1970, 254쪽.

22 吉野 誠, 「영사관 보고를 통해 본 조선의 내지시장-1900년의 충청남도」, 『근대조선의 경제구조』, 비봉출판사, 1989, 154-160쪽 참조. 이 자료는 동학혁명 이후의 조사자료이지만 1894년도 역시 비슷했을 것으로 사료된다.

23 박성묵, 앞의 책, 79쪽.

24 慶州版 「東經大全」, 跋文, "謹與同志 發論詢約 數年前 自東峽與木川 雖是濟誠刊出 實無 慶州之判(版)刻爲名 此亦似欠於道內 而惟我慶州 本先生受道之地 布德之所 則不可不 而慶 州出爲名 故自湖西公州接內 發論設施 與嶺南東峽 幷方刊出 以著 无極无之經編 而謹與二 三同志 不顧世嫌 掃萬除百 誓同極力 大成剞劂之功"

25 이하의 내용은 표영삼, 「충청 서부 지역의 동학혁명운동」, (동학민족통일회, 『꺼지지 않는 들불 동학』, 2009)과 박성묵, 앞의 글과 앞의 책을 참조하였음.

26 『崔先生文集道源記書』己卯年條.

27 『侍天教宗譯史』에는 丙戌年 봄에 徐寅周, 黃河一, 朴準寬, 朴道一 … 여러 교인들이 상주 前城村으로 신사를 찾아가 계를 받아 도를 믿게 되었다(受戒新道)고 하였다. 이들은 이미 몇 해 전에 입도한 인물들이므로 처음 찾아간 것은 아닐 것으로 추측된다.

28 忠淸監司로부터 題音이 나온 날짜가 10월 22일이므로, 10월20일에 모인 것으로 추정한다.

29 『天道教創建史』第7章 伸冤運動條.

30 당시의 상황을 지켜 본 공주 유생 이용규(李容珪)는 『시문기(時聞記)』 10월 26일자에 "동학도 천여 명이 금영(錦營) 아래에 모여 도를 행하려는 뜻으로 감히 조병식에게 정소(呈訴)했으며, (감사는) 제서를 엄히 내려 쫓아 보냈다."고 하였다. 時聞記는 공주유생 이용규가 쓴 일기체기록이다. 壬辰十月二十六日條에 "東學徒千與名 聚於錦營下 以行其道之意 敢爲呈訴 錦伯趙秉式 嚴題逐送"이라 했다. 공주 사람으로 직접 목격한 것을 기록한 것이다. 신빙성이 높다.

31 『천도교회사초고』 계사년조. 『동학도종역사』에는 "소수 박광호, 제소 손천민, 서사 남홍원, 도인 대표 박석규 임규호 박윤서 김영조 김낙철 권병덕 박원칠 김석도 이찬문"으로 기록하고 있다. 또한 광화문교조신원운동에 참여한 권병덕은 그의 저술서 『이조전란사』에서는 "11일에 광화문 전에 봉소 진복하니, 소수 박광호, 제소 손천민, 사소 남홍원, 봉소 박석규 임규호 손병희 김낙봉 권병덕 박원칠 김석도 등이라"고 기록하고 있다. 박원칠은 박덕칠이다.

32 『천도교회사초고』 계사년조.

33 표영삼, 『동학』 2, 통나무, 2005, 304쪽.

34 이진영, 「충청도 내포 지역의 동학농민전쟁 전개양상과 특성」, 325쪽.

35 성주현, 앞의 책, 352-353쪽.

36 「취어」, 『총서』 2, 56-57쪽.

37 박성묵, 앞의 책, 101쪽.

38 「피난록」, 『동학농민혁명국역총서』 4, 동학농민혁명참여자명예회복심의위원회, 2008, 301-302쪽.

39 홍종식 口演 춘파 記, 「70년 사상의 최대활극 동학난 실화」, 『신인간』 34, 1929.4, 45쪽. 홍종식은 서산 출신으로 1894년 2월 동학에 입도하였으며 내포 지역 동학혁명에 참여한 바 있다.

40 김윤식,『續音淸史』, 갑오 4월 9일조.

41 이진영,「충청도 내포 지역의 동학농민전쟁 전개양상과 특성」,『근대이행기 지역엘리트 연구』Ⅰ, 경인문화사, 2006, 320쪽.

42 표영삼,「충청 서부 지역 동학혁명」,『교리교사연구』5, 천도교중앙총부, 2000, 3쪽.

43「충청도 동학당거괴 인명록」,『주한일본공사관기록』1, 국사편찬위원회, 1986, 194-195쪽.

44 南筏院의 위치는 어디인지 정확하게 확인되지는 않지만 동학혁명 당시 수원 남벌원에서 안승관 등이 희생된 바 있다.

45『승정원일기』고종 31년 12월 23 · 25일조 ;『일성록』고종 31년 12월 23일조 ;『고종실록』고종 31년 12월 23 · 25일조 ;『관보』개국 503년 12월 23일조 ;「갑오실기」, 고종 31년 12월 25일조.

46『최선생문집도원기서』, 정축년조 ; 윤석산 역주,『초기동학의 역사-도원기서』, 신서원, 2000, 241-242쪽.

47『시천교종역사』와『본교역사』에 의하면 安敎興과 安敎龍이 추가로 확인되고 있다.

48 이때 안교일은 監有司, 안교상은 書有司, 안교백은 冊子有司, 안교강은 輪通有司로 각각 활동하였다.

49 이하의 내용은 성주현, 앞의 책, 348-358쪽 참조함.

50 홍장화,『천도교운동사』, 천도교중앙총부, 1990, 89쪽.

51 그의 부친은 가난한 살림으로 전형적인 평민이며 소작농이었다. 막골은 낮은 구릉지의 끝자락에 위치한 김해김씨, 경주최씨, 임씨, 등이 집촌(集村)을 이루고 마을 앞 펼쳐진 삽교천 유역의 기름진 옥토를 경작하는 전형적인 농촌마을이다. 삽교천, 성리천의 풍부한 용수로 일찍부터 농업생산력이 발달했고 또한 삽교천 건너쪽 구만리 평야와 함께 내포 최대의 곡창지대였으며 육로운송이 발달하기 전에 포구의 이점으로 조세로 거둔 곡물운송과 수산물의 교환이 활발하게 이루어져 포구마다 장시가 번성했던 곳이다. 박성묵, 앞의 글.

52 주모의 이름은 김월화로 알려져 있는데 그녀의 남편 박씨가 동학교도였다. 일명 '삼거리'라 불렀는데 현재는 오거리로 변했으며 남쪽 방향인 예산중학교 하천복개한 입구 부근에 주막이 있었다. 주막 앞쪽은 오소리골에서 내려오는 냇가가 예산천과 합쳐 흐르고 읍내로 가기 위해 커다란 목다리가 있었다. 후일 홍주성 패퇴 후 박인호는 월화의 도움으로 현 예산여고 부근 동편 야산에 토굴을 파고 삼동을 숨어 지냈다. 이상재,「내 고장이 낳은 인물 춘암 박인호 연구」, -3.박인호의 동학 입도 참조,

53 1883년 3월 박인호가 입도할 때 의암 손병희도 함께 입도했다. 기골이 장대하고 재치가 발랄한 청년들이 불원천리하고 찾아와 입도하니 해월은 크게 반가워하며 "오도에 새 운이 트는 구나."하고 외쳤다고 한다. 이상재,『춘암 박인호 연구』,(예산문화원, 1997, 13쪽 참조) 그리고 박래원,「춘암상사의 행적(상)」, (『신인간』, 1972. 1, 2월호, 293호, 27쪽) 에서는 박인호의 입도일을 1833년 3월 18일로 기록하고 있다. 그러나 박인호가 손병희 안교선 등과 해월 최시형을 예방한 것으로 보아 1883년 이전에 동학에 입도한 것으로 보인다.

54『천도교서』,「제2편 해월신사」, 포덕 24년 및 포덕 25년조.

55 박래원, 위의 글, 27쪽.

56 박덕칠은 朴熙寅으로 도호는 慶菴 또는 湘菴이라고 불렀다.『조석헌역사』에 보면

1906년 5월 1일 천도교 예산교구의 고문으로 임명했다는 기록이 있다. 박성묵, 앞의 책, 177쪽.

57 성주현, 앞의 책, 351쪽.

58 「피난록」, 『동학농민혁명국역총서』4, 302쪽. "박덕칠은 예산에 거주하였기 때문에 박덕칠을 따르는 자들은 그를 禮包라고 불렀다. 박도일은 덕산에 거주하였기 때문에 박도일(박인호)을 따르는 자들은 그를 德包라 불렀다."

59 박성묵, 『예산동학혁명사』, 화담, 2007, 83-84쪽.

60 박래원, 「춘암상사의 행적」,(상), 『신인간』293, 1972.1 · 2, 28쪽.

61 『신인간』34호(1929년 4월호), 홍종식 口演〈東學亂實話〉"나는 갑오년2월 초 8일에 김병학이라는 이의 소개로 한윤삼 형제 외에 6~7인과 같이 입도하였다. 길 가는 자는 우물이나 개천을 향하여 입도식을 하였고, 산에서 나무하던 자는 숯돌물을 놓고 다투어 입도하였다."고 할 정도로 수많은 사람들이 입도했다.

62 박래원, 앞의 글, 29쪽.

63 박걸순, 「1894년 합덕농민항쟁의 동인과 양상」, 『한국독립운동사연구』28, 독립기념관 한국독립운동사연구소, 2007, 35-36쪽. 이정규의 침탈이 얼마나 심하였는지는 다음의 일화가 잘 알려주고 있다. 그에게 재물을 모두 탈취당한 어느 농민은 그가 연제지에서 낚시를 즐기는 것을 이용하여 그를 끌어안고 함께 물에 빠져 죽으려고 하다가 일이 제대로 되지 않자 분한 마음에 자신만 자살하였다고 한다.

64 김윤식, 『속음청사』, 계사년 12월 16일조; 「忠淸道觀察使趙狀啓」, 장계의 내용은 다음과 같다. "前兵使李廷珪 武斷諸條 及覈查案 果無差爽 而各年所奪錢 爲三萬七千八百五十兩 而諸般零瑣之數 不爲擧論 其外米租 · 塩苞 · 牛馬 · 田畓 · 家舍 · 山麓 · 柴場 · 材木 · 藁草 · 漁綱 · 船隻等物之侵奪 及人命致死致傷之許多行虐 有難枚擧 故一依邑報 別成冊子 上送于議政府爲辭矣 民之始因呼寃 轉以紛集 至於放火作閙 其情雖日可念 其習亦宜痛懲 詳覈其首倡之漢 令道臣按法嚴勘 前兵使李廷珪 武斷鄕曲 侵虐平民 乃有人命之致斃 而若其綑打重傷 殆遍隣里 其百船攘奪 不可枚擧 民訴與查案符合無差 道啓臚列 不啻可駭 可見其貪殘之行 使闔境黎 庶不能安堵 迫於困阨 激而致騷 究厥罪狀 不何仍置 施以邊遠竄配之典 何如 答曰 允事傳敎是置 傳敎內辭意 奉番施行向事關是白乎等用良 德山前兵使李廷珪家放火作閙之狀 頭羅成蕾段 聚衆放火 縱緣積寃 參情究跡 難免首倡 故嚴刑三次 定配於咸鏡道利原縣 使卽押送是白遣 方栽星 · 金允弼等段 情雖可原罪合懲後乙仍于 各嚴刑二次 懲礪放送爲白於 謹將關辭 行會於德山郡守金炳琬處 一一曉飭於蓮堤下八洞之民 使各安堵樂業之地 緣由并以馳 啓爲白臥乎事是良尒 詮次善啓向敎是事."

65 『홍양기사』, 갑오년 8월 초6일조. 나성뢰는 1894년 2월 덕산기포의 주동자였으며, 이기포로 인해 함경도 이원으로 정배되었다. 그러나 실재적으로는 정배되지 않았을 가능성이 많다. 왜냐하면 당시 농민항쟁이 발생할 경우 해당지역의 부사나 안무사 등의 책임은 물었으나 참여자는 거의 처벌하지 못하는 상황이었기 때문이다.

66 박걸순은 앞의 논문에서 합덕 농민항쟁과 동학 조직과의 관련성에 대해서는 어느 정도 유추하고 있으나 분명한 연결고리를 찾지는 못하였다. 이에 앞서 합덕 농민항쟁에 대해 발표한 일본인 久間健一은 현지조사에서 당시 농민항쟁의 주역들이 동학혁명에 참가하였다는 증언을 밝힌 바 있다.(久間健一, 「合德百姓一撥の硏究-朝鮮農民一撥の事例」, 『朝鮮農業の近代的樣相』, 西ヶ原刊行會, 1935)

67 성주현, 앞의 책, 354-356쪽 참조.

68 홍종식 구연, 「70년 사상의 최대 활극 동학난 실화」, 46쪽.

69 金允植의『續音淸史』甲午 4月 9日條, "昨日 東學徒百餘名 來泊元坪民家 今日向開心寺 早起見之 東徒之赴開心寺者 相續不絶 詢知爲普賢洞李進士 素禁斥東學甚嚴 東徒怨之 將會議於開心寺 打破其家云 內浦東學最少 今則所在彌滿 日熾月盛此亦時運 甚可歎" 백여 명이라고 한 김윤식의 기록은 수만명이라는 홍종식의 기록과 너무나 큰 차이가 난다. 그러나 당시 내포 동학의 규모가 총 5만명에 이르렀다는 점을 보아 적어도 수천명 정도는 되었을 것으로 추측된다.

70 「仁川港 河野商廛 雇員 新居歡次郎 證言」, 『주한일본공사관기록』1, 41쪽. 이와 관련하여 당시 동학군의 활동을 보면, 유생 또는 양반의 기록에 의하면 동학군을 대부분 '悖類'처럼 표현하고 있는 데 비해 오히려 일본상인들의 보고에 의하면 일반 민중으로부터 '평판이 좋았다'고 평가하고 있다. 이는 동학군에 대한 인식이 상반되고 있음을 알수 있다.

71 황현(이민수 역), 『동학란(동비기략초고)』, 을유문화사, 1985, 122쪽.

내포 동학혁명 지도자의 활약상과 역사 문화적 의의 : 박성묵

1 박맹수, 「동학의 창도와 개벽사상」, 『동학농민혁명의 기억과 역사적 의의』, (전북사학회 편, 2011년, 44쪽.

2 비온티노 유리안(Juljan Biontino), 「한말 시기 조선에서 서양인이 본 동학운동」, 『동학학보』 27호, 401쪽.

3 '內浦'의 지칭은 이중환의 『擇里志』에서 언급한 가야산(678m) 주변의 10개 고을 의미하며 삽교천과 무한천에 내륙 깊숙이 뱃길이 형성된 특이한 지역에서 동질성의 생활문화와 인문지리학적 상징적 의미가 내포된 이 지역 고유의 향토 용어이다. 동학농민혁명 당시는 내포 지역보다 확장된 타 지역까지 단일한 조직체로 활동한 양상이 나타나 2007년부터 '내포 동학'이란 용어가 등장한다.

4 수암 이용우의 증언에 따르면 상암 박덕칠은 염주를 가지고 승려 차림으로 태안접주 좌대장 윤세원(尹世元)의 집에 자주 들렀다고 한다.

5 박걸순, 「1894년 합덕 농민항쟁의 동인과 양상」, 『한국독립운동사연구』 제28집 참조.

6 이진영, 「동학농민전쟁기 충청도 내포 지역의 반농민군 조직과 활동」, 5쪽.

7 『개벽』 제46호(1924년 4월 1일자)에 실린 예산 동학농민 전쟁 관련 내용: 「歷史上으로 본 忠淸南道」.

8 『개벽』 제46호(1924년 4월 1일자)에 실린 예산 동학농민혁명 관련 내용: 「歷史上으로 본 忠淸南道」.

9 동학 최초의 취회 '공주취회'에 내포 지도자들이 참여하였고, 1893년 2월 11일 '광화문 복합상소'에 예산 출신 박광호(朴光浩)가 소수(疏首)를 맡았고, 박인호도 주도적으로 참여했다. 이후 보은취회의 대거 참여한 것도 내포 동학 세력의 역량 강화 및 확장을 의미한다.

10 예산군 봉산면 효교리 출신 계은(溪隱) 이정태(李鼎泰)가 쓴 『溪隱一生歷事』, 1920년. 8월 간행. 이정태는 본이 완산이며 명문가 집안으로 부친이 중무과에 합격했다. 이정

태 나이 11살에 동학혁명이 발발하자 농민군의 습격으로 재물을 빼앗기고 가옥이 불
탔다. 농민군의 양반사족에 대한 응징 사건으로 밝혀 주는 사료이다. 이와 유사한 사
건이 오가면 오촌리 홍주목사를 지낸 김춘서 일가 20여 채가 동학농민군에 의해 전소
되었다. 김춘서는 평소 선정광시(善政廣施) 하여 칭송이 높아 화를 면했다.

11 조석헌(曺錫憲),『북접일기』, 태안군/충청남도역사문화원, 2006년, 107쪽.
12 신창 봉기를 주도한 이신교의 손자 이한구 선생 증언. 〈대한매일신보〉 1907년 8월 27
   일 자 '義兵氣勢' 참조.
13 상암 박희인에 의해 포덕 47년(1906, 丙午) 3월 16일 내포 지역 최초로 천도교 예산교
   구가 설립되었다. 당시 교령(敎領)은 박희인(朴熙寅)이다.
14 태안 동학혁명 선양사업을 최초로 발굴 추진한 인물은 원암 문원덕(1915~1986) 선생이
   다. 그는 예산군 신암면 탄중리에서 출생했지만 조부와 부친이 태안에서 동학혁명을
   주도한 인물이기에 행적을 찾아 본격적인 조사 발굴에 힘썼다.
15 "단지 마음을 바로잡는다는 것뿐이라면 물론 동학당에 들어갈 필요가 없지만, 동학당
   의 소위 '경천수심'이라는 主義에서 생각할 때 정심 외에 '협동일치'의 뜻을 포함하고
   있기 때문에 결당하는 것의 중요함을 본다. 마음을 바로한 자의 일치는 간악한 관리를
   없애고 보국안민의 업을 이를 수 있기 때문이라고 생각한 탓이다."(「동학대거괴심문
   속문」,『東京朝日新聞』, 1895. 3.6.;『동학농민혁명의 기억과 역사적 의의』, 183쪽.)
16 조석헌,『북접일기』, 108쪽, "각 포에서 도회소(都會所)를 설정하였으나 목소리 대도소
   에서는 10여 일 사무(事務)에 우리 도(道)의 운수(運數)가 이미 열린 때였다. 그러므로
   이 세상의 운세는 세상과 더불어 동귀(同歸)하여 물외지인(物外之人)과 모산지배(慕
   散之輩) 수천만인(數千萬人)이 우리 도(吾道)에 새로 들어왔으나 도를 닦는 마음은 만
   에 하나도 없고 다만 불법 행위만…(중략)…그러하고 오합지졸(烏合之卒)을 이와 같이
   다수 모집하면 법률(法律)이 특별히 있는 것이 무리를 이끄는 근본이거늘…."

동학농민혁명 설화와 소설화 양상 연구 : 채길순

1 1894년에 발생한 동학농민혁명사에 대해서는 2002년에 국회에서 통과된 '동학농민혁명'
   의 용어를 사용하며, 같은 맥락에서 당시 동학농민혁명 투쟁에 참가한 다양한 계층을
   총괄하는 '동학농민군(東學農民軍)'이라는 용어를 사용하기로 한다.
2 시는 그 편수를 헤아리기 어려우나, 소설에 한하여 보면(채길순, 「동학혁명의 소설화
   과정 연구」, 청주대 박사학위논문, 1999) 동학소설은 69편, 현대소설은 22편으로 파악
   하고 있다.
3 대략 초기에는 동학소설 연구로 출발하여 동학농민혁명사를 소재로 쓴 문학작품 연구
   로 확장되어 간 양상을 띠고 있다. 대표적인 논문을 열거하면 다음과 같다.
   최원식,「동학소설 연구」,『어문학』40, 한국어문학회, 1980.
   강인수,「동학소설 연구」, 부산대 박사학위논문, 1989.
   채길순,「동학혁명의 소설화 과정 연구」, 청주대 박사학위논문, 1999.
   이주형,「동학농민운동 소재 역사소설에 나타난 역사인식과 그 소설화 양상 연구」,
   『국어교육연구』33집, 국어교육학회, 2001.
   정호웅,「한국 현대소설과 동학」,『우리말글』제31호, 우리말글학회, 2004.

임금복, 「박태원의 『갑오농민전쟁』 연구」, 『동학학보』 제6호, 동학학회, 2003.

김승종, 「동학혁명의 문학사적 의의」, 『동학학보』 제14집, 2007.

박병오, 「『갑오농민전쟁』과 『녹두장군』의 비교 연구」, 공주대 교육대학원 석사학위 논문, 1996.

4 삽화(揷話)는 원래 어떤 이야기나 사건에 끼어든 토막 이야기를 뜻하는데, 여기서는 토막 이야기라는 의미로 쓰였을 뿐, 문학 전문 용어는 아니다.

5 설화란 특정 문화 집단이나 민족, 각기 다른 문화권 속에서 구전되는 이야기를 통틀어 일컫는 말이며, 따라서 소설 텍스트라는 말은 가능해도 설화 텍스트라는 말은 성립될 수 없다. 설화 연구자들은 이런 문제점을 해결하기 위해 설화를 문자로 정착시키려는 시도를 지속해 왔다. 그것이 바로 문헌 설화이며, 이는 곧 넓은 의미에서 문학의 범주에 속하게 된다. 이 글에서는 일반적으로 문헌 설화를 칭한다.

6 E.H 카아 저, 길현모 역, 『역사란 무엇인가』, 探究堂, 1984, 43쪽. "역사란 역사가와 사실 사이의 상호작용의 부단한 과정이며, 현재와 과거 사이의 끊임없는 대화입니다."

7 E.H 카아, 김택현 옮김, 『역사란 무엇인가?』, 까치, 1997; 김기봉, 『역사란 무엇인가를 넘어서』, 푸른역사, 2000, 21-22쪽 참고.

8 김기봉, 앞의 책, 22쪽.

9 곽차섭, 『미시사란 무엇인가』, 푸른역사, 2000, 46쪽. 재인용.

10 황현(黃玹, 1855-1910)은 동학농민혁명 당시 구례에 은거하면서 기록한 것으로 알려졌다. 비교적 역사적 사실에 충실한 부분도 있으나 각 지역의 풍문(風聞)을 중심으로 기록했기 때문에 사실성(史實性)에는 한계가 있다.

11 『동학사』의 저자 오지영(1868-1950)은 전북 고창 출신으로, 1891년에 입교, 동학농민혁명 전투에 참가했으나 당시 비중 있는 인물이 아니었을 뿐만 아니라 사실에 대한 증거도 없는 기술이라 왜곡된 부분이 많아 최근 이에 대한 비판이 대두되기도 했다. 그러나 초기의 동학농민혁명사 연구는 이 자료에 의존한 바가 크다. 9월 기포 때 자신이 남북접 대립과 갈등의 중재에 나섰다는 기록이 대표적인 왜곡이다. 뒤에 증보되어 간행되었으나 동학농민혁명의 과정 기술은 크게 달라지지 않았다. 1926년 판을 기준으로 총 242쪽 중 195쪽을 최시형의 조난에 대한 내용을 다루고 있어서 사실상 『동학사』는 최시형의 포교에서 순도까지의 과정을 내용으로 하고 있다고 보아야 할 것이다.

12 1936년 장봉선이 정읍군지(井邑郡誌)를 편찬하면서 당시 '동학란'에 관한 목격자의 체험담과 40년 동안 전해 내려오는 설화와 촌로들의 고증을 통해 들어 엮은 기록이다. 비록 8쪽 분량의 짧은 글이지만 전봉준의 행장이 집약되었다.(최현식, 『갑오동학혁명사』, 신아출판사, 1994.)

13 개남아 개남아 김개남아 / 수천 군사 어디 두고 / 짚둥우리가 웬일이냐! 문순태 『동학기행』, 어문각, 1986, 52쪽.

14 장태란 대나무로 만든 닭둥우리로, 처음에는 장흥 접주 이방언 만들었다고 전해졌으나 고안자는 담양 이용길이라는 사람이라는 사실이 밝혀졌다. 고안자는 이 전투에서 전사했다. 전봉준은 군중에 영을 내려 "청을(靑乙) 자를 써서 등에 붙일 것이며, 수건으로는 머리를 싸매고 입은 앞 옷깃을 물고 엎드려서 장태를 굴려 나가는데 옆을 돌아보지 말 것이니 이렇게 하면 적군의 포환이 들어오지 못할 것이다."라고 하였다. 동학농민군은 이 싸움에서 크게 이겼다.

15 다음 책에서는 공통적으로 14세의 동장사(童壯士) 이복용(李福用)의 선봉장이 되어 활

약상을 보이고 있으며, 살아남았거나 전사한 모습으로 나타나고 있다.

장효문,『전봉준을 위하여』, 한국문학도서관, 1993.

이이화,『대접주 김인배 동학농민혁명의 선두에 서다』, 푸른역사, 2004.

역사문제연구소,『전봉준과 그의 동지들(역비의 책 31)』, 역사비평사, 1997.

16 『開闢』: 3 · 1운동 이후 천도교(天道敎)를 배경으로 발행된 월간 종합지. 국판 160면 내외에 국한문 혼용체였다. 천도교를 배경으로 한 잡지였으므로, 일제에 대한 항쟁을 기본노선으로 삼았고, 투쟁을 효과적으로 수행하기 위하여 평등주의에 입각한 사회개조와 민족문화의 창달을 표방하였다. 따라서 창간호에서부터 가혹한 탄압을 받았다. 1920년 6월 25일에 발행된 창간호가 일제 총독의 비위에 거슬린다 하여 압수되었고, 이틀 후인 27일에 발행된 호외(號外) 역시 일제 당국의 기휘(忌諱)로 압수되어, 부득이 사흘 후인 30일에 다시 임시호를 발행했다. 『개벽』지가 이렇게 창간호에서부터 모진 시련을 겪었으나, 독자들의 호응으로 1920년 8월 17일에는 임시호의 재판을 발행하는 성황을 이루었다. 『개벽』지는 발행 기간 중 발매 금지(압수) 34회, 정간 1회, 벌금 1회의 수난을 당하고, 1926년 8월 1일에 발행된 72호를 끝으로 강제 폐간되었다.

17 차상찬(車相瓚, 1887~1946년). 춘천 출신으로, 한국 잡지 언론의 선구자. 일제강점기 민족잡지인『개벽』의 편집인 겸 발행인으로 활동하며 언론인이자 민족운동가로서 큰 족적을 남겼다. 참고로, 원문은 '車 特派員'으로 명명되어 있다.

18 이도행,「충남 서북부지역 동학 농민전쟁」, 갑오농민전쟁 100주년 기념 학술대회, 1994.

19 향토사학자 박성묵 증언, 박성묵,『예산동학혁명사』, 화담, 2007, 220쪽.

20 조산강(曺山江),「동학군(東學軍)의 아내」,『천도교회월보』 247-248호, 1931, 7-8쪽.

21 '동학소설'이란 용어는 최원식이「동학소설 연구」에서 "1910년대에서 1920년대에 걸쳐 동학교인 자신들에 의해 동학 경험을 제재로 창작되어 주로 교단 기관지에 발표된 일군의 소설"이라 함으로써 용어를 체계화 시켜 사용하였다.(최원식,〈동학소설 연구〉, 어문학 제40집, 1980, 332쪽) 이 연구에 이은 강인수도 이 견해를 수용하고 있다.(강인수,「동학소설 연구」, 부산대학교 박사학위논문, 1988) 본고에서는 최근까지 발표된 동학소설을 아우르기 때문에 그 범주를 넓혀서 정의한다. 곧 동학소설은 "동학(천도교) 및 동학 계통의 교단에서 포교 목적으로 씌어졌거나 또는 동학의 사상이나 교리를 선양할 목적으로 교인 혹은 교단에 우호적인 작가에 의해서 씌어진 소설"로 정의한다.

22 채길순,「동학혁명의 소설화 과정 연구」, 청주대 박사학위논문, 1999, 254-259쪽

23 동학농민혁명 당시 일정 지역마다 동학농민군을 진압하기 위해 봉건 보수 세력인 유학을 중심으로 결성된 군 집단을 말한다. 지역에 따라 유회군(儒會軍), 의회군(義會軍) 등 다양한 명칭으로 활동했다.

24 졸고,「동학 1백주년 기념 기획연재 동학기행 -서산 · 태안 편」,『충청일보』, 1994년 5월 4일. 당시 사용했던 작두가 독립기념관에 보존.

25 조산강(曺山江, 본명 曺定昊)은 황해도 곡산 출신으로, 천도교인이면서『신인간』과〈천도교회월보〉에 133여 편을 발표했다.

26 정인섭,『한국의 설화』, 단국대학교 출판부, 2007, 118-119쪽. 나비 설화는 충청도 지역에 떠도는 설화로, "한 처녀가 생전 보지도 못한 남자와 정혼을 했는데 그만 약혼자가 죽고 만다. 처녀는 약혼자의 무덤에 가서 천생연분이라면 무덤이 열리기를 기원한다. 어느 날 무덤이 열려서 처녀가 뛰어들자 몸종이 말리지만 치맛자락만 잡게 되자 치맛

자락이 나비가 되어 날아가 버렸다."(요약 정리=필자)

27 1989년에 결성되어 동학100주년 기념행사를 치른 '역사문제연구소'의 '동학농민전쟁 백주년 기념사업추진위원회(공동대표 이이화)'가 밝힌 성과를 주목할 만하다. 전국 각 단체 주최의 초청 강연회 50여 회가 치러졌고, 이와 관련된 출판 활동으로 논문집 『1894년 농민전쟁연구』(3책)와 『동학농민혁명과 사회변동』이 있다. 이 밖에 구양근 의 『갑오농민전쟁원인론』, 우윤의 『전봉준과 갑오농민전쟁』 등이 간행되었고, 역사기 행 안내서, 전북일보사 특별취재팀의 『동학농민혁명 100년』, 채길순, 동학혁명 100주 년기념 역사의 현장 〈동학기행〉 충청일보 연재, 번역서 『오하기문』 등이 간행되었다. 후손들의 증언을 모은 『다시 피는 녹두꽃』이 간행되어 주목을 받았고, 사료집 『동학 농민전쟁사료대계』(6책)의 간행으로 동학농민혁명을 요약했다.

28 이 책은 5권으로(하늘 땅) 출간되었다가 2001년 『동트는 산맥』①—⑦(신인간사)으로 완간되었다.

29 『녹두장군』은 처음 집필하기 시작하여 완성되기까지 14년이 걸렸고, 총 12권에 이르 는 대작이다. 1981년 연재가 시작됐다가 중단되고 1984년부터 『월간경향』에 4년여 연 재된 뒤 이를 다시 정리하여 1990년에 제1·2부 4권, 1991년에 제3부 3권이 단행본으 로 출간되었고, 1994년 제4부 3권과 제5부 2권이 나옴으로써 완간이 된 것이다. 먼저 작품의 양에서도 문학사에 보기 드문 대작이며, 그 만큼 작품에 정성도 담겨졌다.

30 『녹두장군』은 완간되기까지 14년이 걸렸다.

31 송기숙, 『녹두장군』1, 창작과비평사, 1989. 작가의 말 중에서

32 이 책의 원본은 평양 문예출판사에서 출간된 『갑오농민전쟁』인데, 제1부(1977), 제2부 (1980), 제3부(1986)로 출간되었다. 남쪽에서는 여러 출판사에서 출간되었는데, 여기 서는 '공동체' 본을 텍스트로 삼는다.(박태원, 『갑오농민전쟁』1·2·3부 각 상하권 총 6권, 공동체, 1988)

33 『갑오농민전쟁』은 1,2,3부 각 상하권으로 간행된 공동체본(1988), 평양 문예출판사가 간행한 『갑오농민전쟁』1-3부, 1989년 서울 깊은샘에서 간행한 1-8권 등 다양하게 소개 되었다.

34 백철, 『문학자서전 속 진리와 현실』, 박영사, 1975, 429-432쪽.

35 박태원, 『갑오농민전쟁』제1부, 평양 문예출판사, 1977년 4월 15일. 박태원, 『갑오농민 전쟁』제2부, 평양 문예출판사, 1980년 10월 1일. 박태원·권영희, 『갑오농민전쟁』 제3 부, 평양 문예출판사, 1986년 12월 10일.

36 장사선, 『한국 리얼리즘 문학론』, 새문사, 1988, 22쪽.

37 현재 〈협동〉의 간행 형태나 내용을 확인할 길이 없다.

38 박맹수, 「최시형연구」, 한국정신문화연구원, 1995, 197쪽. 재인용.

39 장편소설 『갑오농민전쟁』(제3부·상), 10쪽.

춘암 박인호의 동학사상과 민족문화운동 : 조극훈

1 동학 지도자들의 통섭의 리더십에 관련된 연구로는 다음을 참고할 것.
최민자, 「동학의 정치철학적 원형과 리더십론」, 『동학학보』 10권, 동학학회, 2006; 임상 욱, 「지기(至氣)의 관점에서 바라본 윤리적 리더십의 단초」, 『동학학보』25권, 동학학

회, 2012.

2 예산문화원,『춘암 박인호 연구』, 1997, 11쪽.

3 박인호의 교육관련 내용으로는 정을경,「일제 강점기 박인호의 천도교 활동과 민족운동」,『한국독립운동사연구』제33집, 독립기념관 한국독립운동사연구소, 2009. 348쪽 참조.

4 예산문화원, 앞의 책, 12쪽.

5 위의 책, 12-13쪽.

6 위의 책, 13쪽.

7 이동초,『천도교 민족운동의 새로운 이해』, 모시는사람들, 2010, 47쪽; 천도교중앙총부,『천도교약사』, 2006, 116-117쪽 참조.

8 이동초, 위의 책. 48쪽; 예산문화원,『동학의 발원』, 2002. 8쪽. 예산문화원,『춘암 박인호 연구』, 1997, 14쪽.

9 내포 지역의 동학 접주에 관한 자료로는 예산문화원,『춘암 박인호 연구』, 1997, 16-17쪽. 그리고 이동초, 앞의 책, 49쪽 참고.

10 예산문화원,『동학의 발원』, 2002, 11쪽,

11 충청도 내포 지역의 동학농민전쟁의 전개 양상과 박인호의 활동에 관해서는 다음을 참조할 것. 이진영,「충청도 내포 지역의 동학농민전쟁 전개양상과 특성」,『근대이행기 지역엘리트 연구I』, 충남대학교 내포 지역연구단, 경인문화사, 2006; 성주현,「박인호계의 동학혁명과 그 이후 동향」,『동학학보』17권, 동학학회, 2009.

12 이동초 주해,『춘암상사댁일지』, 모시는사람들, 2007, 97쪽.

13『壽詩』, 영인본, 翠雲會, 1985, 이동초,『천도교 민족운동의 새로운 이해』, 모시는사람들, 2010, 342쪽.

14『동아일보』, 1936-01-01. 이동초 주해,『춘암상사댁일지』, 모시는사람들, 2007, 50-51쪽.

15 이동초 주해, 위의 책, 96쪽.

16 예산문화원,『동학의 발원』, 2002, 78-79쪽.

17 승통 100주년 기념 학술대회 발표집,『춘암 박인호 선생의 삶과 민족운동』, 2008. 90쪽.

18 앞의 자료집, 90-91쪽.

19 윤석산,「교단사적 입장에서 본 천도교 100년」, 동학학회,『동학학보』제10권 1호, 287쪽. 임형진,「천도교의 성립과 동학의 근대화」,『동학학보』제16권, 동학학회, 2008. 94쪽. 김용휘,「한말 동학(東學)의 천도교 개편과 인내천(人乃天) 교리화의 성격」,『한국사상사학』25권, 한국사상사학회, 2005 참조.

20『동경대전』,「논학문」, 道雖天道 學則東學.

21 윤석산, 앞의 글, 287쪽.

22 윤석산, 위의 글, 288쪽.

23 최기영은 정교분리의 원칙이 일진회와 마찰을 피하고 친일 색체를 벗게 할 수 있으며, 아울러 정치적 마찰을 피하기 위한 전략적 선택이었다는 점을 강조한다. 정교분리의 원칙은 천주교나 개신교의 선교사들이 일제의 한국 침략이 본격화되는 정치상황에서, 일제와 정치적 마찰을 피하고자 강조한 정책이었다. 근대적 체제의 종교로의 발전을 도모하던 손병희에게는 그러한 목적을 수행하는 데 있어서 천도교의 합법화가 이루어진 상황에서 정부나 일본 세력과의 마찰은 매우 불리한 일이었다. 따라서 정치 활동이

두드러졌던 일진회와 천도교의 가장 큰 차별성을 드러낼 수 있었던 것이 종교적인 측면을 강조하는 것이었다.(최기영,「한말 동학의 천도교로의 개편에 관한 검토」,『한국학보』20권 3호, 일지사(한국학보), 1994, 125쪽.)

24 임형진,「천도교의 성립과 동학의 근대화」,『동학학보』제16권, 동학학회, 2008, 100-101쪽.
25 그 근거로 종교적 실천의 방향이 영성적이며 정신개벽으로 향하고 있음을 들고 있다. 동학으로부터 비롯된 개항 전기 신종교의 특징적 성격인 현실적이고 구체적인 사회개벽을 지향하는 종교적 실천이 영성적이고 추상적인 문명개벽, 정신개벽론으로 변형되었다는 것을 의미한다. 이제 개항 후기의 후천개벽의 표상은 개항 전기의 반외세, 반봉건에서 근대화와 개화로 집약되었다.(고건호,「개항기 신종교의 후천개벽론의 근대적 변용」, 한국종교문화연구소,『한국종교연구회회보』6권, 1995, 28쪽.)
26 고건호, 위의 글, 27쪽. 敎政雙修의 논리가 敎政분리로, 사회개벽의 과제가 문명개화로, 그리고 순수한 종교단체의 성립으로 귀결된 것이다.(29쪽)
27 천도교중앙총부 교서편찬위원회,『천도교약사』, 천도교중앙총부출판부, 2006, 67쪽.
28 임형진, 앞의 글, 95쪽.
29 김정인,「1920년대 전반기 천도교의 노선갈등과 분화」,『의암 손병희와 3·1운동』, 오문환 외, 모시는사람들, 2008 참조.
30 정을경,「일제 강점기 박인호의 천도교 활동과 민족운동」,『한국독립운동사연구』제33집, 독립기념관 한국독립운동사연구소, 2009, 352쪽.
31 정을경, 위의 글, 354쪽.
32 예산문화원,『춘암 박인호 연구』, 1997, 43-44쪽. 기념일의 내용은 다음과 같다. 天日紀念日(4월 5일, 수운 득도일). 地日紀念日(8월 14일, 해월 승통일) 人日紀念日(12월 24일, 의암 승통일). 記念日(3월 10일, 대신사 순도일, 6월 2일, 해월 신사 순도일). 敎日紀念日(12월 1일, 천도교 공포일).
33 윤석산, 앞의 글, 290쪽.
34 임형진,「천도교의 성립과 동학의 근대화」,『동학학보』제16권, 동학학회, 2008, 105쪽.
35 정을경, 앞의 글, 354-355쪽. 특히 오관의 제정 반포에 관해서는 박래원,「춘암상사의 행적(하)」,『신인간』304-306호, 1973, 39쪽과 홍장화,『천도교운동사』, 천도교중앙총부 출판부, 1990. 92쪽 참고.
36 1909년 12월 18일 종령 제91호.
37 천도교중앙총부 교서편찬위원회,『천도교약사』, 천도교중앙총부출판부, 2006, 149-153쪽.
38 윤석산, 앞의 글, 288쪽.
39 김경재,「종교적 입장에서 본 현도 100년의 천도교」, 천도교 현도 100년 기념 학술대회 발표 논문, 2005. 11 참조.
40 이동초,『천도교 민족운동의 새로운 이해』, 모시는사람들, 2010, 107-111쪽 참조.
41 이동초, 위의 책, 112-114쪽 참조; 임형진,「1920년대 천도교의 민족운동과 박인호」,『춘암 박인호 선생의 삶과 민족운동』, 승통 100주년 기념 학술대회 논문집, 2008. 49-50쪽 참조.
42 이동초, 앞의 책, 115쪽.
43『천도교회월보』제6호, 1911-11-05.

44 이동초, 앞의 책, 119쪽.

45 정을경, 앞의 글, 358-359쪽 참조.

46 임형진, 앞의 글, 52쪽.

47 조기주, 『동학의 원류』, 보성사, 1979, 270쪽. 천도교중앙총부자료실(「대도를 지킨 춘암상사의 생애」) 참조. 인수 학교의 숫자에 관해서는 7개라고 기록한 연구도 있으나 (이동초, 앞의 책, 122쪽; 정을경, 앞의 글, 360쪽), 이는 지방 소재 학교를 포함하지 않는 숫자이며 지방 소재 학교를 포함하면 인수학교의 숫자는 달라진다. 인수학교의 숫자의 차이는 지방 소재 인수학교를 포함시키느냐의 여부에서 발생하는 것으로 보인다.

48 『동아일보』, 1927년 7월 30일자.

49 이동초, 앞의 책, 130쪽.

50 위의 책, 135쪽.

51 정을경, 앞의 글, 365쪽.

52 위의 글, 362쪽.

53 천도교중앙총부 교서편찬위원회, 『천도교약사』, 천도교중앙총부출판부, 2006, 178쪽. 정을경, 「일제 강점기 박인호의 천도교 활동과 민족운동」, 『한국독립운동사연구』 제33집, 독립기념관 한국독립운동사연구소, 2009, 362쪽.

54 이동초, 앞의 책, 141쪽.

55 정을경, 앞의 글, 363쪽.

56 위의 글, 364쪽.

57 이동초, 앞의 책. 244쪽.

58 위의 책, 246쪽.

59 위의 책, 244쪽.

60 위의 책, 259쪽.

61 표영삼, 「6·10만세와 천도교」(상), 『신인간』 510호, 1992, 11.1, 22쪽.

62 천도교중앙총부 교서편찬위원회, 『천도교약사』, 천도교중앙총부출판부, 2006, 319-322쪽.

63 임형진, 「1920년대 천도교 민족운동과 박인호」, 『춘암 박인호 선생의 삶과 민족운동』, 승통 100주년 기념 학술대회, 2008, 61쪽.

64 천도교중앙총부 교서편찬위원회, 『천도교약사』, 천도교중앙총부출판부, 2006. 323쪽.

65 정을경, 앞의 글, 367-368쪽.

66 이동초 주해, 앞의 책, 98쪽.

67 홍장화, 『천도교운동사』, 천도교중앙총부출판부, 1990, 171쪽.

68 이동초 주해, 앞의 책, 255쪽.

69 홍장화, 앞의 책, 97쪽.

70 천도교중앙총부 교서편찬위원회, 『천도교약사』, 천도교중앙총부출판부, 2006, 402쪽.

71 윤석산, 「교단사적 입장에서 본 천도교 100년」, 『동학학보』 10권, 동학학회, 2006, 308쪽.

72 위의 글, 312쪽.

** 이 논문은 인하대학교의 지원에 의하여 연구되었음. 이 논문은 동학농민혁명 제119주년 기념 학술대회: 동학의 글로컬리제이션(Glocalization: 예산 동학농민혁명의 종합연구와 과제 그리고 전망,(2013.11.22)에서 발표한 것을 수정 · 보완한 것임.

1 이와 관련해서는 정윤재, 「자아준거적 정치학과 한국정치사상 연구: 문제해결적 접근의 탐색」, 『한국정치사상의 비교연구』, 한국정신문화연구원, 1999, 35쪽 참조 바람.

2 李敦化, 『天道教創建史』, 第三編, 第十章, 共同傳受心法, 政教一致, 67쪽 참조.

3 오문환, 『해월 최시형의 정치사상』, 모시는사람들, 2003, 54-55쪽 참조.

4 신일철, 『동학사상의 이해』, 사회비평사, 1995, 36쪽 참조.

5 시대적 상황변화에 의거하여 동학의 창시자인 수운 최제우의 사상에서는 상대적으로 종교적 측면이 많이 강조되었고, 해월 최시형의 사상은 사회를 변화시키기 위한 인식론의 측면과 그것의 구체적 실천에 초점이 맞춰졌으며, 의암 손병희의 사상에서는 국가총체적 발전을 위한 거시적 전략이 중점적으로 다루어졌다는 것이 필자의 판단이다.

6 김정호, 「동학, 사발통문, 그리고 동학농민혁명」, 『동학학보』 제25호(2012.8), 43쪽.

7 이 주제에 대해서는 김정호, 『도전과 응전의 정치사상』, 모시는사람들, 2005, 220-246쪽 참조 바람.

8 "又有怪違之說, 崩騰于世間, 西洋之人, 德成立德, 及其造化, 無事不成, 攻鬪干戈, 無人在前, 中國消滅, 豈可無脣亡之患耶."(『東經大全』, 論學文).

9 "我國惡疾滿世, 民無四時之安, 是亦傷害之數也."(위의 책, 布德文).

10 "강산구경 다 던지고 인심풍속 살펴보니 부자유친 군신유의 부부유별 장유유서 있지만은 인심풍속 고이하다."(『龍潭遺詞』, 勸學歌).

11 "我國之內, 有兩大弊風, 一則, 嫡庶之別, 次則, 班常之別, 嫡庶之別, 亡家之本, 班常之別, 亡國之本, 此是吾國內, 痼疾也."(『天道教經典』, 海月神師法說, 難疑問答, 布德).

12 "人皆以侍天主之靈氣生活者也, 人之欲食之念, 即天主感應之心也, 欲食之氣, 即天主感應之氣也, 人之甘食, 是天主感應之情也, 人之無欲食之念, 是天主不感應之理也"(위의 책, 難疑問答, 向我設位) 및 『神師聖師法說』, 海月神師法說, 其他.

13 『天道教經典』, 海月神師法說, 天地, 人, 鬼神, 陰陽, 123쪽 및 같은 책, 對人接物, 132쪽.

14 『天道教經典』, 難疑問答, 布德, 189쪽.

15 『天道教經典』, 靈符, 呪文, 145쪽.

16 『天道教經典』, 第六章, 布德 降書 教說一般, 40쪽.

17 『天道教經典』, 40-41쪽.

18 『天道教經典』, 134쪽 참조.

19 『天道教經典』, 134쪽.

20 『天道教經典』, 134-135쪽 참조.

21 『天道教經典』, 137쪽.

22 『天道教經典』, 140쪽.

23 『天道教經典』, 187-188쪽 참조.

24 『天道教創建史』 第二編, 第六章, 布德 降書 教說一般, 35쪽.

25 "今我東洋則, 不然, 君視民而如奴隷, 民視君而虎威, 此則苛政之壓制也."(위의 책, 義庵

聖師法說, 明理傳, 創世原因章).

26 "强弱撲奪之弊, 次次興焉, 天命所在, 亦不無矯求之方, 故, 群生之中, 意見初發, 衆目中, 拔萃之人, 擇立爲長."(위의 책).

27 "人必相愛, 大道必得, 念念思之, 我愛衆生, 衆去天路, 靈橋必成, 衆生我愛, 我去天路, 靈橋必成, 眷眷相愛, 必有得果, 性心身三端, 相助相愛, 大道大宗."(위의 책, 無體法經, 神通考).

28 잘 알려진 바와 같이 전봉준은 1894년 1월의 고부봉기 당시 대표로 추대된 후 김개남(金開南)·손화중(孫和中)·서장옥(徐璋玉=徐仁周)·서병학(徐丙鶴) 등 남접(南接) 세력들과 함께 1894년 3월부터의 제1차 동학농민혁명, 동년 5월부터 9월까지의 집강소(執綱所) 시기, 그리고 9월 이후 1895년 1월까지의 제2차 동학농민혁명을 이끈 실질적 리더로서 활약한 인물이다.

29 신복룡, 『동학사상과 갑오농민혁명』(선인, 2006), 자료편 '동학 및 갑오혁명 관계 포고문', 548쪽.

30 위의 책, 자료 편, 549-550쪽.

31 위의 책, 자료 편, 552-553쪽.

32 위의 책, 자료 편, 557쪽.

33 위의 책, 자료 편, 558쪽.

34 토지의 평균 분작 요구가 갖는 정치사적 의미에 관해서는 愼鏞廈,『東學과 甲午農民戰爭研究』, 一潮閣, 1996, 271-281쪽을 참조 바람.

35 "我國之內, 有兩大弊風, 一則, 嫡庶之別, 次則, 班常之別, 嫡庶之別, 亡家之本, 班常之別, 亡國之本, 此是吾國內, 痼疾也."(『天道教經典』, 海月神師法說, 難疑問答, 布德).

36 『天道教創建史』, 第二編, 第二章, 道統承受, 7쪽.

37 김용직은 이에 대해 "1910년 일본의 합방이 있은 지 몇 년이 못 되어서 거의 모든 국내 집단의 정치행위들은 중단되었다. 개화, 자강의 진보적 민족주의운동은 일제 당국의 폐지 조치와 일련의 날조된 사건들에 의해서 모진 탄압을 받았다. 1910년의 안악사건과 1911-1912년의 105인 기소사건 등이 그 예이다."라고 했다.(김용직,「사회운동으로 본 3·1운동」, 오문환 외,『의암 손병희와 3·1운동: 통섭의 철학과 운동』, 모시는사람들, 2008, 235쪽)

38 이와 관련하여 19세기말 20세기 초 한국 대중계몽운동의 주체로서는 독립협회(獨立協會)를 중심으로 한 개화파지식인들이었다고 볼 수 있다. 특히 한일강제병합 직전 대한자강회(大韓自强會), 대한협회(大韓協會), 신민회(新民會) 및 신민회의 산하기관이 된 이후의 『대한매일신보(大韓每日申報)』등의 애국계몽활동은 매우 큰 의의를 지니고 있었다. 그러나 근본적으로 대중동원과 자각의 필요성을 지속적으로 주장한 것은 동학교도들이었다. 동학 창도 이후의 행적이나 동학농민혁명운동의 경우가 이를 입증하고 있다. 갑진개화운동(甲辰開化運動)과 이후 천도교로의 개명, 『만세보(萬歲報)』의 발행 등을 통한 국채보상운동에의 능동적 참여, 한일강제병합 이후 3·1운동에서의 선도적 역할, 그리고 1920년대『개벽』, 『혜성』, 『학생』, 『신여성』, 『어린이』등 다양한 잡지의 발행과 전국적 배포를 통한 신문화운동의 제창 등을 통해 볼 때 천도교의 계몽운동이 20세기 초 당시 한국 대중계몽운동을 상징했다고 해도 과언이 아니다.

39 『註解 獨立宣言書』, 10-11쪽.

40 『註解 獨立宣言書』, 16쪽.

41 『註解 獨立宣言書』, 4쪽 참조.

42 『註解 獨立宣言書』, 7쪽 참조.

43 『註解 獨立宣言書』, 26쪽 참조.

44 19세기 말의 급진개화파나 독립협회, 한일 강제합병 이전 천도교가 발행한 『만세보』, 신민회(新民會) 기관지로서의 『대한매일신보』 모두 국민교육, 자유와 평등, 애국심, 차별적 제도와 관습의 탈피 등을 주장했으나 문제의 근본 원인이 유교적 전통에 있다는 점을 명확히 하지 않았다. 『만세보』의 경우는 의병 활동에 대한 정치적 비판을 주로 감행했고, 『대한매일신보』는 의병 활동을 지원하기도 했다. 이는 물론 당시 천도교가 처한 상황이나 1905년 외교권 박탈 이후 국가적 애국심, 화합, 단결을 통한 국가독립의 유지가 절실했다는 점에서 이해 가능한 것이다. 또한 『만세보』나 『대한매일신보』와 같이 언론 출판 활동을 통한 대중계몽운동이 진행되었다는 사실은 발전적 측면을 보여주는 것이기도 하다. 그럼에도 동시에 1905-1910년까지 한국 계몽운동의 방향과 내용이 기본적으로 급진개화파나 독립협회의 그것에서 크게 벗어나지 못하고 있었음도 부인할 수 없다.

45 滄海居士,「家族制度의 側面觀」,『開闢』第三號(1920. 8), 23-28쪽 참조.

46 金小春,「長幼有序의 末弊 - 幼年男女의 解放을 提唱함」,『開闢』第二號(1920. 7), 58쪽.

47 妙香山人,「從來의 孝道를 批判하야써 今後의 父子關係를 聲言함」,『開闢』第四號(1920. 9) 26쪽.

48 起瀍,「上下·尊卑·貴賤-이것이 儒家思想의 基礎觀念이다」,『開闢』第四十五號(1924. 3), 14쪽.

49 金秉濬,「儒林諸賢에게 一言을 告합니다」,『開闢』第二十五號(1922. 7), 37-43쪽 참조.

50 李敦化,「朝鮮新文化建設에 對한 圖案」,『開闢』第四號(1920. 9), 9-16쪽 참조.

51 妙香山人,「中國文學의 價値를 論함」,『開闢』第四號(1920. 9), 83쪽.

52 이에 대한 더 구체적 논의는 최수길,「개벽」연구, 소명출판, 2008, 267-333쪽 참조.

53 李敦化,「世上에 나온 目的」,『新女性』第二號(1923. 11), 3쪽.

54 金起瀍,「朝鮮의 절뚝발이 敎育」,『新女性』第四號(1924. 1), 5쪽.

55 金允經,「婦人運動과 人格問題」,『新女性』第四號(1924. 1), 5-8쪽 참조.

56 金璟載,「朝鮮女子의 社會的 地位」,『新女性』第十四號(1925. 10), 2쪽 및 4쪽.

57 김정인,『천도교 근대 민족운동 연구』(도서출판 한울, 2009), 126쪽, 128쪽.

인문지리학적 관점에서 본 내포정신의 형성 과정 : 안외순

1 이에 대해서는 표영삼,「충청 서부 지역 동학혁명」,『교리교사연구』5, 2000; 이진영,「충청도 내포 지역의 동학농민전쟁 전개양상과 특성」,『동학연구』14/15집, 2003; 성주현,「박인호계의 동학혁명과 그 이후 동향」,『동학학보』17, 2009; 박성묵,『예산동학혁명사』, 예산동학농민기념사업회, 2007; 신영우,「예산 동학농민혁명의 전개과정과 일본군의 개입」,『동학의 글로컬리제이션: 예산 동학농민혁명의 종합연구와 과제 그리고 전망』, 2013년 11월 추계학술대회 발표집; 임형진,「내포 지역의 동학 유입경로와 조직화 과정」,『동학의 글로컬리제이션』, 2013, 11월; 박성묵,「내포 동학혁명 지도자의

활약상과 역사문화적 의의」,『동학의 글로컬리제이션』, 2013, 11월; 조극훈,「춘암 작
인호의 동학 이해와 근대성」,『동학의 글로컬리제이션』, 2013, 11월 발표논문집 참조.
2 이에 대한 기존의 연구 성과로는 개괄적 차원에서 내포 지역의 지성사에 대해 다룬 논
문이 1편 있을 뿐이다. 이는 내포 지역 전체 지성사적 흐름을 한국 지성계의 주요 흐름
인 주자학의 수용기-기호 성리학–남인 실학–근대화인물의 맥락에서 개괄하였다(이성
무,「내포 지역의 지성사」,『내포문화의 재조명』, 충남발전연구원, 2001. (11월 6일 충
남발전연구원 7회 정기심포지움 발표논문집 참조). 이성무 선생의 이 작업은 첫 시도
의 경우 흔히 그러하듯이 사실상 개괄적 작업이기에 전체 흐름을 살펴보는 데는 장점
이 있으나 대신 개별 사상가들에 대한 정신을 보다 깊이 연찬하고 특징화하는 데까지
는 이르지 못했다고 하겠다. 한편 근대 이후 내포 지역의 정체성 형성과정에 대해서는
충남발전연구원,『내포문화의 재조명』, 2001; 충남대학교 내포 지역연구단,『근대이
행기 지역엘리트 연구 I』, 경인문화사, 2006에 실린 논문들 및 임병조,『지역정체성과
제도화: 지역지리학의 새로운 모색, 내포 지역을 중심으로』, 2009 참조.
3 역사적으로 내포 지역의 범위와 명칭에 대해서는 다양한 견해가 있지만, 어떤 경우에도
이들 지역은 공통적으로 해당한다. 따라서 가장 협의의 의미라고 할 수 있다. 이외 다
양한 범위와 역사적 연혁에 대한 논의에 관해서는 임선빈,「內浦地域의 지리적 특징과
역사・문화적 성격」, 충남대 내포 지역 연구단,『근대이행기 지역엘리트 연구 I』, 경
인문화사, 2006, 29-38쪽 참조.
4 현재 보령은 협의의 의미에서는 내포에서 빠지는 것 같기도 하다. 당대에도 그랬는지 이
중환 역시 내포를 소개할 적에 10곳이라고도 했다가 11곳이라고도 했다.
5 李重煥,『擇里志』〈八道總論〉忠淸道條.
6 『高麗史』권40, 세가 공민왕 13년 4월 정유; 권42권, 세가 공민왕 10년.
7 『宣祖實錄』선조 27년 9월 16일 신묘.
8 李重煥,『擇里志』〈八道總論〉忠淸道條.
9 유홍준,「내포 지역의 역사와 문화적 특성」,『내포문화의 재조명』, 충남발전연구원,
2001. (11월 6일 충남발전연구원 7회 정기심포지움 발표논문집), 4쪽.
10 이성무,「내포 지역의 지성사」,『내포문화의 재조명』, 충남발전연구원, 2001. (11월 6
일 충남발전연구원 7회 정기심포지움 발표논문집), 27쪽.
11 유홍준,「내포 지역의 역사와 문화적 특성」,『내포문화의 재조명』, 충남발전연구원,
2001. (11월 6일 충남발전연구원 7회 정기심포지움 발표논문집), 4쪽.
12 박찬승,「서론–연구의 목적과 방법론」, 충남대학교 내포 지역 연구단,『근대이행기 지
역엘리트 연구 I』, 경인문화사, 2006, 9쪽.
13 유궁진은『대동지지』의 돈곶포,『증보문헌비고』의 융진을 지칭한 것으로, 유궁진의
하류에는 범근내포가 있었으니, 유궁진은 삽교천과 무한천이 만나는 지점에 있었다고
한다. 임선빈, 2006, 33쪽.
14 崔南善,『朝鮮常識: 風俗・地理・制度編』, 第二 人文類, 內浦와 維
15 『高麗史節要』卷之一. 太祖神聖大王 [己卯二年]. ○ 秋八月 幸靑州 時靑州反側訛 言屢
興 親往慰撫而城之 乃還. ○ 改烏山城 爲禮山縣. 遣大相哀宣 洪儒 安集流民五百餘戶.
16 『世宗實錄』『地理志』(53冊 144卷 21章 b). 〈忠淸道. 洪州牧〉. 禮山縣: 本百濟 烏山縣
新羅改名孤山縣 爲任城郡領縣. 高麗 太祖二年己卯 改今名. 顯宗戊午 屬天安府任內 後
置監務 本朝因之. 太宗十三年癸巳 例改爲縣監. 四境 東距溫水二十里 西距德山二十里

南距大興十里 北距新昌二十里. 戶三百二十一 口一千四百七十七. 軍丁 侍衛軍十八 嶺軍二十七 船軍一百五十六. 土姓四 沈張申孫. 亡化物 庄文石所姓一 方. 文石所續姓一 沈. 厥土肥堉相半 墾田三千七百三十二結.【水田七分之三】土宜五穀 粟 小豆胡麻. 土貢 紙席漆雜羽黃毛狐皮狸皮乾鯉魚川椒柿棗. 藥材 自然銅人蔘. 磁器所一【在縣東草伊方 下品】陶器所一.【在縣北冬火伊 下品】無限山石城.【在縣西七里 周回四百二十八步 險阻. 內有井一 冬夏不渴 有軍倉. 西壓大川 常有毒蛇 値水漲爲害】驛一 日興. 船梯堤.【在縣內 長四百五十尺 灌漑水田一百十結】越境處 公州任內新豐西村柳洞越入 縣東村 天安任內新宗部曲越入縣北村 등 참조.

17 예산군청 홈페이지, 예산소개/연혁 등 잠조.

18 『說文解字』〈禮部〉, "禮, 履也. 所以事神致福也. 從示從豊, 豊亦聲."

19 『說文解字』〈示部〉, "示, 天垂象, 見吉凶, 所以示人也. 從二, 三垂, 日月星也. 觀乎天文 以察時變, 示事神也."

20 『禮記』권51, 「坊記」, "禮者, 因人之情, 而爲之節文, 以爲民坊者也."

21 『史記』권23, 「禮書」제1, "緣人情而制禮, 依人性而作儀."

22 『禮記』권59, 「問喪」, "此孝子之志也, 人情之實也, 禮義之經也. 非從天降也, 非從地出也, 人情而已矣."

23 『禮記』卷1, 「曲禮上」一. '夫禮者, 所以定親疎, 決嫌疑, 別同異, 明是非也....道德仁義, 非禮不成. 教訓正俗, 非禮不備; 分爭辨訟, 非禮不決. 君臣上下, 父子兄弟, 非禮不定. 宦學事師, 非禮不親. 班朝治軍, 涖官行法, 非禮不威嚴不行. 禱祠祭祀, 供給鬼神, 非禮不誠不莊. 是以君子恭敬撙節退讓以明禮'.

24 이상 禮에 관한 논의는 김인규, 「禮, 周禮, 茶山의 邦禮」, 『한국의 의례문화』, 온지학회 2013년도 추계학술회의 발표논문집, 76-81쪽 참조.

25 현재의 아산시 도고면 도산리로서, 예산군과 경계를 갖고 있을 만큼 매우 가까운 곳이다.

26 조남권, 「포저 조익 선생의 생애와 경륜(1)」, 『포저 조익 선생의 경륜과 학문』, 한서대 동양고전연구소 1차 연례학술회의 발표논문집, 1998, (11월 7일), 9, 12, 32쪽 참조. 이는 동 연구소에서 발간하는 『동방학』4집에도 실려 있다(1998).

27 『豊穰趙氏文集叢書』3집, p.232b, 『浦渚集』, 〈變通軍制擬上箚〉. 뿐만 아니라 천인(賤人)도 백성인 만큼 군대에 배속하는 속오법을 정비하여 군인력을 확보해야 한다고도 하였다. 같은 책, p.56, a/b 참조.

28 이에 대해서는 안외순, 「포저 조익선생의 대외관 고찰: 의리론적 실리주의를 중심으로」, 『동방학』 4, 1998, 한서대 동양고전연구소 참조.

29 『國朝人物考』, 〈조익(趙翼)〉 편에는 송시열이 쓴 장문의 비문(碑文)이 실려 있다.

30 丁若鏞, 「貞軒墓誌銘」, 附閒話. 곽호제, 「조선 후기 덕산지역 여주이씨가의 학문적 성격: 서양학문에 대한 대응을 중심으로」, 충남대 내포 지역연구단, 『근대이행기 지역엘리트 연구1』, 경인문화사, 2006, 489쪽 재인용. 정헌은 물론 이가환이다.

31 이용휴가에 대한 기존연구로는 李佑成, 「내포 지역의 실학자」, 『내포문화정보』 창간호, 내포문화연구원, 1977, 44-51쪽 및 특히 곽호제, 「조선 후기 덕산지역 여주이씨가의 학문적 성격: 서양학문에 대한 대응을 중심으로」, 487-517쪽 참조.

32 이상 이용휴 저, 조남권/박동욱 역, 『혜환 이용휴 산문전집』 상/하, 소명, 2013.

33 조동일, 『한국문학통사 3』, 지식산업사, 1984; 박동욱, 『이용휴 문학 연구내』, 성대 박

사학위 논문, 2007 참조.

34 정우봉,「이병휴(李秉休)의 문학론의 일고찰」,『한국한문학연구』9·10합집, 1991; 서종태,「성호(星湖)학파의 양명학과 서학」, 서강대박사학위논문, 1996 참조; 서종태,「이병휴(李秉休)의 외주내왕(外朱內王)의 유교사상」,『역사와 사회』, 현암사, 1998; ----,「조선왕조에 있어서 성리학적 이데올로기와 국가」,『종교와 국가』, 1998.

35 홍이섭,「貞軒李家煥의 詩文拾遺: 朝鮮 카톨릭史의 課題」,『斗溪李丙燾博士華甲記念論叢』, 1956; 김옥희,「西學의 受容과 그 意識構造: 李檗의 聖敎要旨를 중심으로」,『韓國史論』, 1973; Donald Baker 저,『朝鮮後期 儒敎와 天主敎의 대립』, 김세윤 역, 일조각, 1997 참조.

36 김근수,「物名攷와 物譜解題」,『물명고/물보』, 경문사, 1980 참조.

37 그의 호는 이 외에도 阮堂/禮堂/詩庵/老果/農丈人/天竺古先生 등 50여 개다. 호가 많기로도 유명하다.

38 원래 '글로컬리제이션'이란 '전지구적 차원에서 동시간대 자본화 / 금융화 / 정보화가 작동하는 지구화(Globalization) 및 그 대응 전략인 지역화(Localization)의 조화로운 융합'을 말하지만, 여기서는 추사의 예술과 학문의 '국제화와 조선화의 조화'를 지칭하였다.

39 추사 집안의 가화 및 윤상도옥사의 전모에 대해서는 안외순,「추사 김정희와 윤상도옥사, 그리고 정치권력」,『동방학』28집, 2013 참조.

40 당시 조선학연구는 물론 민족주의적 의식이 강했던 정인보, 안재홍 등이 가담하기도 하였지만 다른 한편 소위 민속학 등에 전문가였던 일본학자들이 주도했고, 총독부 지원 하에 이루어졌다.

41 藤塚隣, 1994(원1935),『추사 김정희의 또 다른 얼굴(원제:「朝鮮朝에 있어서 淸朝문화의 이입과 金阮堂」)』, 아카데미하우스, (발간)서문 1-2쪽, 導言 2쪽, 序言 87쪽 참조(원래는 藤塚隣,『淸朝文化東傳의 硏究』, 東京 國書刊行會, 1975/ 원1935)

42 오세창, 동야고전학회 역,『근역서화징』, 시공사, 1998, 〈김정희〉 부분 참조.

43 최완수,「秋史實記」,『간송문화』30, 한국민족미술연구소, 1986;『완당선생전집(阮堂先生全集)』, 1934; 유홍준, 2002,『완당평전』(1/2/3권), 학고재 참조.

44 민족문화추진회의 국역본『국역 완당전집』은 '실사구시' 구절이 나올 때 동일하게 해석하였다. 그러나 이것은 '실사구시'에 대해 바로 다음에 이어지는 추사 자신의 해석을 감안하지 않은 잘못이라고 보기에 필자가 임의 수정하였다.

45『阮堂先生全集』卷一「說」〈實事求是說〉32a. 漢書 河間獻王傳云 實事求是 此於乃學問崔要之道. 若不實以事而但以空疎之術爲便 不求其是而但以先入之言爲主 其于聖賢之道 未有不背而馳者矣.

46 전해종,『韓中關係史硏究』, 일조각, 1970.

47 藤塚隣, 1994/ 원1935,『추사 김정희의 또다른 얼굴(원제:「朝鮮朝에 있어서 淸朝문화의 이입과 金阮堂」)』, 아카데미하우스 참조.

참고문헌

내포 일대의 갑오년 상황과 동학농민군의 봉기 : 신영우

『高宗實錄』　　　　『備邊司謄錄』　　　　『各司謄錄』
『구한국외교문서』　　『珠淵集』　　　　　　『梅泉野錄』
『續陰晴史』　　　　『沔陽行遣日記』　　　　『甲午軍政實記』
『兩湖右先鋒日記』　　『錦藩集略』　　　　　『洪陽紀事』
『避難錄』　　　　　『南遊隨錄』　　　　　『艮齋先生文集』
『侍天教宗繹史』　　　『國譯 荷齋日記』　　　『昌山后人 曹錫憲歷史』
『駐韓日本公使館記錄』
長岡外史,『新日本の鹿島立』, 小林川流堂, 1920.
林聲主編,『甲午戰爭圖志』, 遼寧人民出版社.

외솔회 편,『나라사랑』15, 녹두장군 전봉준, 1974.
신영우,「1894년 영남 상주의 농민군과 소모영」,『동방학지』51집·52집, 1985.
신영우,「19세기 영남 김산의 양반지주층과 향내 사정」,『동방학지』70집, 1991.
신영우,「북접농민군의 충주 황산 집결과 괴산전투」,『한국근현대사연구』55집, 2010.
표영삼,「충청 서부 지역 동학혁명」,『교리교사연구』5, 2000.
이진영,「忠淸道 內浦地域의 동학농민전쟁 전개양상과 특성」,『동학연구』14-15집, 2003.
박성묵,『禮山東學革命史』, 예산동학농민혁명기념사업회, 2007.
성주현,「박인호계의 동학혁명과 그 이후 동향」,『동학학보』17호, 2009.
채길순,「충청남도 서북지역의 동학혁명사연구」,『동학학보』17호, 2009.
井上勝生, 日本軍最初のヅェノサイド作戰, 2013 (『東學農民戰爭と日本』, 高文硏)

내포 지역의 동학 유입 경로와 조직화 과정 : 임형진

『甲午實記』　　　　『東經大全』　　　　「聚語」
「避難錄」　　　　　『高宗實錄』　　　　『官報』
『東學道宗歷史』　　　『本敎歷史』　　　　『續音淸史』
『承政院日記』　　　　『時聞記』　　　　　『侍天教宗譯史』
『日省錄』　　　　　『天道教書』　　　　『天道教創建史』
『天道教會史草稿』　　『洪陽記事』

『개벽』, 1924년, 4월호.
『新人間』通卷34호,(1929년 4월호).
『최선생문집도원기서』, 윤석산 역주,『초기동학의 역사-도원기서』, 신서원, 2000.
『주한일본공사관기록』1, 국사편찬위원회, 1986.
『독립운동사자료집』제2집, 독립운동사 편찬위원회, 1970.

김용섭, 『한국근대 농업사 연구』상, 서울:일조각, 1984.

김정기, 「자본주의 열강의 이권침탈연구」, 『역사비평』, 1990 가을.

박걸순, 「1894년 합덕농민항쟁의 동인과 양상」, 『한국독립운동사연구』28, 독립기념관 한국독립운동사연구소, 2007.

박래원, 「춘암상사의 행적(상)」, 『신인간』, 1972, 1,2월호, 293호.

박성묵(예산동학혁명기념사업회), 『예산동학혁명사』, 화담, 2007.

박성묵, 「내포 지역 동학농민혁명과 춘암 박인호」, 동학민족통일회, 『꺼지지 않는 들불 동학』, 2009.

성주현, 「박인호계의 동학혁명 활동과 그 이후 동향」, 『동학과 동학혁명의 재인식』, 국학자료원, 2010.

신용하, 『한국 근대사회의 구조와 변동』, 서울:일지사, 1994.

유형원, 『반계수록』, 서울:삼성출판사, 1977.

이상재, 『춘암 박인호 연구』, 예산문화원, 1997.

이진영, 「충청도 내포 지역의 동학농민전쟁 전개양상과 특성」, 『근대이행기 지역엘리트 연구』Ⅰ, 경인문화사, 2006.

조광, 「19세기 민란의 사회경제적 배경」, 진덕규(외), 『19세기 한국전통사회의 변모와 민중의식』, 일지사, 1999.

표영삼, 「충청 서부 지역의 동학혁명운동」, 동학민족통일회, 『꺼지지 않는 들불 동학』, 2009.

표영삼, 『동학』2, 통나무, 2005.

한국역사연구회 편, 『한국사강의』제2판 색인 증보판, 서울:한울아카데미, 1989.

홍장화, 『천도교운동사』, 천도교중앙총부, 1990.

황현, 『매천야록』, 국사편찬위원회, 1996.

황현, 이민수 역, 『동학난(동비기략초안)』, 을유문화사, 1985.

久間健一, 「合德百姓一撥の硏究-朝鮮農民一撥の事例」, 『朝鮮農業の近代的樣相』, 西ヶ原刊行會, 1935.

吉野 誠, 「영사관 보고를 통해 본 조선의 내지시장-1900년의 충청남도」, 『근대조선의 경제구조』, 비봉출판사, 1989.

내포 동학혁명 지도자의 활약상과 역사 문화적 의의 : 박성묵

『동학농민혁명 국역총서7』

『동학농민혁명 국역총서8』

『주한일본공사관기록(駐韓日本公使館記錄)1』

『일성록(日省錄)』

『禮山鄕校誌』(1995)

『천도교회사초고(天道敎會史草稿)』, 1920.

이정태(李鼎泰), 『溪隱一生歷事(1920년 8월 간행).

태안군.충청남도역사문화원, 『북접일기』, 2006.

동학농민혁명기념재단, 고창군, 『동학농민혁명의 발발과 무장기포의 의의』, 고창군
　　2010.
합덕읍지편찬위원회, 『合德邑誌』, 1997.
전북사학회.정읍시, 『동학농민혁명의 기억과 역사적 의의』, 전북사학회 편, 2011.
동학농민혁명참여자명예회복심의위원회, 『동학농민혁명사 일지』, 2006.
공주시, 『공주와 동학농민혁명』(해설 · 자료집 · 연표), 2005.
예산문화원, 『東學의 發源』, 2002.
박걸순, 「1894년 합덕농민항쟁의 동인과 양상」, 『한국독립운동사연구』제28집, 한국독
　　립운동사연구소, 2007.6.
박성묵, 『예산동학혁명사』, 화담, 2007.
―――, 「내포 지역 동학혁명과 춘암 박인호」, 승통100주년 기념 발표 논문, 2008.
Juljan Biontino, 「한말시기 조선에서 서양인이 본 동학운동」, 『동학학보 제27호』, 동학
　　학회, 2013.
이민수 譯, 『東學亂』, 을유문화사, 1985.
박맹수, 「동학혁명의 문화사적 의미」, 『문학과 사회』25, 문학과 지성사, 1994.
이이화, 『발굴동학농민전쟁(인물열전), 한겨레신문사, 1994.

〈관변자료〉
『任城同苦錄』(1895년 을미년)

동학농민혁명 설화와 소설화 양상 연구 : 채길순

〈기본자료〉
박태원, 『갑오농민전쟁』1 · 2 · 3부 각 상하권 총6권, 공동체, 1988.
박태원, 『갑오농민전쟁』제1부, 평양 문예출판사, 1977.
박태원, 『갑오농민전쟁』제2부, 평양 문예출판사, 1980.
박태원 · 권영희, 『갑오농민전쟁』제3부, 평양 문예출판사, 1986.
송기숙, 『녹두장군』1-12, 창작과비평사, 1989.
채길순, 『동트는 산맥』1-7, 신인간사, 2001.
『대선생사적부해월선생문집(大先生事蹟附海月先生文集)』, 1906.
『동학사(東學史, 오지영)』, 1938.
『동학사(東學史, 초고본)』, 1926.
『본교역사(本敎歷史)』, 1910~1914.
『수운재문집(水雲齋文集)』, 1898.
『수운행록(水雲行錄)』, 1865.
『시천교역사(侍天敎歷史)』, 1920.
『시천교종역사(侍天敎宗繹史)』, 1915.
『천도교서(天道敎書)』, 1920.
『천도교실사집편(天道敎實事集編, 권병덕)』, 1922.
『천도교창건사(天道敎創建史, 이돈화)』, 1933.

『천도교회사초고(天道敎會史草稿)』, 1920.
『최선생문집도원기서(崔先生文集道源記書)』, 1879.
『해월문집(海月文集)』, 1885~1892.

〈관변자료〉
『聚語』, 1893.
『兩湖右先鋒日記(東學亂記錄)』, 1894.
『巡撫先鋒陳謄錄(東學亂記錄)』, 1894.
『東學判決文集』, 1895~1900.
『司法稟報』, 1898~1907.
『承政院日記』(고종 20-31)
『일성록』(고종)
『東學亂記錄』상/하(국사편찬위원회刊) (1) 「甲午實記」, (2) 「甲午略史」, (3) 「聚語」, (4)
　「東徒問辯」, (5) 「兩湖招討使謄錄」, (6) 「先鋒陳日記」, (7) 「兩湖右先鋒日記」, (8)
　「先鋒陳書目」, (9) 「巡撫先鋒陳謄錄」, (10) 「巡撫 使各陳傳令」, (11) 「巡撫使呈牒
　報」, (12) 「先鋒陳呈牒報」, (13) 「先鋒陳上巡撫使書」, (14) 「先鋒陳各邑了發關及甘
　結」, (15) 「宣諭榜文-東徒上書所志謄書」, (16) 「日本士官函謄」, (日本士官函謄) (17)
　「李圭泰往復書」, (18) 「朴鳳陽經歷書」, (19) 「錦山被禍錄」,(各陳將卒成冊) (20) 「甲
　午軍功錄」.

〈유생자료〉
金奭中, 『討匪大略』
文錫鳳, 『義山遺稿』

〈저서 및 논문〉
E.H 카아 저, 길현모 역, 『역사란 무엇인가?』, 探究堂, 1984
E.H 카아 저, 김택현 옮김, 『역사란 무엇인가?』, 까치, 1997.
강인수, 「동학소설 연구」, 부산대 박사학위논문, 1989.
곽차섭, 『미시사란 무엇인가』, 푸른역사, 2000.
권영민, 『한국현대문학사1』, 민음사, 2002.
金東旭 『한국가요의 연구』, 을유문화사, 1961.
김기봉, 『역사란 무엇인가』를 넘어서』, 푸른역사, 2000.
김윤식, 『이광수와 그의 시대 2』, 솔, 2008.
김윤식 · 정호웅, 『한국소설사』, 문학동네, 2005.
노태구, 『동학혁명의 연구』, 백산서당, 1982.
박길수, 『한국 잡지의 선구자 차상찬 평전』, 모시는사람들, 2012.
박맹수, 『동학농민전쟁의 지역성 연구』, 「한국 근대사에 있어서의 동학과 동학농민운
　동」, 한국정신문화연구원, 1994.
─────, 「동학의 남북접에 대한 비판적 검토」, 『한국학논집』, 한양대 한국학연구소,
　1994.
─────, 『동학의 성립과 사상적 특성』, 「근현대사강좌」5, 도서출판 한울, 1994.

───, 『동학혁명의 문화사적 의미』, 「문학과 사회」 25, 문학과 지성사, 1994.

───, 『최시형 연구』, 한국정신문화연구원, 박사학위논문, 1996.

박태원, 『계명산천은 밝아 오느냐』 제1-2권, 평양 조선문학예술총동맹 출판사, 1965.

배항섭, 『동학농민전쟁의 배경』, 「근현대사강좌」 5, 한울, 1994.

우수영, 박태원, 『갑오농민전쟁』에서 드러나는 동학농민군의 위상』, 『동학학보』 제27
　　호, 동학학회, 2013.

이정옥, 「박태원 소설 연구-기법을 중심으로」, 연세대 박사학위논문, 1999.

임금복, 「박태원의 『갑오농민전쟁』 연구」, 『동학학보』 제6호, 동학학회, 2003.

정인섭, 최인화 강재철 역 편, 『한국의 설화』, 단국대학교 출판부, 2007

정호웅, 한국 현대소설과 동학, 『우리말글』 제31호, 우리말글학회, 2004.

채길순, 「경상북도 지역의 동학 활동 연구」, 『동학학보』 제27호, 동학학회, 2013.

───, 「동학기행(기행)」, 『신인간』, 2008~2009.

───, 「동학혁명의 소설화 과정 연구」, 청주대 박사학위논문, 1999.

최원식, 「동학소설 연구」, 『어문학』 40, 한국어문학회, 1980.

───, 『갑오동학혁명사』, 신아출판사, 1994.

한국역사연구회, 『한국역사』, 역사비평사, 2011.

황현(이민수역), 『동학란』, 을유문화사, 1985.

〈충청남도 동학농민혁명사 자료〉

김진필, 「서산·태안 지역의 동학농민전쟁」, 한국교원대대학원, 석사역사교육전공,
　　2001.

동학농민혁명 태안군기념사업회 편, 『태안지역 갑오동학농민혁명 자료집』, 동학농민혁
　　명 태안군기념사업회, 2005.

──────────, 『동학농민혁명과 교장바위』, 동학농민혁명 태안군기념사업회, 2006.

박맹수, 「동학농민전쟁과 공주전투」, 『백제문화』 23, 공주대 백제문화연구소, 1994.

배항섭, 「충청지역 동학농민군의 동향과 동학교단」, 『백제문화』 23, 공주대 백제문화연
　　구소, 1994.

배항섭, 「충청지역 동학농민군의 동향과 동학교단 『홍양기사』와 『금번집략』을 중심으
　　로」, 『백제문화』 23, 공주대학교백제문화연구소, 1994.

성주현, 「홍주성에서의 동학혁명과 의병항쟁운동- 홍성 의사총의 진위규명을 위한 문제
　　제기- 홍경만교수정년기념 한국사학론총」, 『한국사학론총간행위원회』, 2002.

신영우, 「동학농민전쟁 100주년 기념 학술논고: 충청지역 동학농민전쟁의 성격」, 『호서
　　문화연구』 12, 충북대학교중원문화연구소1994.

───, 「충청도지역 동학농민전쟁의 전개과정」, 『동학농민혁명의 지역적 전개와 사회
　　변동』, 새길, 1995.

양진석, 「1894년충청지역의농민전쟁」, 『1894년농민전쟁연구』 4, 1995.

───, 「충청지역농민전쟁의전개양상」, 『백제문화』 23, 공주대백제문화연구소, 1994.

이도행, 「충남서북부지역의동학농민전쟁」, 『역사와역사교육』(창간호), 웅진사학회, 1996.

이이화, 「내포 지역 동학농민운동의 전개과정과 그 결과 -충남 당진지역을 중심으로」,
　　『향토사연구 활성화 강좌』, 전국문화원연합회 충청남도지회, 1997.

이진영, 「충청도 내포 지역의 동학농민전쟁 전개양상과 특성」, 『동학연구』 14·15, 한국

동학학회, 2003.

채길순, 「동학농민전쟁 100주년 기념 학술논고: 충청지역 동학혁명의 전개 과정 - 현장 조사를 중심으로」, 충북대 중원문화연구소, 1994.

───, 「동학농민혁명 현장을 찾아서」, 『충청일보』, 2007.3.4.- 9.3. 24회

───, 「동학의현장」(기행문), 『충청일보』, 1994년 3월-12월.

───, 「충청남도 서북지역의 동학혁명사 연구」, 『동학학보』, 동학학회, 2009.

───, 「충청남도 중남부 지역의 동학혁명 전개 과정 연구」, 『동학학보』, 동학학회, 2009.

충청남도지편찬위원회 편, 『충청남도지』(상하), 대전충청남도지편찬위원회, 1979.

표영삼, 「공주교조신원운동」, 『신인간』 497호, 1991.8.

한국동학학회, 「동학의문화유적순례Ⅲ(충청지역)」, 『동학연구』 11, 한국동학학회, 2002.

춘암 박인호의 동학 이해와 근대성 : 조극훈

『개벽』   『동경대전』   『용담유사』   『신인간』   『천도교월보』

고건호, 「천도교 개신기 "종교"로서의 자기 인식」, 『종교연구』 38권, 한국종교학회, 2005.

───, 「비교의 시선으로 본 동학과 천도교: 종교와 정치 관계에 대한 언술을 중심으로」, 『동학학보』 제19호, 동학학회, 2010.

김경재, 「종교적 입장에서 본 현도 100년의 천도교」, 천도교 현도 100년 기념 학술대회 발표 논문, 2005.

───, 「종교적 입장에서 본 현도 100년의 천도교」, 『동학학보』 10권, 동학학회, 2006.

김용휘, 「한말 동학(東學)의 천도교 개편과 인내천(人乃天) 교리화의 성격」, 『한국사상 사학』 25권, 한국사상사학회, 2005.

김정인, 「1920년대 전반기 천도교의 노선갈등과 분화」, 『의암 손병희와 3 · 1운동』, 오문환 외, 모시는사람들. 2008

박성묵, 「내포 지역 동학농민혁명과 춘암 박인호」, 『춘암 박인호 선생의 삶과 민족운동』, 승통 100주년 기념 학술대회, 2008.

성주현, 「박인호계의 동학혁명과 그 이후 동향」, 『동학학보』 17권, 동학학회, 2009.

성주현, 「무인멸왜기도운동과 박인호」, 『춘암 박인호 선생의 삶과 민족운동』, 승통 100 주년 기념 학술대회, 2008.

예산문화원, 『춘암 박인호 연구』, 1997.

예산문화원, 『동학의 발원』, 2002.

오문환 외, 『의암 손병희와 3 · 1운동』, 모시는사람들, 2008.

오문환, 「천도교의 이상정치론. 교정쌍전을 중심으로」, 『동학학보』 제16호, 동학학회, 2006.

오지영, 『동학사』, 대광문화사, 1984.

유준기, 「내포 지역 동학농민운동의 전개과정과 그 결과」, 『한국근대사논총』, 전국문화 연합회, 1997.

윤석산, 「교단사적 입장에서 본 천도교 100년」, 『동학학보』 10권, 동학학회, 2006.

이동초, 『천도교 민족운동의 새로운 이해』, 모시는사람들, 2010.

이동초 주해, 『춘암상사댁일지』, 모시는사람들, 2007.

임상욱,「지기(至氣)의 관점에서 바라본 윤리적 리더십의 단초」,『동학학보』25권, 동학
학회, 2012.
이상재,『춘암 박인호 연구』, 예산문화원, 1997.
이진구,「천도교 교단조직의 변천과정에 관한 연구 -연원제를 중심으로」,『종교학연구』
10권, 서울대학교 종교학연구회, 1991.
이진영,「충청도 내포 지역의 동학농민전쟁 전개양상과 특성」,『근대이행기 지역엘리트
연구』I, 경인문화사, 2006.
이현희,「동학의 근대성」, 한국민족사상학회,『민족사상』제12권 제2호, 2008
임형진,「천도교의 성립과 동학의 근대화」,『동학학보』제16권, 동학학회, 2008.
임형진,「1920년대 민족운동과 박인호」,『춘암 박인호 선생의 삶과 민족운동』, 승통 100
주년 기념 학술대회, 2008.
정을경, 「일제 강점기 박인호의 천도교 활동과 민족운동」,『한국독립운동사연구』제33
집, 독립기념관 한국독립운동사연구소, 2009.
조규태,『천도교의 문화운동론과 문화운동』, 국학자료원, 2006.
조기주,『동학의 원류』, 보성사, 1979.
천도교중앙총부,『춘암상사의 생애와 사상』, 1970.
천도교중앙총부 교서편찬위원회,『천도교약사』, 천도교중앙총부출판부, 2006.
최기영,「한말(韓末) 동학의 천도교로의 개편에 관한 검토」,『한국학보』20권 3호, 일지
사(한국학보), 1994.
최민자,「동학의 정치철학적 원형과 리더십론」,『동학학보』10권, 동학학회, 2006.
충남대학교 내포 지역연구단,『근대이행기 지역엘리트 연구』I. II, 경인문화사, 2006.
표영삼,「6・10만세와 천도교」(상),『신인간』510호, 1992, 11.1.
홍장화,『천도교 교리와 사상』, 천도교중앙총부출판부, 1991.
홍장화,『천도교운동사』, 천도교중앙총부출판부, 1990.

동학 보국안민 정신의 의의와 한국 민주주의의 과제 : 김정호

『萬歲報』,『大韓每日申報』,『開闢』,『新女性』,『어린이』
國史編纂委員會,『大韓季年史(上), (下)』, 國史編纂委員會, 1957.
───────,『韓國史料叢書第十: 東學亂記錄(上), (下)』, 國史編纂委員會, 1971.
김규식,『註解 獨立宣言書』, 서울: 삼강교재개발연구사, 1988.
김정인,『천도교 근대 민족운동 연구』, 도서출판 한울, 2009.
김정호,『근세 동아시아의 개혁사상』, 논형, 2003.
───,『도전과 응전의 정치사상』, 모시는사람들, 2005.
───,「20세기 초 한국 천도교의 계몽운동과 중국 신문화운동의 특성 비교」,『동학학
보』제22호, 2011.
───,「동학, 사발통문, 그리고 동학농민혁명」,『동학학보』제25호, 2012.
신복룡,『동학사상과 갑오농민혁명』, 선인, 2006.
慎鏞廈,『東學과 甲午農民戰爭硏究』, 一潮閣, 1996.
신일철,『동학사상의 이해』, 서울: 사회비평사, 1995.

오문환 외,『의암 손병희와 3·1운동: 통섭의 철학과 운동』, 모시는사람들, 2008.

吳知永 著, 李圭泰 校註,『東學史』, 文宣閣, 1973.

尹錫山 註解,『東經大全』, 서울: 동학사, 1996.

──────,『龍潭遺詞』, 서울: 동학사, 1997.

李敦化,『天道教創建史』, 서울: 景仁文化社, 1970.

정윤재,「'자아준거적 정치학'과 한국정치사상 연구: 문제해결적 접근의 탐색」,『한국정
치사상의 비교연구』, 성남: 한국정신문화연구원, 1999.

천도교중앙총부 編.『天道教經典』, 서울: 천도교중앙총부 출판부, 1969.

─────────────,『神師聖師法說』, 서울: 천도교중앙총부 출판부, 1986.

인문지리학적 관점에서 본 내포정신의 형성 과정 : 안외순

『高麗史』 　　　　　　　『高麗史節要』 　　　　　『宣祖實錄』

『世宗實錄』 　　　　　　『地理志』 　　　　　　　『國朝人物考』

『豊穰趙氏文集叢書』 　　『浦渚集』 　　　　　　　『阮堂先生全集』

『擇里志』

『혜환 이용휴 산문전집』(이용휴 저, 조남권/박동욱 역, 상/하, 소명, 한서대학교 국역총
서, 2013)

崔南善,『朝鮮常識 : 風俗·地理·制度編』

오세창, 동양고전학회 역,『근역서화징』, 시공사, 1998.

『說文解字』,『禮記』

곽호제,「조선 후기 덕산지역 여주이씨가의 학문적 성격: 서양학문에 대한 대응을 중심
으로」, 충남대 내포 지역연구단,『근대이행기 지역엘리트 연구1』, 경인문화사, 2006

김근수,「物名攷와 物譜解題」,『물명고·물보』, 경문사, 1980.

김옥희,「西學의 受容과 그 意識構造: 李檗의 聖教要旨를 중심으로」,『韓國史論』, 1973.

김인규,「禮, 周禮, 茶山의 邦禮」,『한국의 의례문화』, 온지학회 2013년도 추계학술회의
발표논문집.

박동욱,『이용휴 문학 연구내』, 성대 박사학위 논문, 2007.

박성묵,『예산동학혁명사』, 예산동학농민기념사업회, 2007.

──────,「내포 동학혁명 지도자의 활약상과 역사문화적 의의」,『동학의 글로컬리제이
션: 예산 동학농민혁명의 종합연구와 과제 그리고 전망』, 2013년 11월 추계학술대회
발표집.

박찬승,「서론 연구의 목적과 방법론」, 충남대학교 내포 지역 연구단,『근대이행기 지역
엘리트 연구Ⅰ』, 경인문화사, 2006.

서종태,「성호(星湖)학파의 양명학과 서학」, 서강대 박사학위논문, 1996.

성주현,「박인호계의 동학혁명과 그 이후 동향」,『동학학보』17, 2009.

신영우,「예산 동학농민혁명의 전개과정과 일본군의 개입」,『동학의 글로컬리제이션:
예산 동학농민혁명의 종합연구와 과제 그리고 전망』, 2013년 11월.

안외순,「포저 조익선생의 대외관 고찰: 의리론적 실리주의를 중심으로」,『동방학』4,

    1998, 한서대 동양고전연구소.
──, 「추사 김정희와 윤상도옥사, 그리고 정치권력」, 『동방학』 28집, 2013.
유홍준, 『완당평전』(1/2/3권), 학고재, 2002.
──, 「내포 지역의 역사와 문화적 특성」, 『내포문화의 재조명』, 충남발전연구원, 2001.
이성무, 「내포 지역의 지성사」, 『내포문화의 재조명』, 충남발전연구원, 2001.(11월 6일
    충남발전연구원 7회 정기심포지움 발표논문집).
李佑成, 「내포 지역의 실학자」, 『내포문화정보』 창간호, 내포문화연구원, 1977.
이진영, 「충청도 내포 지역의 동학농민전쟁 전개양상과 특성」, 『동학연구』 14/15집,
    2003.
임병조, 『지역정체성과 제도화: 지역지리학의 새로운 모색, 내포 지역을 중심으로』,
    2009.
임선빈, 「內浦地域의 지리적 특징과 역사·문화적 성격」, 충남대 내포 지역 연구단, 『근
    대이행기 지역엘리트 연구 I』, 경인문화사, 2006.
임형진, 「내포 지역의 동학 유입경로와 조직화 과정」, 『동학의 글로컬리제이션』, 2013,
    11월.
전해종, 『韓中關係史硏究』, 일조각, 1970.
정우봉, 「이병휴(李秉休)의 문학론의 일고찰」, 『한국한문학연구』 9·10합집, 1991.
조극훈, 「춘암 작인호의 동학 이해와 근대성」, 『동학의 글로컬리제이션』, 2013, 11월 발
    표논문집.
조남권, 「포저 조익선생의 생애와 경륜(1)」, 『포저 조익선생의 경륜과 학문』, 한서대 동
    양고전연구소 1차 연례학술회의 발표논문집, 1998, (『동방학』 4집 게재).
조동일, 『한국문학통사 3』, 지식산업사, 1984.
최완수, 「秋史實記」, 『간송문화』 30, 한국민족미술연구소, 1986.
충남대학교 내포 지역연구단, 『근대이행기 지역엘리트 연구 I』, 경인문화사, 2006
충남발전연구원, 『내포문화의 재조명』, 2001, 7회 세미나 논문집.
표영삼, 「충청 서부 지역 동학혁명」, 『교리교사연구』 5, 2000.
홍이섭, 「貞軒李家煥의 詩文拾遺: 朝鮮 카톨릭史의 課題」, 『斗溪李丙燾博士華甲記念論
    叢』, 1956.
藤塚隣, 『清朝文化東傳の硏究』, 東京 國書刊行會, 1935/1975; 藤塚隣, 1994 역, 『추사
    김정희의 또 다른 얼굴』, 아카데미하우스.
Donald Baker 저, 『朝鮮後期 儒敎와 天主敎의 대립』, 김세윤 역, 일조각, 1997.

찾아보기

[ㄱ]

동학학술총서 408

충청도 예산 동학농민혁명

등록 1994.7.1 제1-1071
1쇄 발행 2014년 3월 15일

기 획 동학학회
지은이 이이화 신영우 임형진 박성묵 채길순 조극훈 김정호 안외순
펴낸이 박길수
편집인 소경희
편 집 조영준
디자인 이주향
관 리 김문선
펴낸곳 도서출판 모시는사람들
        110-775 서울시 종로구 경운동 88번지 수운회관 1207호
전 화 02-735-7173, 02-737-7173 / 팩스 02-730-7173

인 쇄 상지사P&B(031-955-3636)
배 본 문화유통북스(031-937-6100)
홈페이지 http:// blog.daum.net/donghak21

값은 뒤표지에 있습니다.
ISBN 978-89-97472-62-8   93900
ISBN 978-89-90699-10-7   93900 [SET]

이 도서의 국립중앙도서관 출판시도서목록(CIP)은 e-CIP 홈페이지 (http://www.nl.go.kr/ecip)
에서 이용하실 수 있습니다.
(CIP 제어번호 : 2014004962)